# VERKAUFSGEHIRN

**Verkaufsgehirn –**
**Die 7 psychologischen Ursachen, warum Menschen kaufen**
© 2018 Désirée Meuthen, Berlin

Covergestaltung: Marija Stojkovic
Innengrafiken: Sherwin Lucernas
Korrektorat und Buchsatz: Li-Sa Vo Dieu
Druck und Bindung: berliner-buchdruck.de

ISBN: 978-3-00-059652-0
1. Auflage

Die Deutsche Nationalbibliothek verzeichnet diese Publikation in der Deutschen Nationalbibliografie; detaillierte bibliografische Daten sind im Internet über http://dnb.d-nb.de abrufbar.

Aus Gründen der besseren Lesbarkeit wird in diesem Buch auf die gleichzeitige Verwendung männlicher und weiblicher Sprachformen verzichtet. Sämtliche Personenbezeichnungen gelten für alle Geschlechter.

www.verkaufsgehirn.com
www.copybrain.de

# VERKAUFSGEHIRN

## Die 7 psychologischen Ursachen, warum Menschen kaufen

**Désirée Meuthen**

Vorwort von Kris Stelljes

**Gewidmet**

Meinen Lieblingsmenschen, die mir Platz und Raum zugleich geben.
Und für Henry und Frederic, die ihr Lachen in mein Herz tragen.

# Stimmen zum ›Verkaufsgehirn‹

*»Désirée gehört für mich zu den besten Expertinnen, was die Themen Verkaufspsychologie und Verkaufstexte betrifft. Ich schätze ihre Arbeit sehr, da sie ein absoluter Vollprofi in dem ist, was sie tut.«*
**Detlef Soost – Star-Choreograph, Redner und Unternehmer**

*»Désirée verkörpert Zuverlässigkeit, Schnelligkeit und Qualität. Es hat großen Spaß gemacht, bei meinem eigenen Buch mit ihr zusammenzuarbeiten.«*
**Kate Hall – Sängerin und Yoga-Trainerin**

*»Kompliment für deine Texte, Désirée. Sehr gut. Wenn's jemand kann, dann du.«*
**Oliver Schmuck – Marketingleiter 4Leads GmbH**

# Stimmen zum ›Verkaufsgehirn‹

*»Seit einigen Jahren arbeite ich nun schon mit Désirée zusammen, und ich habe selten jemanden erlebt, der so schnell und so präzise extrem passgenaue Texte formuliert. Bei allen Projekten, wo Texte gefragt sind, ist sie eine große Unterstützung.«*
**René Renk – Online-Unternehmer**

*»Désirée ist ohne Zweifel eine der Besten auf ihrem Gebiet. Neugierig und interessiert habe ich durch Désirée ein sehr gutes und fundiertes Wissen bekommen, das mich auf vielfache Weise begeistert und weitergebracht hat und mir völlig neue Horizonte in der Kommunikation eröffnete. Ihr Buch ist ein Muss für alle, die gerne tiefer in die Verkaufs- bzw. Erfolgspsychologie eindringen möchten.«*
**Renate Maria Poxrucker – Coach und Seminarleiterin**

*»Ein neuartiger Ansatz, der jahrtausendealte Erfolgsprinzipien mit den Anforderungen moderner Unternehmer im Zeitalter des Internets verbindet und ihnen dabei hilft, ihre Verkäufe, Umsätze und Reichweite zu erhöhen.«*
**Kris Stelljes**

# Inhaltsverzeichnis

# Vorwort

Ich gebe es ehrlich zu: Dass dieses Buch existiert und du es gerade liest, ist in gewisser Weise meine »Schuld« – zumindest teilweise. Es war ein Freitagabend im März 2018. Ich telefonierte gerade mit Désirée, weil sie einen Tag später einen Vortrag auf meinem Live-Seminar in Berlin halten sollte. Wir gingen zusammen ihre Präsentation durch, und als ich ihre Folien sah, sagte ich (eigentlich eher zum Scherz): »Das ist so gut und hat es in dieser Form noch nie gegeben. Darüber sollte man ein Buch schreiben.«

Und sie hat ein Buch darüber geschrieben. Einfach so. In den Wochen nach unserem Telefonat. Ich wusste allerdings nichts davon … bis sie mir im Mai völlig unerwartet einen Vordruck des kompletten Buches präsentierte. Ich wäre fast aus allen Wolken gefallen, weil sie vorher noch nicht einmal die kleinste Andeutung gemacht hatte. Es war ihre Überraschung als nachträgliches Geburtstagsgeschenk für mich – und die ist ihr gelungen.

Im Nachhinein betrachtet hat mich das nicht wirklich gewundert, denn genauso begeisterungsfähig und etwas verrückt kenne ich sie seit vielen Jahren (und ich weiß aufgrund unserer langjährigen Zusammenarbeit und mittlerweile Freundschaft, dass sie mir die letzte Aussage nicht übel nimmt). Es ist das erste Mal, dass ich das Vorwort für ein Buch schreibe, aber das tue ich mehr als gerne – aus verschiedenen Gründen. Zum einen, weil die Inhalte dieses Buches fundiert sind. Sie basieren nicht nur auf Désirées langjähriger Praxis- und Studienerfahrung sowie ihrem umfangreichen

Wissen in Sachen Copywriting und Verkaufspsychologie, sondern genauso auf Wissenschaft. Zum anderen, weil ich genau weiß, dass die Inhalte dieses Buches funktionieren. Wir wenden sie seit Jahren erfolgreich und profitabel in allen meinen eigenen Unternehmen und denen meiner Geschäftspartner an. Und genau das unterscheidet dieses Buch von anderen: Es geht hierin nicht nur um die Theorie, sondern es geht vor allem um die Praxis. Es geht darum, Neues von jemandem zu lernen, der alle Inhalte selbst seit langer Zeit umsetzt und anwendet – und dabei in Form eines Ansatzes, von dem ich selbst in dieser Form bisher noch nie gehört oder gelesen habe.

Wir alle leben im Zeitalter der Digitalisierung. Das Internet ist aus unserer Welt nicht mehr wegzudenken. Täglich entstehen neue Ideen und Innovationen. Schneller, einfacher und automatisierter als je zuvor. Das alles wäre aber nicht möglich gewesen ohne die Vorarbeit großer Denker und Visionäre, die die Geschichte der Menschheit hervorgebracht hat. Genau sie waren es, die bereits vor Jahrtausenden, Jahrhunderten und Jahrzehnten mit ihren Erkenntnissen, ihrer Beharrlichkeit und ihrer Überzeugung den Grundstein für die heutige Zeit gelegt haben. Nur die wenigsten von ihnen haben die Digitalisierung noch persönlich erlebt. Die meisten von ihnen hätten sich zu ihren Lebzeiten wahrscheinlich noch nicht einmal ansatzweise vorstellen können, dass es so etwas wie das Internet überhaupt einmal geben würde. Und dennoch sind die Prinzipien der großen Denker und Visionäre der Menschheitsgeschichte auch in unserer heutigen Zeit immer noch existent. Aber noch viel mehr als das. Sie haben weiterhin Gültigkeit, sie leben ins uns weiter.

Die Umstände der Menschheit mögen sich geändert haben, aber die Prinzipien, die das menschliche Leben auszeichnen und bestimmen, sind immer noch die gleichen geblieben. Menschen sind nicht deswegen erfolgreich geworden, weil sie zu einem bestimmten Zeitpunkt gelebt haben. Sie sind deswegen erfolgreich geworden, weil sie zeitlose Prinzipien angewandt haben. Prinzipien, die seit Existenz der Menschheit nachhaltigen Bestand haben und die das menschliche Miteinander prägen.

Und genau das Gleiche gilt auch für Situationen, in denen man Menschen von etwas überzeugen möchte – sei es von einem Produkt, einer Meinung, einer Entscheidung oder von sich selbst. Menschen kann man nur dann zum Handeln bringen, wenn man versteht, wie und warum sie handeln. Wenn man ihre Beweggründe nachvollzieht. Wenn man die Prinzipien begreift, die menschlichen Handlungen zugrunde liegen. Ohne ein grundsätzliches Verständnis der menschlichen Psyche und ohne die Berücksichtigung psychologischer Ursachen ist eine Beeinflussung von Menschen schwierig bis nahezu unmöglich – gerade im Marketing und in Verkaufsprozessen.

An genau dieser Stelle setzt dieses Buch an. Es ist ein neuartiger Ansatz, der jahrtausendealte Erfolgsprinzipien mit den Anforderungen moderner Unternehmer im Zeitalter des Internets verbindet – und ihnen dabei hilft, ihre Verkäufe, Umsätze und Reichweite zu erhöhen. Ich selbst gehe mit meinem eigenen Online Business gerne neue Wege und probiere auch einmal spontan Dinge aus, die vielleicht noch kein anderer vor mir ausprobiert hat. Aber trotzdem habe ich meine eigenen Unternehmen immer auf einer soliden Basis aufgebaut. Kontrolle ist mir wichtig, gerade wenn es um mein Business und meine Umsätze geht – und Verkaufspsychologie bedeutet für mich auf eine gewisse Art und Weise Kontrolle.

Wenn man weiß, wie Menschen Verkaufsprozesse psychisch erleben und wahrnehmen, wenn man weiß, wie man Menschen motiviert und überzeugt, wenn man weiß, wie Entscheidungen und Handlungen in Menschen ausgelöst werden, dann verfügt man nicht nur über irgendeine Basis, sondern über eine wissenschaftlich bewährte, um das eigene Marketing zu optimieren. Genau darum geht es in diesem Buch, das seinen Schwerpunkt auf verkaufspsychologische Prinzipien legt. Es enthält keine komischen Tricks und auch keine magischen Techniken, sondern fokussiert sich auf die Kernstrategien, die notwendig sind, um erfolgreiches Marketing zu betreiben.

Das ist auch der Grund dafür, warum ich sehr gerne dieses Vorwort geschrieben habe. Désirée ist meines Erachtens nicht nur die beste verkaufspsychologische Copywriterin in Deutschland; sie lebt und liebt auch das, was sie tut – und zwar aus vollem Herzen. Deswegen hoffe ich, dass die Inhalte ihres Buches bei dir die gleiche Faszination auslösen, die ich beim Lesen hatte. Ich wünsche dir eine unterhaltsame Lektüre, neue und lehrreiche Erkenntnisse – und natürlich viele Verkäufe!

Beste Grüße
**Kris Stelljes**

**Kris Stelljes** ist Unternehmer, Investor und Autor. Er hat es vom Fließbandarbeiter zum Online-Unternehmer geschafft und ist Gesellschafter und Geschäftsführer mehrerer Online-Unternehmen, welche sich allesamt in der Software-, Digital- und E-Commerce-Branche finden. Zweimal in Folge hat er den Award zum besten Online-Marketer des Jahres gewonnen. Mit seinem nationalen und internationalen Netzwerk pflegt er Kontakte zu Unternehmern und Investoren in ganz Europa bis in die USA. Auf seiner Webseite und auf seinen Social-Media-Kanälen stellt er seinen über 100.000 Followern regelmäßig hochqualitativen Business-Content zur Verfügung.

# Was dieses Buch ist
## (und was es nicht ist)

Hallo, mein Name ist Désirée Meuthen. Bevor wir starten, möchte ich mich kurz vorstellen und dir erklären, worum es in *Verkaufs-gehirn* geht – und (fast noch wichtiger) worum es darin nicht geht.

Es ist keine unethische Methode, um Menschen auf irgendeine Weise negativ zu beeinflussen. Trotzdem wirst du hierin lernen, wie du Menschen zu einer Entscheidung leiten kannst – für sie, aber auch für dich. Das ist der Teil, der vor allem für Verkäufer interessant ist. Es ist auch kein manipulatives Zauberwerk, um Menschen bis in den letzten Winkel ihres Verhaltens zu durchleuchten. Trotzdem wirst du hierin erfahren, wie das menschliche Erleben und Handeln funktioniert – in Verkaufsprozessen, aber genauso in anderen Situationen des Lebens. Das ist der Teil, der vor allem für Käufer interessant ist.

Seit vielen Jahren mache ich in meiner Tätigkeit als Copy-writerin und Head of Marketing immer wieder die Erfahrung, dass Menschen in Verkaufsprozessen generell die gleichen Probleme erleben – und das völlig unabhängig von ihrem Markt, ihrer Unternehmensgröße oder ihren persönlichen Voraussetzungen. Die meisten von ihnen haben eine entscheidende Gemeinsamkeit: Sie nehmen an, dass es ihr Angebot ist, das über die Höhe ihrer Einnahmen entscheidet. Mathematisch-statistisch gesprochen vermuten sie einen linearen Zusammenhang zwischen der Qualität ihres Angebotes und der Quantität ihrer Umsätze. Ist das Angebot gut, sind die Umsätze gut; ist das Angebot schlecht, sind die Umsätze schlecht – so zumindest die weit verbreitete Annahme. Dabei ist aber in den meisten Fällen das konkrete Angebot überhaupt nicht das Problem. Das wirkliche Problem liegt eigentlich irgendwo ganz anders versteckt (und ich werde dir in wenigen Momenten verraten, was genau ich damit meine).

Bitte verstehe mich an dieser Stelle nicht falsch. Natürlich werden langfristig nur diejenigen Erfolg haben, die ein Angebot verkaufen, das für die Käufer positive Folgen hat – völlig unabhängig davon, wie diese positiven Folgen konkret aussehen. Und das ist mir persönlich auch sehr wichtig.

Wenn Menschen etwas investieren, für das sie gearbeitet und somit einen Teil ihrer Lebenszeit verwendet haben (nämlich ihr Geld), dann ist es die moralische und menschliche Pflicht von Verkäufern und Unternehmern, im Gegenzug etwas bereitzustellen, das dieses Geld auch wert ist. Da ich glücklicherweise bisher nur mit Menschen zusammengearbeitet habe, die diese Meinung teilen, gehe ich davon aus, dass sie auch deiner inneren Einstellung entspricht.

Ich kenne dich natürlich nicht persönlich, aber vielleicht hast auch du dich bereits gefragt, ob es gut ist, was du verkaufst. Und das ist auch richtig so. Aber in der Interaktion zwischen Verkäufern und Käufern geht es nicht nur um das WAS. Es geht auch darum, WIE man das Was verkauft. Das bedeutet: Mangelnde Verkäufe, Umsätze und Reichweite sind in Wirklichkeit die Symptome für ein anderes, ein tiefergehendes Problem. Ein Problem, das unbewusst und unwillentlich oft nicht ernst oder wahrgenommen wird (das ist die schlechte Nachricht), aber mit dem entsprechenden Wissen und Willen behoben werden kann (das ist die gute Nachricht). Es ist das Problem MARKETING.

Vielleicht widersprichst du mir gerade innerlich. Und vielleicht missfällt es dir auch, Marketing als ein Problem zu betrachten. Nur, damit wir uns nicht missverstehen: Ich selbst setze sehr gerne Marketing um (und die Prinzipien, die Marketing erfolgreich machen), sonst würde ich dies auch nicht seit vielen Jahren mit Begeisterung tun. Oft wird die Bedeutung von Marketing aber unterschätzt oder andere Aspekte werden als wichtiger angesehen.

Ein Beispiel: Wir bekommen sehr oft Anfragen, bei denen wir um Hilfe bei der Erstellung, Strukturierung und Gestaltung von meistens digitalen Produkten gebeten werden. Das zeigt ganz deutlich, dass sich Menschen Gedanken um ihr Angebot und damit gleichzeitig um ihren (potenziellen) Kunden machen. Und wenn du dies ebenfalls tust, dann ist das definitiv im Sinne deiner Käufer. Aber ist die ausschließliche Fokussierung auf dein Angebot auch in deinem Sinne? (Überlege einmal, warum es »Best*seller*« und nicht »Best*writer*« heißt.) Was nützt dir ein perfektes Produkt, wenn du keine Kunden hast, die es kaufen? Nichts. Und was nützt dieses perfekte Produkt dann anderen Menschen? Ebenfalls nichts.

Dein Produkt kann immer nur so erfolgreich sein, wie dein Marketing erfolgreich ist. Und Marketing kann immer nur dann erfolgreich sein – und zwar sowohl für die Seite des Verkäufers als auch des Käufers –, wenn dabei das Elementarste überhaupt im Mittelpunkt steht: der Mensch. Der Mensch, der wahrnimmt, fühlt, denkt, entscheidet und handelt. Wenn du bestimmte Prinzipien nutzt, die Marketing erfolgreich machen. Wenn du die Ursachen verstehst, die Menschen zum Kauf bringen. Wenn du die Ursachen nutzt, die die Kaufentscheidungen von Menschen auslösen. Um genau diese Ursachen geht es in *Verkaufsgehirn*.

Wir gehen darin auf eine Reise in die Welt des menschlichen Gehirns und der Abläufe, die in unserem Gehirn vor, während und auch nach einem Kauf stattfinden. Alle diese Ursachen sind tief in uns Menschen verwurzelt. In unseren Genen. In unserer Psyche. Dass das so ist, beweisen zahlreiche bewährte Theorien und fundierte Studien aus der Psychologie, die die Wirksamkeit dieser Ursachen wissenschaftlich belegt haben (und viele wichtige dieser Theorien und Studien werde ich dir auch selbstverständlich in diesem Buch vorstellen).

Deswegen – und das sage ich dir ganz ehrlich direkt jetzt am Anfang – wird es an einigen Stellen dieses Buches etwas wissenschaftlich werden, was aufgrund der Thematik nicht anders möglich ist. Ich möchte dich bitten, dich darauf einzulassen. Aber keine Sorge, du bekommst in allen Kapiteln anschauliche Beispiele aus der Praxis. Und die Inhalte werden weder kompliziert noch unverständlich sein, sondern so aufbereitet, dass auch Menschen ohne wissenschaftlichen oder universitären Hintergrund sie verstehen. Dafür sorgt unter anderem die Struktur der sieben Hauptkapitel, bei denen jeweils drei große Fragen zu den Ursachen menschlichen Kaufverhaltens im Mittelpunkt stehen: *Welche* Ursachen gibt es? *Warum* führen diese Ursachen zum Kauf? *Wie* löst man mit diesen Ursachen einen Kauf aus?

Diese Typen von Fragen sind bei einem Buch über Verkaufspsychologie natürlich kein Zufall, sondern orientieren sich pädagogisch-didaktisch an den unterschiedlichen Lerntypen des Menschen. Bei den *Was*-Fragen steht das theoretische Konzept hinter der jeweiligen Ursache im Vordergrund. Diese Informationen richten sich an Menschen, die vor allem an den rationalen Fakten interessiert sind. Bei den *Warum*-Fragen steht die Motivation für die jeweilige Ursache im Vordergrund. Diese Informationen richten sich an Menschen, die vor allem an den möglichen Ergebnissen interessiert sind. Bei den *Wie*-Fragen steht die Umsetzung der jeweiligen Ursache im Vordergrund. Diese Informationen richten sich an Menschen, die vor allem an den praktischen Handlungsschritten und damit einhergehenden Verbesserungen interessiert sind. Wenn du so viel wie möglich über die sieben Ursachen menschlichen Kaufverhaltens lernen möchtest, solltest du natürlich alle Kapitel komplett lesen. Am Ende findest du im Anhang praktische Beispiele für alle dargestellten Inhalte und Aufgaben des Buches.

Unabhängig von deinem eigenen Lerntyp gilt: Sobald du die sieben Ursachen menschlicher Handlungen und ihre Wirkungsweisen kennengelernt hast, wirst du nicht nur deinen zukünftigen Käufer und dessen Kaufverhalten viel besser verstehen. Du wirst auch deine eigenen Marketingprozesse und dein eigenes Kaufverhalten aus einem ganz neuen Blickwinkel heraus betrachten. Und du wirst mit menschlichen Prinzipien, die du eigentlich schon dein ganzes Leben lang kanntest, Veränderungen im unternehmerisch-beruflichen, aber auch im persönlich-sozialen Bereich herbeiführen können.

Bei den sieben Ursachen, die du in diesem Buch kennenlernst, handelt es sich um mächtige Prinzipien, die Menschen beeinflussen und überzeugen können zu kaufen – weil sie sich auf genau das fokussieren, was letztendlich bei jedem Kauf die wesentlichste Rolle spielt: das Gehirn von Interessenten und Kunden. Alle dargestellten Ursachen basieren auf psychischen Prozessen, die uns Menschen angeboren sind und die von der ersten Sekunde an unser Leben steuern. Sie funktionieren für jedes Unternehmen in jedem Markt und sie sind zu 100 Prozent legal und ethisch, wenn sie dazu eingesetzt werden, hochwertige Produkte und Dienstleistungen zu verkaufen.

Deswegen auch meine Bitte an dich: Missbrauche dieses Buch

nicht, um Menschen – deine potenziellen Käufer – einfach nur nach deinem Willen zu steuern. Betrachte es stattdessen als Möglichkeit, ein tiefes Verständnis über das menschliche Erleben und Verhalten in Verkaufsprozessen (und darüber hinaus) zu erlangen und dieses Verständnis dann dafür zu nutzen, mit einem effektiven Marketing dein perfektes Angebot an deine Kunden zu verkaufen. Das wäre in ihrem Sinne. Das wäre in deinem Sinne. Das wäre in meinem Sinne.

Und genau darum geht es in diesem Buch.

*»Alle menschlichen Handlungen haben eine oder mehrere dieser sieben Ursachen: Gelegenheit, Instinkt, Drang, Gewohnheit, Vernunft, Leidenschaft, Verlangen.«*

**Aristoteles**

# Die 7 Ursachen menschlichen Handelns

Ich werde dir direkt zu Beginn ein kleines Geheimnis verraten: Bis kurz vor der Veröffentlichung sollte dieses Buch eigentlich einen anderen Untertitel bekommen (was aber nicht heißt, dass »Die 7 psychologischen Ursachen, warum Menschen kaufen« keine bewusste Entscheidung von mir war). Wie dir Kris Stelljes bereits in seinem Vorwort erklärt hat, ist die Idee zu diesem Buch aus meinem Vortrag bei einem seiner Seminare entstanden. Auf dem Seminar hatte meine Präsentation den Titel »Wie du mit den antiken Geheimnissen der alten Griechen dein Online Marketing erfolgreich machst«. Und deswegen hat auch dieses Buch in der Entstehungsphase längere Zeit genau diesen Untertitel getragen (ich werde dir gleich noch sagen, warum ich ihn geändert habe).

Vielleicht fragst du dich jetzt, wieso ausgerechnet die alten Griechen dir bei deinen Marketingaktivitäten hätten helfen können. Damals – vor mehr als 2.000 Jahren – gab es noch kein Internet. Es gab keine sozialen Netzwerke. Es gab noch nicht einmal das Wort *Marketing*. Aber trotzdem waren die alten Griechen wahre Meister in Sachen Überzeugung und Beeinflussung. Sie haben nämlich damals schon verstanden, worauf es ankommt, um Menschen zum Handeln zu bringen: Psychologie und Sprache.

Wenn es um das menschliche Kaufverhalten geht, spielt die menschliche Psyche eine wichtige Rolle – wahrscheinlich sogar die wichtigste. Laut Schätzungen von Neurowissenschaftlern und

Psychologen geschieht der Großteil aller menschlichen Entscheidungen nicht bewusst. Das gilt auch für Kaufentscheidungen, die zu rund 95 Prozent unbewusst ablaufen. Das Verständnis des menschlichen Gehirns und die Berücksichtigung unbewusster psychischer Prozesse wie Wahrnehmung, Überzeugung, Motivation oder Emotion sind also entscheidende Faktoren im Marketing und Verkauf.

Vor allem Teildisziplinen wie Entwicklungs-, Lern-, Neuro-, Persönlichkeits-, Sozial-, Werbe- oder allgemeine Psychologie sind für die Verkaufspsychologie und auch für das Neuromarketing relevant. Im Mittelpunkt stehen dabei Fragen nach Regelmäßigkeiten und Mustern im menschlichen Erleben und Verhalten bei Kaufvorgängen, nach Anreizen und Konzepten zur Steigerung von Verkaufsraten oder nach psychologischen Strategien zur Gewinnung von Interessenten und Kunden.

Gleichzeitig kommt aber auch der Sprache eine wesentliche Rolle zu: Sie ist nämlich das wichtigste Instrument der Verkaufspsychologie. Ohne die entsprechende Sprache kannst du verkaufspsychologische Strategien nicht umsetzen. Ohne Sprache bist du nicht in der Lage, deine Botschaft zu transportieren. Sprache und Psychologie bedingen sich also gegenseitig und beeinflussen sich wechselseitig.

Du kannst dir das im übertragenen Sinne folgendermaßen verdeutlichen: Stelle dir vor, du hast ein seltenes Gemälde an deiner Wohnzimmerwand hängen, das aus einem stabilen Rahmen und einer wunderschönen Malerei besteht. Übertragen auf dein Marketing wäre der Rahmen deine Verkaufspsychologie und die Malerei deine Sprache. Die verkaufspsychologischen Prinzipien, die du in deinem Marketing anwendest, bilden die äußere Struktur – sie geben den Rahmen vor. Die sprachlichen Äußerungen, die du in deinem Marketing einsetzt, bilden die innere Struktur – sie geben dem Rahmen Inhalte. So wie der Rahmen und die Malerei das Gemälde an deiner Wand vollkommen machen, so bildet die Summe aus Sprache und Psychologie das Endergebnis eines erfolgreichen Marketings in Form von Verkaufsraten und Umsätzen.

Mit anderen Worten: Das Verständnis der menschlichen Psychologie ist essentiell, um Marketingstrategien zu entwickeln und einzusetzen. Der Einsatz der menschlichen Sprache ist notwendig, um Marketingbotschaften zu kommunizieren und umzusetzen. Erfolgreiche Marketer sind daher im Optimalfall auch immer Experten für Psychologie und Sprache. Und die alten Griechen waren genau das: Experten für beides.

Aus diesem Grund kann es für jeden Unternehmer, Marketer und Verkäufer auch so wichtig sein, sich mit den Erkenntnissen der antiken griechischen Philosophen zu beschäftigen. Diese gehörten zu den ersten Menschen, die systematisch darüber nachgedacht haben, wie man andere nur mit der Macht der Sprache zum Handeln bringen kann. Die griechischen Rhetoriker entwickelten schon damals viele sprachliche Techniken zur Beeinflussung und Überzeugung, die wir auch heute nach wie vor nutzen (denke einmal an den Begriff »rhetorische Frage«, den du vielleicht noch aus dem Deutschunterricht kennst und mit dem eine Frage gemeint ist, auf die der Fragende keine Antwort vom Gefragten erwartet). Die griechischen Philosophen haben sich aber nicht nur mit Strategien der Sprache beschäftigt, sondern sich bereits damals mit wesentlichen Fragen zum menschlichen Handeln und zu Auslösern menschlicher Handlungen auseinandergesetzt.

Einer dieser Philosophen war Aristoteles, dessen Zitat – das den inhaltlichen Rahmen für dieses Buch vorgibt – ganz bewusst auf Seite 11 vor dieser Einleitung steht (falls du es übersehen hast,

dann lies es einfach jetzt noch einmal nach, denn es ist wichtig).
Aristoteles wurde im Jahr 384 vor Christus im antiken Griechenland geboren und gehörte zu den bekanntesten und einflussreichsten Philosophen und Naturforschern der Menschheitsgeschichte.
Er beschäftigte sich unter anderem mit Themen der Anatomie,
Astrologie, Geografie, Physik und Zoologie und schrieb philosophische Artikel über Ethik, Politik, Ökonomie, Poesie und das, was
wir heute unter »Psychologie« verstehen. Zahlreiche Wissen-
schaftsdisziplinen hat er begründet oder maßgeblich beeinflusst.

Als einer der Ersten befasste sich Aristoteles mit dem sogenannten *Verursachungsproblem*, bei dem es um die Frage nach der
Bedeutung unbewusster Prozesse für das Auslösen konkreter
Handlungen sowie die Umsetzung von Absichten in Ziele ging.
Aristoteles stellte damit einen frühen Ansatz auf, den man heute als
motivationspsychologisch bezeichnen würde. Er vertrat bereits damals die Position, dass zum Verständnis menschlicher Handlungs-
prozesse auch immer die einer Situation vorausgehenden Bedingungen und nachfolgenden Konsequenzen berücksichtigt werden
müssen, was sicherlich auch in Kaufprozessen nicht unwesentlich
sein kann. Zusätzlich hat er basierend auf seinen Studien Erkenntnisse zum Verhalten des Menschen entwickelt, die auch heute –
fast 2.500 Jahre später – noch Gültigkeit besitzen. Und das bringt
uns zum Kern der Sache. Eines von Aristoteles wichtigsten Konzepten heißt »Die 7 Ursachen menschlichen Handelns« – und
genau dieses Konzept bildet die Basis für dieses Buch.

In *Rhetorik*, einem seiner Hauptwerke, hat Aristoteles unter anderem anhand dieses Konzeptes systematisch dargestellt, wie man
mit Redekunst andere Menschen überzeugen kann. Er hat sich dabei aber nicht nur auf die äußere Form von Sprache beschränkt,
sondern sich ebenfalls damit auseinandergesetzt, welche inneren

(psychischen) Prozesse in einem Menschen durch Sprache ausgelöst werden – Prozesse, die dann wiederum eine bestimmte menschliche Handlung verursachen. Aus diesem Grund würde Aristoteles, wenn er heute noch lebte, sich vielleicht auch selbst als einen der ersten Marketing-Experten der Menschheit bezeichnen (zumindest ich bezeichne ihn so).

Er hat bereits damals verstanden, dass es bestimmte sprachliche und psychologische Prinzipien gibt, die handlungsleitend für uns Menschen sind. Und dies zeigt auch eines seiner wichtigsten Zitate aus *Rhetorik*. Es ist das Zitat, das der Leitfaden für dieses Buch ist – und das auch der Leitfaden für jedes *Verkaufsgehirn* sein kann:

> *»Alle menschlichen Handlungen haben eine oder mehrere dieser sieben Ursachen: Gelegenheit, Instinkt, Drang, Gewohnheit, Vernunft, Leidenschaft, Verlangen.«*

Aristoteles hat innerhalb seines Konzepts herausgearbeitet, wie jede einzelne dieser sieben Ursachen eine menschliche Handlung auslösen kann. Indem du jede einzelne Ursache genau verstehst – aus der Sicht eines Verkäufers, aber auch aus der Sicht eines Käufers – erhältst du mächtige und wertvolle Informationen darüber, wie und warum Menschen handeln … und kannst diese Erkenntnisse dann für dein eigenes Handeln – nämlich für deine Marketing- und Verkaufsprozesse – nutzen.

Das ist übrigens auch der Grund dafür, warum ich mich bewusst dazu entschieden habe, diesem Buch den Untertitel »Die 7 psychologischen Ursachen, warum Menschen kaufen« zu geben. Zum einen ist er sprachlich angelehnt an Aristoteles Konzept *Die 7 Ursachen menschlichen Handelns*, zum anderen berücksichtigt er gleichzeitig durch seine jetzige Formulierung, dass diese Ursachen psychologisch in Verkaufssituationen zum Tragen kommen.

Dies führt uns nun zu einer sehr entscheidenden Frage: nämlich, wie man Aristoteles sieben Ursachen menschlichen Handelns auf die heutige Welt – eine Welt, in der ein Großteil der Marketing- und Verkaufsprozesse digitalisiert im Internet abläuft – übertragen kann.

Bei den Vorbereitungen meines Vortrages zu diesem Thema für das Seminar von Kris Stelljes habe ich mir genau dieselbe Frage gestellt. Und ich habe (glücklicherweise) relativ schnell eine Antwort darauf gefunden. Denn als ich mir die von Aristoteles sieben postulierten Ursachen menschlicher Handlungen einmal genauer angeschaut habe, konnte ich sofort auffällige Parallelen zu den Erfolgsprinzipien im Marketing feststellen. Jede einzelne der aristotelischen sieben Ursachen menschlicher Handlungen korrespondiert nämlich mit einer der heutigen sieben Ursachen menschlicher Kaufhandlungen (dargestellt in der Abfolge von Aristoteles Zitat):

- Die *Gelegenheit* entspricht dem **Angebot**.
- Der *Instinkt* entspricht dem **Bedürfnis**.
- Der *Drang* entspricht der **Verknappung**.
- Die *Gewohnheit* entspricht der **Konsistenz**.
- Die *Vernunft* entspricht der **Logik**.
- Die *Leidenschaft* entspricht der **Emotion**.
- Das *Verlangen* entspricht dem **Wunsch**.

Unabhängig von Aristoteles (für heutige Verhältnisse vielleicht etwas altertümlichen) Bezeichnungen entsprechen also alle Ursachen im Kern den Elementen, die Marketing in unserer modernen Welt erfolgreich machen.

Ich weiß nicht, wie es dir geht, aber ich persönlich finde diese Feststellung extrem faszinierend. Zwischen Aristoteles Erkenntnissen und der Übertragung seiner Erkenntnisse auf die heutige Zeit sind fast zweieinhalb Jahrtausende vergangen – und trotzdem sind sie nach wie vor gültig, vielleicht sogar stärker und bestätigter denn je.

Lediglich die Reihenfolge aus Aristoteles Zitat werde ich in *Verkaufsgehirn* etwas anpassen, damit sie den eher idealtypischen Ablauf in der praktischen Realität von Marketing- und Verkaufsprozessen abbildet. Wir werden uns daher in diesem Buch an folgender Abfolge orientieren:

1. Bedürfnis
2. Wunsch
3. Emotion
4. Logik
5. Angebot
6. Verknappung
7. Konsistenz

Das bedeutet allerdings nicht, dass diese Abfolge immer zwingend genauso eintritt oder eingehalten werden sollte. Psychische Prozesse finden oft nicht sequentiell, also nacheinander, sondern simultan, also gleichzeitig, statt. Das ist auch in Kaufsituationen nicht anders und führt dazu, dass die Reihenfolge, in der Kaufentscheidungen ausgelöst werden, variieren kann. Zudem können die in diesem Buch beschriebenen Ursachen auch nicht strikt voneinander abgegrenzt oder von den jeweils anderen isoliert betrachtet werden, da sie gemeinsame Schnittmengen haben und in Teilen voneinander abhängig sind. Du solltest das Konzept der sieben

Ursachen menschlicher Kaufentscheidungen also nicht als statisch-fixiert, sondern als dynamisch-anpassbar betrachten.

Die Reihenfolge sollte aber nur eine nebensächliche Bedeutung haben, denn viel wichtiger ist es für dich, deinem Interessenten möglichst viele Gründe zum Handeln zu geben. Unter *Handeln* verstehen wir im psychologischen Sinne menschliches Verhalten, das intendiert ist, sich auf ein bestimmtes Ziel richtet und in die Verantwortung des Handelnden, also deines Interessenten oder Käufers, fällt.

Mit anderen Worten: Die eigentliche Kaufhandlung findet beabsichtigt und bewusst statt. Dies mag zunächst einmal im Widerspruch zur Aussage stehen, dass ein Großteil aller Kaufentscheidungen unbewusst abläuft. Es ist aber kein wirklicher Widerspruch, denn es gibt einen Unterschied zwischen den psychischen Prozessen *vor* der Kaufhandlung und den psychischen Prozessen *während* der Kaufhandlung. Stelle dir einen Eisberg vor. Wenn er im Wasser liegt, siehst du nur die winzige Spitze, die herausragt. Diese Spitze steht im symbolischen Sinne für die Kaufhandlung an sich. Es ist das, was dir bewusst ist. Was du aber von dem Eisberg nicht siehst, ist seine riesige Fläche unter Wasser. Es ist das, was dir nicht bewusst ist. Diese Fläche steht für die vielen Prozesse, die vor der Kaufhandlung ablaufen.

In einem Kaufprozess macht die eigentliche Kaufhandlung nur einen minimalen Anteil aus (so wie die Spitze des Eisberges über Wasser nur einen minimalen Anteil dieses riesigen Gebildes darunter ausmacht). Den größten Teil eines Kaufprozesses bilden die psychischen Vorgänge, die vor dem Kauf stattfinden (so wie die Flächen unter der Wasseroberfläche den größten Teil des Eisberges bilden). Wenn jemand auf deinen Bestellbutton klickt, dann macht er das bewusst. Aber die Vorgänge, die den Klick auf den

Bestellbutton auslösen, finden größtenteils unbewusst statt. Es sind die Ursachen, die zu einem Kauf führen – und es ist deine Aufgabe, genau diese Ursachen bei potenziellen Käufern zu aktivieren.

Je mehr dieser Ursachen du während des Verkaufsprozesses unbewusst auslöst, desto besser ist das natürlich. Wenn du es schaffst, deinem Interessenten sieben Gründe für einen Kauf zu präsentieren, dann ist die Wahrscheinlichkeit, dass er auch wirklich kauft, direkt siebenmal höher, als wenn du ihm nur einen einzigen Grund bietest. Deswegen: Gib deinem Interessenten möglichst viele Gründe, zu handeln und zu kaufen! Wie du das machst, erfährst du in diesem Buch …

# URSACHE 1
## Instinkt: Bedürfnis

Schon in der Antike verstand man unter *Instinkt* angeborenes Verhalten. Auch Aristoteles ging im historischen Kontext des altgriechischen Menschenbildes davon aus, dass es sich bei Instinkten um interne festgelegte Ursachen menschlichen Verhaltens handelt. Die Bezeichnung Instinkt geht zurück auf das lateinische Wort *instinctus*, das so viel wie »Anreiz« oder »Antrieb« bedeutet.

Der britische Naturforscher Charles Darwin (1871), der aufgrund seiner wesentlichen Beiträge zur Evolutionstheorie als einer der bedeutendsten Naturwissenschaftler überhaupt gilt, bezeichnete mit Instinkthandlungen diejenigen Verhaltensweisen, die auch ohne Erfahrung bereits bei der erstmaligen Ausführung beherrscht werden, wie beispielsweise die menschliche Atmung. Bereits ein Säugling macht direkt nach seiner Geburt die ersten Atemzüge, obwohl er das vorher nie gelernt hat. Sein Verhalten ist also instinktiv.

In der Psychologie wird der Begriff *Instinkt* heutzutage aufgrund seiner aus psychologischer Sicht uneindeutigen Definition allerdings größtenteils vermieden, stattdessen spricht man von einem angeborenen Mechanismus der Verhaltenssteuerung.

Die Instinkttheorie, die bis etwa 1920 in der angloamerikanischen Psychologie aufkam, ging davon aus, dass menschliches Verhalten im Endeffekt auf eine Anzahl bestimmter angeborener Handlungsschemata zurückgeführt werden könne. Zu deren Anzahl und Art gab es verschiedene Auffassungen, unter anderem die hormische Psychologie von William McDougall (1912), der verschiedene angeborene biologische Grundinstinkte aufführte, wie beispielsweise Kampf, Abwehr, Flucht oder Neugier.

In den 1920er Jahren entwickelte sich als Gegenbewegung zur Instinkttheorie in den USA ein lernpsychologisch ausgerichtetes Konzept, das zusätzlich zu objektiv nachweisbaren biologisch-physiologischen Bedürfnissen wie beispielsweise nach Nahrung, Wasser, Sauerstoff oder der Vermeidung schmerzhafter Reize die Ausbildung einer bestimmten Motivation annahm, um diese Bedürfnisse zu befriedigen. Dadurch werde der menschliche Organismus anschließend in einen Zustand versetzt, der ihn motiviert, dieses Bedürfnis zu befriedigen. Aufgrund des zusätzlichen motivationalen Aspektes unterscheidet sich der Triebbegriff wesentlich von der alten Instinktlehre, die ausschließlich von angeborenen Instinkten ausging.

Die historisch-wissenschaftliche Entwicklung zeigt allerdings, dass Instinkt und *Bedürfnis* inhaltlich eng miteinander zusammenhängen und teilweise synonym verwendet werden, sodass Aristoteles Ursache des Instinkts als Gegenstück zur Ursache des Bedürfnisses in der heutigen Zeit verstanden werden kann. Die Bedürfnislehre und die Motivationsforschung bilden zudem die Basis der praktischen, angewandten Verkaufspsychologie, sodass es aus theoretischer, aber auch praktischer Sicht logisch scheint, beide Disziplinen an den Anfang des Prozesses menschlicher Kaufhandlungen zu stellen.

Offen in der wissenschaftlichen Diskussion ist allerdings bisher, wie viele und welche Bedürfnisse man annehmen muss, um menschliches Erleben und Verhalten ganzheitlich zu beschreiben. Obwohl viele Parallelen zwischen den verschiedenen Bedürfnistheorien erkennbar sind, ist die Frage nach der genauen Beschreibung menschlicher Bedürfnisse noch nicht final beantwortet. Wir werden uns daher in diesem Kapitel auf die Bedürfnisse beziehen, die in Marketing- und Verkaufsprozessen wesentlich sein können und damit einhergehend für dich am wichtigsten sind.

## Welche 5 Grundbedürfnisse Menschen haben

In der Psychologie wird ein *Bedürfnis* grundsätzlich als Zustand oder Erleben eines Mangels definiert – verbunden mit dem Wunsch, diesen Mangel zu beheben. Der Psychologe Henry Murray (1938) hat als Erster eine größere Anzahl von Personen untersucht, um empirisch die Bedürfnisse zu ermitteln, die zur Beschreibung menschlichen Handelns notwendig sind.

Er unterschied dabei zwischen primären Bedürfnissen, die auf organischen Vorgängen beruhen und daher weitestgehend bei allen Menschen gleich sind und zyklisch oder regulatorisch auftreten (zum Beispiel die Bedürfnisse Hunger und Durst); sowie sekundären Bedürfnissen, die im Verlaufe der persönlichen Entwicklung erworben werden und daher bei Menschen unterschiedlich ausfallen können (zum Beispiel das Bedürfnis nach Leistung und sozialer Zugehörigkeit).

Bedürfnisse, die wir selbst konkret feststellen, wie beispielsweise ein knurrender Magen, werden auch als bewusste oder offene Bedürfnisse bezeichnet. Wenn Bedürfnisse eher in unserem Unterbewusstsein verankert sind, spricht man von latenten oder verdeckten Bedürfnissen. Dass sie uns nicht direkt zugänglich sind, heißt aber nicht, dass sie keine Bedeutung für uns bekommen können. Sie können zu offenen Bedürfnissen werden, wenn sie durch bestimmte Einflüsse von außen aktiviert werden. Diese Einflüsse zu schaffen, ist eine der wesentlichen Aufgaben im Verkauf und Marketing, die wir im Laufe dieses Buches behandeln werden.

Auch in Bezug auf ihre Dauer und ihren Ausprägungsgrad werden Bedürfnisse unterschieden. Zum einen können sie sich auf einen aktuellen Erregungszustand des jeweiligen Individuums beziehen. Das bedeutet, dass ein Mensch das jeweilige Bedürfnis nur zu einem bestimmten Zeitpunkt für eine bestimmte Dauer verspürt. Zum anderen können Bedürfnisse aber auch langanhaltend oder sogar dauerhaft sein. In der Psychologie spricht man hier von einer zeitstabilen Disposition. In diesem Fall wird das entsprechende Bedürfnis aktiviert, sobald bestimmte Bedingungen oder Ereignisse eintreten. Diese Auslösefaktoren bezeichnet man als *Trigger* – ein Ausdruck, der nicht nur in der Psychologie, sondern auch häufig im Marketing verwendet wird.

Im Rahmen der psychologischen Bedürfnisforschung wurden verschiedene Kategorisierungen und Bedürfnistheorien entwickelt, die darauf abzielen, die Anzahl, Art und Befriedigung von Bedürfnissen zu erklären. Eine der wichtigsten Bedürfnistheorien stammt vom humanistischen Psychologen Abraham Maslow.

Maslow vertrat ein positives Menschenbild und schrieb jedem

Individuum grundsätzlich ein positives Wachstumspotenzial zu. Er unterschied zwischen physischen und psychologischen Bedürfnissen eines Menschen. Diese Bedürfnisse fasste Maslow (1954) in seiner sogenannten Bedürfnispyramide zusammen, in der er die fünf großen Bedürfnisgruppen des Menschen anhand von fünf aufeinander folgenden Stufen abbildete:

- Stufe 1: Körperliche Bedürfnisse (zum Beispiel Hunger, Durst, Atmung, Schlaf oder Sexualität)
- Stufe 2: Sicherheitsbedürfnisse (zum Beispiel persönliche, berufliche und finanzielle Absicherung oder Schutz)
- Stufe 3: Soziale Bedürfnisse (zum Beispiel Freundschaft, Liebe, Partnerschaft, Kommunikation oder Gruppenzugehörigkeit)
- Stufe 4: Individualbedürfnisse (zum Beispiel Unabhängigkeit, Stärke, Erfolg, Achtung oder Anerkennung)
- Stufe 5: Selbstverwirklichungsbedürfnisse (zum Beispiel Glück, Erfüllung oder Potenzialausschöpfung)

Maslow ging davon aus, dass alle diese Bedürfnisse angeboren und hierarchisch strukturiert sind. Aus der hierarchischen Anordnung schlussfolgerte er, dass sich das Bedürfnis einer höheren Stufe erst dann entwickelt, sobald die Bedürfnisse auf den darunterliegenden Stufen befriedigt wurden.

Demnach kann beispielsweise das Bedürfnis der Selbstverwirklichung auf der obersten Stufe der Pyramide erst dann erfüllt werden, sobald die Bedürfnisse auf den vier vorherigen Stufen gegeben sind. Diese vier Stufen bezeichnete Maslow deshalb auch als Defizitmotive, weil sie darauf angelegt sind, einen bestimmten

Mangel innerhalb der jeweiligen Stufe aufzuheben oder zumindest zu verringern.

Das höchste Bedürfnis nach Selbstverwirklichung bezeichnete er im Gegenzug als Wachstumsmotiv. Nach Maslow ist es die Position in der Bedürfnispyramide, die über die Wichtigkeit eines Bedürfnisses bestimmt: Je höher es in der Hierarchie angesiedelt ist, desto weniger instinktiv ist es ausgeprägt und desto später wird es im Laufe der menschlichen Persönlichkeitsentwicklung wirksam. Basierend auf diesen Überlegungen sprach Maslow den unteren Bedürfnissen in seiner Pyramide, also körperlichen, sozialen und Sicherheitsbedürfnissen, auch eine stärkere subjektive Wichtigkeit zu.

Wie jede Theorie in der Wissenschaft ist auch die Bedürfnispyramide nicht unkritisiert geblieben. Ein entscheidender Nachteil liegt in der mangelnden empirischen Überprüfbarkeit des Modells. Umstritten ist auch Maslows Annahme, dass die Erfüllung eines Bedürfnisses auf einer der höheren Stufen erst durch die Erfüllung des Bedürfnisses auf den vorangehenden Stufen erreicht werden kann.

Als Vereinfachung der Maslow'schen Bedürfnispyramide entwickelte daher Clayton Alderfer (1972) das E-R-G-Modell – die Namensgebung basiert auf den Anfangsbuchstaben der englischen Originalbezeichnungen der verschiedenen Bedürfnisse (Existence Needs, Relatedness Needs und Growth Needs). Die E-R-G-Theorie fokussierte sich ursprünglich auf die Bedürfnisse von Mitarbeitern in Unternehmen, gilt aber als Weiterentwicklung des Modells von Maslow. Alderfer unterschied insgesamt drei Bedürfnisklassen:

1. Existenzbedürfnisse (körperliche und Sicherheitsbedürfnisse bei Maslow),
2. Beziehungsbedürfnisse (soziale und Individualbedürfnisse
   bei Maslow) und
3. Wachstumsbedürfnisse (Selbstverwirklichungsbedürfnisse
   bei Maslow).

Zwischen diesen Bedürfnissen wird im Gegensatz zur Bedürfnispyramide aber keine Hierarchie, sondern ein überlappender
Übergang angenommen. Außerdem können nach Alderfer auch
bereits befriedigte Bedürfnisse weiterhin Handlungen aktivieren,
um ein anderes, noch nicht befriedigtes Bedürfnis zu erfüllen. Unabhängig von den konzeptuellen Unterschieden der Bedürfnispyramide und des E-R-G-Modells fallen dennoch die inhaltlichen
Überschneidungen hinsichtlich der verschiedenen menschlichen
Bedürfnisse auf.

Wir werden deswegen in diesem Kapitel auf die stark verein-
fachte Sichtweise von Maslow zurückgreifen und seine Bedürfnispyramide als Basis nutzen, um ausgehend von deren fünf Stufen
die Konzepte abzuleiten, nach denen Menschen Kaufsituationen
als Befriedigung ihrer Bedürfnisse wahrnehmen – und entsprechend handeln.

## *Warum Bedürfnisse die Basis für dein Marketing bilden*

Es hat einen Grund, warum Bedürfnisse eine wichtige Grundlage,
wenn nicht vielleicht sogar *die* wichtigste Grundlage für deine
Marketing- und Verkaufsprozesse sind: Bedürfnisse haben eine

starke motivationale Funktion. Wenn Menschen in einem bestimmten Lebensbereich ihre Bedürfnisse als nicht erfüllt wahrnehmen, dann sind sie motiviert, diesen Zustand zu beheben. Je wichtiger der entsprechende Lebensbereich für sie ist, desto höher ist ihre Motivation. Bedürfnisse und Motivation bilden also die Voraussetzung für die weiteren Prozesse, die zu einer Kaufhandlung führen können. Und je wichtiger das Bedürfnis, desto höher ist die Motivation.

Diesen Gedanken hat auch Kurt Lewin (1936), einer der einflussreichsten Pioniere der Psychologie und Begründer der modernen experimentellen Sozialpsychologie, in seiner *Feldtheorie* aufgegriffen. Darin wird das Verhalten einer Person als eine Funktion von Person und Umwelt angesehen. Die zentrale Grundidee besteht darin, dass sowohl Kräfte innerhalb als auch außerhalb das Verhalten eines Menschen beeinflussen. Innere Faktoren der Person, wie beispielsweise Bedürfnisse, geben dabei äußeren Faktoren der Umwelt, wie beispielsweise Marketing, ihren subjektiven Wert, den Lewin als *Valenz* bezeichnete. Dieser subjektive Wert, der dem jeweiligen Bedürfnis zugeschrieben wird, hängt dabei immer von der einzelnen Person ab. Er ist also individuell unterschiedlich. Dies gilt auch für die psychologische Kraft des Bedürfnisses. Je näher das Bedürfnis dem jeweiligen Menschen ist, desto stärker wirkt es – und desto stärker kann dann auch das entsprechende Marketing wirken.

In der gegenwärtigen Psychologie werden Bedürfnisse eher als Grundlage von Motiven angesehen. Motive gelten als zentrales Bestimmungsstück von Motivation und werden somit als eine der inneren Ursachen des menschlichen Verhaltens bewertet. Konzeptuell weisen Motive aber eine große Ähnlichkeit zu Instinkten und Bedürfnissen auf.

Die psychologische Motivationsforschung befasst sich im Kern mit der Frage, wie und weshalb Ziele gewählt und verfolgt werden. Um das psychologische Konzept von Motiven und Motivation auf Verkaufs- und Marketingprozesse zu übertragen, ist es sinnvoll, beide Begriffe aus wissenschaftlich-psychologischer Perspektive zunächst einmal zu definieren. Denn Motiv und Motivation hängen zwar miteinander zusammen und sind sich ähnlich, aber gleichzeitig doch unterschiedlich.

Mit *Motivation* ist die individuelle Aktivierung aller psychischen Funktionen zur Erreichung eines bestimmten Ziels gemeint. Es handelt sich hierbei um Prozesse, die bei jedem Menschen bezüglich Richtung, Dauer und Intensität unterschiedlich ablaufen können. Erinnere dich einmal an deine Schulzeit: Sicherlich gab es auch in deiner Klasse Schüler, die motivierter waren, gute Noten zu schreiben, als andere. Diese Schüler waren demnach auch eher bereit, einen Großteil ihrer Freizeit in das Lernen zu investieren. Die Motivation, gute Leistungen zu zeigen, war demnach die Ursache für die Lernbereitschaft und das Handeln deiner alten Klassenkameraden. Wie aber unterscheiden sich nun Motive von Motivation?

*Motive* sind die Voraussetzung für Motivation und gelten als Komponenten der eigenen Selbststeuerung, um eine individuelle Bedürfnisbefriedigung zu ermöglichen. In der Psychologie werden Motive als Eigenschaft einer Person konzipiert. Bezogen auf das Beispiel deiner ehemaligen Mitschüler bedeutet das: Die Schüler mit dem Streben nach guten Noten hatten ein hohes Leistungsmotiv. Dieses hohe Leistungsmotiv hat dann zu ihrer hohen Motivation geführt, dem Lernen einen hohen Stellenwert einzuräumen und dafür möglicherweise auf andere Dinge in der Freizeit zu verzichten. Motive sind sehr stark auf die Interaktion zwischen der

Umwelt und der Person ausgerichtet. Von der individuellen Ausprägung eines Motivs hängt dann wesentlich ab, wie eine Person mit der Umwelt interagiert – sprich wie sie auf Hinweisreize in ihrer Umgebung, zum Beispiel in Verkaufsprozessen, reagiert. Die Tatsache, dass Motive variieren können, beweist auch der Fakt, dass Menschen die gleiche Sache aus völlig unterschiedlichen Gründen kaufen können. Ihr Bedürfnis ist also jeweils ein anderes.

Stelle dir vor, jemand kauft ein Auto. Dann können diesem Kauf komplett verschiedene Motive zugrunde liegen: Kunde 1 sucht sich das teuerste Auto mit Ledersitzen und Speziallackierung aus. Dieses parkt er regelmäßig vor dem Haus, damit seine Nachbarn es sehen. Sein Motiv ist Anerkennung durch andere. Kunde 2 kauft ein kleines Stadtauto, weil er sonst nicht zur Arbeit kommt. Sein Motiv ist Absicherung seines Einkommens. Kunde 3 kauft das letzte Auto einer einmaligen Sonderaktion, weil er befürchtet, diese Möglichkeit sonst zu verpassen. Sein Motiv ist Angst. Und dieses Beispiel lässt sich beliebig auf alle möglichen Angebote und Güter übertragen.

Eine Sache ist Motiven – unabhängig von ihrer inhaltlichen Ausgestaltung – aber gemeinsam: Psychologische Studien haben gezeigt, dass Motive das gesamte Verhalten und Erleben des Menschen beeinflussen: Im Bereich der Wahrnehmung und Aufmerksamkeit werden Objekte schneller und besser erkannt, wenn sie mit den eigenen Motiven übereinstimmen. Zudem lösen die eigenen Motive öfter und stärker Emotionen oder zumindest emotionale Impulse aus. Und genau dies ist eine große Chance für Unternehmer und Marketer: Wenn du es schaffst, das entsprechende Motiv deiner Zielgruppe zu aktivieren, dann ist es viel wahrscheinlicher, dass diese handelt.

Auch wenn innerhalb der Wissenschaft bisher kein Konsens

über die Art und Anzahl menschlicher Bedürfnisse besteht, so kann man aus den verschiedenen Bedürfnistheorien sicherlich eine Sache ableiten: Es gibt Bedürfnisse, die quantitativ und qualitativ stärker ausgeprägt sind als andere – und die deswegen auch unterschiedlich stark auf Menschen wirken. Diese unterschiedlichen Ausprägungen wiederum haben einen nicht unerheblichen Einfluss auf Marketing- und Verkaufsprozesse. Wenn man annimmt, dass bestimmte Bedürfnisse für Menschen wichtiger sind als andere, dann kann man gleichzeitig davon ausgehen, dass Menschen eine höhere Motivation haben, diese zu befriedigen. Genau das zeigen hunderttausende Verkäufe täglich auf der ganzen Welt. Und genau das zeigen auch die verschiedenen Märkte, in denen Unternehmen sich bewegen.

Die verkaufsstärksten Märkte sind nämlich die Märkte, die die stärksten Bedürfnisse des Menschen ansprechen. Oder anders gesagt: Die großen Bedürfnisse des Menschen bilden die großen Verkaufsmärkte ab, und zwar völlig unabhängig davon, ob du ein Online- oder Offline-Unternehmen hast oder ob du Produkte oder Dienstleistungen anbietest. Es scheint kein Zufall zu sein, dass die erfolgreichsten und profitabelsten Märkte mit den stärksten menschlichen Bedürfnissen der Maslow'schen Bedürfnispyramide korrespondieren:

- Die körperlichen Bedürfnisse stehen für den Markt *Gesundheit und Fitness.*
- Die Sicherheitsbedürfnisse stehen für den Markt *Finanzen und Business.*
- Die sozialen Bedürfnisse stehen für den Markt *Dating und Beziehungen.*

- Die Individualbedürfnisse stehen für den Markt *Hobbys und irrationale Leidenschaften.*
- Die Selbstverwirklichungsbedürfnisse stehen für den Markt *persönliche Weiterentwicklung.*

Je wichtiger das jeweilige Bedürfnis für Menschen ist, desto mehr Geld investieren sie zur Befriedigung dieses Bedürfnisses. Das bedeutet in der Folge, dass in den drei ersten Märkten prinzipiell das größte Umsatzpotenzial besteht. Schätzungsweise 80 Prozent aller Umsätze werden in den Märkten Gesundheit und Fitness, Finanzen und Business sowie Dating und Beziehungen generiert (daher nennt man sie auch gerne die drei Mega-Märkte, vor allem im Internet).

Die Erklärung dafür liegt auf der Hand: Wenn ein Angebot ein großes Bedürfnis anspricht, dann wird dieses Angebot auf Seiten des Interessenten grundsätzlich zunächst einmal Aufmerksamkeit und Interesse auslösen. Das Angebot bekommt für ihn eine Bedeutung, weil es mit der Befriedigung eines Bedürfnisses in Verbindung gebracht wird. Das bedeutet in der Folge, dass der Interessent eher bereit ist, Geld für das Angebot beziehungsweise für die Befriedigung seines Bedürfnisses auszugeben. Mit dieser Tatsache können aus Sicht von Unternehmern und Marketern aber noch viele weitere Vorteile verbunden sein: Die Adressierung von starken menschlichen Bedürfnissen kann zu mehr Interessenten, mehr Kunden, mehr Stammkunden, mehr Webseiten-Besuchern oder mehr Produktmöglichkeiten führen. Immer da, wo potenziellen Käufern die Befriedigung eines Bedürfnisses in Aussicht gestellt wird, ist ihre Kaufbereitschaft generell höher.

Die Umsatzstärke bedürfnisorientierter Märkte hat aber nicht nur etwas mit der inhaltlichen Ausrichtung zu tun. Auch die

Zielsetzung des jeweiligen Marktes spielt eine wesentliche Rolle. Meistens sind die Märkte, die sich auf die wichtigsten menschlichen Bedürfnisse beziehen, gleichzeitig an ein bestimmtes Problem gekoppelt: Menschen möchten Gewicht verlieren, finanzielle Schwierigkeiten bewältigen oder ihre Einsamkeit überwinden. In diesen Märkten geht es also nicht vornehmlich um Spaß oder Fortschritt, sondern um die Lösung eines Problems. Und da Menschen viele Probleme haben, sind Märkte, die genau diese Probleme adressieren, auch besonders umsatzstark.

Man kann es auch auf eine einzige Aussage herunterbrechen: Bedürfnisse beziehungsweise Probleme sind nichts anderes als Märkte. Und das widerspricht sicherlich der Fehlannahme, die viele Menschen intuitiv haben. Sie gehen davon aus, dass ein Markt eine bestimmte Personengruppe ist, die man adressiert. Diese Annahme ist nicht ganz falsch, aber auch nicht ganz richtig. Denn der Markt entspricht immer dem Bedürfnis beziehungsweise Problem, das du mit deinem Angebot erfüllst oder löst.

Dies bedeutet nicht, dass Märkte, die weder bedürfnis- noch problemorientiert sind, grundsätzlich keine Erfolgsaussichten haben. Auch Märkte, die keine körperlichen, sozialen oder Sicherheitsbedürfnisse adressieren, können natürlich profitabel sein. Dazu zählen zum Beispiel die Märkte Interessen, Freizeitgestaltung, Persönlichkeitsentwicklung, Motivation, Führung, Werbung, Spiritualität, Produktivität oder Leistung, die eher den Individual- und Selbstverwirklichungsbedürfnissen auf den oberen Stufen der Maslow'schen Bedürfnispyramide entsprechen. Und auch sie können prinzipiell ein großes Umsatzpotenzial entfalten. Es kommt in diesem Fall noch stärker darauf an, wie das eigene Angebot vermarktet wird. Überschneidungen zwischen den einzelnen Märkten eröffnen zudem viele Möglichkeiten, bei Interessenten mehrere Bedürfnisse gleichzeitig anzusprechen.

Der Vorteil eines solchen Vorgehens liegt auf der Hand: Je mehr Bedürfnisse bei potenziellen Kunden aktiviert werden, desto höher ist die Wahrscheinlichkeit, ihnen eine Ursache zum Handeln zu geben. Und genau das ist es ja, was wir als Marketer und Unternehmer möchten: Eine Handlung auslösen, die einer bestimmten Zielerreichung dient, um ein bestimmtes Bedürfnis (oder auch mehrere) zu befriedigen.

## Wie du das wichtigste Bedürfnis ermittelst

Es gibt nur eine einzige Möglichkeit, wichtige Bedürfnisse anzusprechen und damit die erste Voraussetzung zu schaffen, damit Menschen handeln: Du musst diese Bedürfnisse ermitteln und kennen – genauso wie deine Zielgruppe – und zwar so exakt und so gut wie möglich. Dies mag sich möglicherweise etwas banal anhören, aber du kannst nur dann Bedürfnisse aktivieren, die Menschen einen Handlungsgrund geben, wenn du weißt, welche Bedürfnisse dies überhaupt sind. Dieses Wissen solltest du dann als Basis für deine weiteren Marketingaktivitäten nutzen.

Die Rolle deines Marketings besteht darin, Menschen durch die verschiedenen Stufen deines Verkaufsprozesses zu führen und ihnen auf jeder einzelnen Stufe genau das zu geben, was sie wollen. Dies kann dir aber nur gelingen, wenn du genau weißt, an welchem Punkt du ansetzen musst. Und Bedürfnisse sind genau dieser Ansatzpunkt. Sie sind die wichtigste Basis, auf der du dein

Marketing aufbauen solltest. Sie stehen ganz am Anfang. Sie sind die Basis für die praktische Verkaufspsychologie. Stelle dir vor, du wolltest ein erfolgreicher Fußballspieler werden. Dann müsstest du zu Beginn zunächst einmal lernen, wie du mit dem Ball umgehst – völlig unabhängig davon, ob du im Sturm, im Mittelfeld oder in der Abwehr spielst. Dein Umgang mit dem Ball ist die wichtigste Grundlage, um überhaupt erfolgreich Fußball spielen zu können. Erst danach kann sich entscheiden, welche Position dir am besten liegt. Übertragen auf unternehmerische Prozesse bedeutet das: Die Handhabe des Balles ist die Kenntnis des Bedürfnisses. Und erst, wenn du dieses Bedürfnis kennst, ansprichst und damit beherrschst, kannst du dich mit deinem Angebot positionieren (wie du dich auch auf dem Fußball-feld positionieren würdest).

Leider herrschen in Bezug auf Bedürfnisse teilweise immer noch einige Fehlannahmen unter Unternehmern – gerade, wenn es um die Bedeutung von Bedürfnissen für die eigenen Marketing- und Verkaufsprozesse geht. Daher möchte ich an dieser Stelle die zwei größten dieser Mythen einmal kurz vorstellen und gleichzeitig widerlegen.

### Mythos #1: Potenzielle Kunden kennen ihre eigenen Bedürfnisse nicht.

In einigen Fällen mag dies durchaus zutreffen. Alle heutigen Smartphone-Nutzer wussten vor rund 15 Jahren auch noch nicht, dass sie einmal ein großes Bedürfnis danach haben würden, von unterwegs aus ins Internet zu gehen, um ihren Informations- oder Kommunikationsbedarf zu stillen. In den meisten Fällen sind Menschen sich ihrer Bedürfnisse aber durchaus bewusst – und natürlich auch ihrem Wunsch nach der Befriedigung dieses

Bedürfnisses. Gerade wenn man die Befriedigung eines Bedürfnisses als einen menschlichen, angeborenen Instinkt betrachtet, lässt sich die Aussage, dass Menschen ihre Bedürfnisse unbekannt sind, nicht mehr aufrechterhalten.

## Mythos #2: Die Bedürfnisse potenzieller Kunden ändern sich regelmäßig.

Eine Verschiebung von Bedürfnissen ist zunächst einmal durchaus nichts Ungewöhnliches. Jeder Mensch entwickelt sich naturgemäß weiter und setzt unterschiedliche Schwerpunkte in unterschiedlichen Lebensphasen. Dies kann auch mit einer Veränderung von Bedürfnissen einhergehen. Bestimmte Bedürfnisse werden sich aber nie ändern, weil sie uns Menschen ausmachen und auch unser Überleben sichern. Eine gewisse Grundbedürftigkeit zur Beseitigung eines bestimmten Mangels (und nichts anderes ist ein Bedürfnis ja) ist also immer und in jedem Menschen vorhanden.

Um die Basis für deine Marketing- und Verkaufsaktivitäten zu legen, musst du also deine Zielgruppe und ihre Bedürfnisse genau kennen. Du musst wissen, mit welchen Menschen du zu tun hast, was sie ausmacht, was sie bewegt, was sie tun.

Aus diesem Grund solltest du ein sogenanntes *4-Felder-Bedürfnis-Raster* erstellen. Dabei handelt es sich um eine fiktive, aber realitätsnahe Repräsentation deines idealen Kunden mit seinen Bedürfnissen anhand von vier Schwerpunkten. Bei der Erstellung dieses Rasters solltest du so spezifisch wie möglich vorgehen, um die bestmöglichen Erkenntnisse zu gewinnen. Es eignet sich übrigens nicht nur, um die Bedürfnisse deiner Zielgruppe festzustellen (wenn das auch ein erster wesentlicher Vorteil ist). Auch für die Ermittlung der Wünsche, Emotionen und

Glaubenssätze deines Idealkunden leistet es enorme Dienste, die dir in deinem gesamten Verkauf zugutekommen werden.

Um die Bedürfnisse deiner Zielgruppe zu analysieren, solltest du dich an vier Blöcken von W-Fragen orientieren, die jeweils eines der vier Felder des Rasters abdecken: Warum, was, wer und warum nicht (diese Punkte haben übrigens nichts mit den menschlichen Lerntypen zu tun, die ich dir in der Einleitung vorgestellt hatte). Jeder Block beinhaltet sechs Leitfragen, anhand derer du dir selbst die Antworten zu deiner Zielgruppe gibst – um basierend darauf dein ganz persönliches Bedürfnis-Raster zu erstellen.

Die Fragen, die sich auf das *Warum* beziehen, adressieren den eigentlichen Kern von Bedürfnissen. Hier steht die Motivation deines Kunden im Vordergrund – also das, was sein Verhalten auslöst und was als bewusste oder unbewusste Ursache von Handlungen gelten kann. Mit diesen Fragen ermittelst du schwerpunktmäßig die *bewussten, offenen* Bedürfnisse deines Kunden:

1. Welche Bedürfnisse hat mein Kunde?
2. Welche Probleme hat mein Kunde?
3. Welche Herausforderungen hat mein Kunde?
4. Welche Wünsche hat mein Kunde?
5. Welche Emotionen hat mein Kunde?
6. Was ist meinem Kunden am allerwichtigsten?

Die Fragen, die das *Was* adressieren, nehmen auf die inneren Einstellungen deines Kunden Bezug. Hierbei geht es vorrangig um das, was deinen Kunden und sein Leben ausmacht. Im Fokus dieser Fragen stehen die *latenten, verdeckten* Bedürfnisse, die dem Kunden nicht unbedingt bewusst sind, sich aber oft in bestimmten

Aspekten der individuellen Lebensgestaltung des Einzelnen manifestieren:

1. Welche Ziele hat mein Kunde, was möchte er erreichen?
2. Welche Werte hat mein Kunde, wonach handelt er?
3. Wie sieht der Alltag meines Kunden aus?
4. Welche Hobbys und Interessen hat mein Kunde?
5. Welche Vorbilder hat mein Kunde?
6. Welche Bücher liest mein Kunde?

Die Fragen, bei denen das *Wer* im Mittelpunkt steht, beziehen sich auf die demografischen Angaben deines Kunden. Diese erscheinen im Hinblick auf Bedürfnisse zunächst sekundär, können aber trotzdem Aufschlüsse darüber geben. Ein 80-jähriger Mann hat wahrscheinlich nicht mehr so sehr das Bedürfnis nach einem durchtrainierten Körper wie eine 25-jährige Frau. Daher werden demographische Informationen eher als *indirekte Hinweise* auf offene oder verdeckte Bedürfnisse verstanden.

1. Welches Geschlecht hat mein Kunde?
2. Wie alt ist mein Kunde?
3. Welchen Familienstand hat mein Kunde?
4. Wo lebt mein Kunde?
5. Welchen Beruf hat mein Kunde?
6. Welches Einkommen hat mein Kunde?

Die Fragen, die das *Warum nicht* fokussieren, sind das Gegenstück zu den Warum-Fragen. Genauso, wie es Bedürfnisse gibt, die Menschen zum Handeln bringen, gibt es Faktoren, die die Kraft von Bedürfnissen überlagern oder verhindern. Dies kann der Fall sein, wenn andere Aspekte vermeintlich wichtiger erscheinen. Diese Angaben gelten daher als die *Gegenspieler* von Bedürfnissen.

1. Welche Einwände hat mein Kunde möglicherweise?
2. Welche Glaubenssätze schränken meinen Kunden ein?
3. Welche Zweifel hat mein Kunde?
4. Welche Unsicherheiten hat mein Kunde?
5. Wovor hat mein Kunde Angst?
6. Wovon lässt mein Kunde sich beeinflussen?

Zur Erstellung deines 4-Felder-Bedürfnis-Rasters bietet sich ein fünfschrittiges Vorgehen an:

1. Nimm dir ein Blatt Papier und teile dieses Blatt in vier gleich große Felder auf.
2. Gehe die vier Fragenblöcke durch, beantworte die sechs Fragen zu jedem der vier W-Blöcke und schreibe in das jeweilige Feld auf deinem Blatt alles, was dir zu der jeweiligen Frage einfällt. Danach kannst du die Bedürfnisse deiner Zielgruppe daraus ableiten:
3. Nimm dir dann ein neues Blatt Papier (oder die Rückseite des ersten Blattes), teile dieses wieder in vier Felder auf und schreibe alle Bedürfnisse auf, die sich aus jedem der vier Felder des ersten Blattes ableiten lassen. Schreibe dabei alle Bedürfnisse auf, die dir bei der Sichtung deiner Antworten spontan einfallen. Deinen Ideen und Impulsen sind keine Grenzen gesetzt.
4. Schau dir alle notierten Bedürfnisse an, gehe sie durch und kategorisiere sie. Ordne sie also anhand von thematischen oder inhaltlichen Schwerpunkten verschiedenen Gruppen

zu. Eine mögliche Einteilung kann sich an der Maslow'schen Bedürfnispyramide und ihren fünf Bedürfnisstufen orientieren. Hierbei kannst und solltest du aber nicht zu allgemein bleiben. Leite aus den Grundbedürfnissen gerne spezifischere Bedürfnisse ab, die speziell auf deine Zielgruppe zutreffen. Dadurch wirst du nicht nur in der Lage sein, dein Marketing spezifisch zu gestalten, sondern leistest auch schon eine Vorarbeit für das nächste Kapitel, in dem es um die konkreten Wünsche deiner Zielgruppe geht.

5. Sobald du die Kategorisierung der Bedürfnisse vorgenommen hast, solltest du überlegen, welches das Hauptbedürfnis deiner Zielgruppe ist und mit welchem Angebot du es ansprechen kannst. Möglicherweise ist es dir sogar möglich, mit deinem Produkt oder deiner Dienstleistung mehrere Bedürfnisse zu adressieren.

Die Ausarbeitungen, die du anhand deines Bedürfnis-Rasters machst, sind als grundlegende Basis für die nachfolgenden Inhalte zu verstehen – was natürlich nicht bedeutet, dass du jetzt nicht weiterlesen darfst oder die weiteren Inhalte nicht verstehst, wenn du das Raster erst später erstellst. Aber nur, wenn du deine Zielgruppe und ihre Bedürfnisse kennst, wirst du in der Lage sein, personalisierte Angebote, Marketingkampagnen und Verkaufsprozesse umzusetzen – und eine erste starke Kaufursache zu schaffen ...

# URSACHE 2
## Verlangen: Wunsch

Jeder von uns kennt das folgende Szenario: Unsere Gedanken kreisen um eine bestimmte Sache, die wir unbedingt haben wollen, oder eine bestimmte Situation, die wir unbedingt erleben wollen. In unserer Fantasie stellen wir uns vor, wie es wäre, wenn wir diese Sache bereits hätten oder diese Situation erlebten, aber in unserem Leben ist sie (noch) keine Realität. Die Sache ist klar: Wir haben Verlangen nach etwas.

In der Psychologie versteht man unter *Verlangen* einen Erregungszustand, der die menschliche Psyche auf bestimmte Zielzustände richtet. Solche Zielzustände können ganz unterschiedlich geartet sein: ein Verlangen nach einem monatlichen Gehalt von 10.000 Euro, nach einer glücklichen Ehe mit zwei Kindern oder nach einem Körpergewicht von unter 55 Kilogramm.

Auch Aristoteles sprach in *Nikomachische Ethik*, einem seiner bedeutendsten Werke, davon, dass alles menschliche Streben auf ein Gut – also psychologisch gesprochen auf einen bestimmten Zielzustand – gerichtet ist: »Jede Kunst und jede Lehre, ebenso jede Handlung und jeder Entschluss scheint irgendein Gut zu erstreben. Darum hat man mit Recht das Gute als dasjenige bezeichnet, wonach alles strebt.«

Gleichermaßen argumentierte Augustinus von Hippo, Kirchenlehrer der Spätantike und wichtiger Philosoph an der Schwelle zwischen Antike und Frühmittelalter, der menschliches Verlangen ebenfalls als ausgerichtet auf ein höchstes Gut verstand. Verlangen ist aber trotz der historischen Ähnlichkeiten im inhaltlichen Verständnis kein eindimensionales Konstrukt und kann sich anhand einiger Facetten äußern: Streben, Sehnsucht oder Wunsch.

Gerade Wünsche entfalten im Marketing eine große Macht, weil sie das Verlangen nach einer bestimmten Sache oder einer bestimmten Situation zum Ausdruck bringen. Dies deckt sich auch mit der psychoanalytischen Definition: In der Psychoanalyse wird unter *Wunsch* das Herbeisehnen eines bestimmten Erlebenszustandes verstanden.

Das aristotelische Verständnis vom Streben nach einem Gut und das psychologische Verständnis vom Verlangen nach einem bestimmten Zielzustand weisen auffällige Parallelen auf: Beides benötigt einen Inhalt, einen Gegenstand, also das gewollte Endergebnis, das ersehnt wird. Und beides drückt gleichfalls das Wollen einer bestimmten Sache oder einer bestimmten Situation aus. In Aristoteles Originalzitat wird Verlangen teilweise auch als *Gelüst* übersetzt – im Sinne von Sehnsucht nach schönen Dingen. Es geht also auch in diesem Verständnis um Dinge, die angenehm erscheinen. Daher verstehen wir Aristoteles historische Ursache Verlangen als Gegenstück zur Ursache Wunsch im modernen Kontext.

# *Welche 48 Wünsche Menschen zum Handeln bringen*

Bevor wir uns anschauen, welche konkreten Wünsche gerade in Verkaufsprozessen als starke psychologische Trigger fungieren können, ist es wichtig, die psychologischen Prozesse hinter Wünschen zu verstehen. Umso eher bist du später in der Lage, dein eigenes Marketing entsprechend zu gestalten.

Damit ein Wunsch entstehen und wirken kann, sind zwei verschiedene Prozesse erforderlich: Zuerst muss ein bestimmter Gegenstand wahrgenommen oder vorgestellt und mit bestimmten (positiven) Emotionen verknüpft werden. Das ist der *repräsentative* Prozess, der einen bestimmten Inhalt widerspiegelt. Dieser Inhalt wird dann in einem zweiten Prozess, den man *konativ* nennt, zu einem Wunsch, indem er als für das eigene Leben erstrebenswert bewertet wird. Wünsche sind demnach immer auf etwas ausgerichtet, was einen positiven Zielzustand verspricht. Oder aber, um es mit den Worten von Aristoteles zu sagen: auf etwas, was das größtmögliche Gut für einen Menschen darstellt.

Ziehen wir als Beispiel einen 20-jährigen Mann heran, den wir Fabian nennen. Fabian wird im Internet auf einen Online-Unternehmer aufmerksam, der durch seine eigenen Unternehmen zum Selfmade-Millionär geworden ist. Er bewundert diesen Menschen und findet, dass seine Leistung absolut anerkennenswert ist (repräsentativer Prozess). Je mehr Fabian darüber nachdenkt, umso mehr würde er selbst gerne ein solches Leben als Selfmade-Millionär mit eigenen Online-Unternehmen führen (konativer Prozess). Sein Wunsch ist entstanden.

Dieses Beispiel zeigt, dass der erwünschte Zielzustand für einen

Menschen einen bestimmten Wert hat – oder in psychologischer Sprache: einen bestimmten *Anreiz*. Der Anreiz wird dabei als die positive Emotion verstanden, die mit dem Zielzustand verknüpft ist. Es geht dabei also um die Gefühle, die mit einem Wunsch verbunden werden, und nicht in erster Linie um dessen eigentlichen Nutzen. Das bedeutet, ein Wunsch ist nicht zwangsweise etwas, was man wirklich braucht, sondern etwas, was Emotionen auslöst.

Im Falle von Fabian könnten solche Emotionen Freude oder Stolz sein, die mit dem Leben als Millionär und Unternehmer assoziiert werden. Es handelt sich hierbei also um eine qualitative Dimension, weil es zunächst einmal um die konkreten Inhalte des erwünschten Zielzustandes geht. Allerdings kann das Ausmaß des Wunsches beziehungsweise das Maß an positiver Emotion, das mit dem Wunsch verbunden ist, zwischen verschiedenen Menschen variieren. Fabian verbindet seine Wunschvorstellung sicherlich mit einem relativ großen Maß an Freude und Stolz. Gleiches muss aber nicht für seine gleichaltrigen Freunde gelten, die möglicherweise mit anderen Wünschen, zum Beispiel einer Weltreise oder einem abgeschlossenen Studium, ein größeres Maß an positiven Emotionen verbinden. Dieses Ausmaß wird als *Anreizwert* bezeichnet und spiegelt die quantitative Dimension des erwünschten Zielzustandes wider.

Aus psychologischer Sicht sind deswegen unter anderem die sogenannten *Anreiztheorien* für Wünsche als Ursache menschlichen Verhaltens relevant. In deren Zentrum stehen Anreize (im Englischen: *Incentives* – ein Ausdruck, der dir vielleicht im Zusammenhang mit Mitarbeitermotivation bekannt ist), die als die Summe aller Stimuli verstanden werden und ein bestimmtes Verhalten auslösen oder verstärken. Für die Ausführung von Handlungen können solche Anreize also eine wichtige Motivationsvariable sein. Die Anreiztheorie wurde unter anderem von Burrhus Skinner (1938) vertreten, der das operante Konditionieren prägte und als einer der bedeutendsten Psychologen des 20. Jahrhunderts gilt.

In der Anreiztheorie gilt die Annahme, dass es letztlich die mit einem Anreiz verbundenen positiven Effekte sind, die Menschen zum Handeln bringen. Diese Ansicht wurde im Laufe der wissenschaftlichen Entwicklung allerdings als zu allgemein und vereinfachend bewertet und durch die sogenannten *Erwartung-mal-Wert-Theorien* ersetzt. Erwartung-mal-Wert-Modelle erklären die Bildung einer Handlungsabsicht, indem sie die Motivation zu einem bestimmten Verhalten aus zwei Einschätzungen ableiten: aus der subjektiven Erwartung der Verhaltensfolgen (Wie wahrscheinlich ist es, dass ich ein bestimmtes Ergebnis erreiche?) und aus dem subjektiven Wert dieser Verhaltensfolgen (Wie wichtig ist das zu erreichende Ergebnis für mich?).

Schon in Lewins Feldtheorie, die bereits im Kapitel über Bedürfnisse vorgestellt wurde, finden sich sowohl die Wahrscheinlichkeit der Zielerreichung (Erwartung) als auch die persönliche Bedeutung eines Ziels (Valenz/Wert) als zentrale Faktoren. Die Erwartung-mal-Wert-Theorien setzen diesen Gedanken fort und beruhen auf der Grundannahme, dass die Motivation für diejenigen Handlungen am größten ist, bei denen das Produkt aus Erwartung und Wert (deshalb auch ihr Name) am höchsten ist. Für ein numerisches Beispiel zur Veranschaulichung dieser Produktberechnung ziehen wir noch einmal unseren imaginären Charakter Fabian heran.

Nehmen wir an, dass der Wunsch von Fabian, Selfmade-Millionär zu werden, auf einer Skala von 1 bis 10 für ihn den persönlichen Wert 9 hat, und er die Wahrscheinlichkeit, wirklich ein solcher zu werden, auf derselben Skala bei 3 sieht. Dann wäre das Produkt aus beiden Werten $9 \times 3 = 27$. Nun stellen wir uns vor, dass Fabian gleichzeitig den Wunsch entwickelt, ein Online-Unternehmen aufzubauen. Dieser Wunsch hat für ihn einen persönlichen Wert von 6. Gleichzeitig schätzt er die Wahrscheinlichkeit, diesen in die Tat umzusetzen, mit 8 ein. Das Produkt beider Werte ergibt also $6 \times 8 = 48$. Nach den Erwartung-mal-Wert-Theorien wäre Fabians Motivation, ein Online-Unternehmen zu starten, also höher als seine Motivation, zum Millionär zu werden. Zwar hat Letzteres für ihn einen höheren persönlichen Wert, aber gleichzeitig eine geringere Eintrittswahrscheinlichkeit.

Ein klassischer Vertreter der Erwartung-mal-Wert-Theorien ist das *Risiko-Wahl-Modell* des Verhaltens- und Motivationspsychologen John Atkinson (1957). Grundlage dieses Modells zur Leistungsmotivation sind sowohl ein Personen- als auch ein Situationsparameter, die ebenfalls multiplikativ verknüpft sind. Der Personenparameter steht für das individuelle Motiv und damit für den persönlichen Wert, den ein Wunsch für eine Person hat. Der Situationsparameter steht für die von der Person eingeschätzte Erfolgswahrscheinlichkeit. Hinzu kommt als dritter Parameter der Anreiz, der das eigentliche Handlungsergebnis – also den Wunsch – repräsentiert. Nach Atkinson sind demnach Motiv, Wahrscheinlichkeit und Anreiz die Faktoren, die menschliches Handeln auslösen.

Die Sichtweise der Erwartung-mal-Wert-Theorien ist für Unternehmer und Marketer nicht irrelevant. Auch wenn die genannten Berechnungen, Kalkulationen und Bewertungen in der Regel schnell und unbewusst stattfinden (und Menschen ihre Motivation natürlich nicht in Zahlen ausrechnen), zeigen sie doch, dass Verkäufer mehrere Aufgaben erfüllen müssen, um Menschen zum Kauf zu bringen: Es reicht nicht nur aus, den bestimmten Wunsch eines Interessenten anzusprechen und ihm damit ein Motiv, einen Anreiz und einen Wert zu liefern. Man muss ihn auch davon überzeugen und die Erwartung erzeugen, diesen Wunsch mit einer gewissen Wahrscheinlichkeit erreichen zu können.

Schauen wir uns deswegen zuerst an, welche Wünsche für Menschen generell ein starkes Motiv und damit einen hohen Anreiz zum Handeln liefern. Nach der Analyse tausender Marketing- und Verkaufsprozesse im Internet kann man davon ausgehen, dass es insgesamt fünf große Gruppen von Wünschen gibt, die für Menschen eine enorme Valenz, also einen hohen Wert, haben können. Die fünf Kategorien orientieren sich dabei an den wichtigsten Bedürfnissen der Maslow'schen Pyramide; die Unterpunkte repräsentieren die individuellen Wünsche, die häufig aus diesen Bedürfnissen resultieren können:

### Kategorie #1:
### Wünsche basierend auf körperlichen Bedürfnissen

gesünder leben
länger leben
fit sein
jünger aussehen
stärker werden
Gewicht verlieren
Schmerzen vermeiden
Stress verringern
Muskeln aufbauen
Krankheiten verhindern

## Kategorie #2:
## Wünsche basierend auf Sicherheitsbedürfnissen

mehr Geld verdienen
mehr Geld ansparen
ein Unternehmen aufbauen
in Aktien investieren
ein Haus bauen
für das Alter vorsorgen
einen Job finden
komfortabel leben
angemessen kleiden

## Kategorie #3:
## Wünsche basierend auf sozialen Bedürfnissen

Freundschaften schließen
Dates vereinbaren
glückliche Beziehungen haben
gute Eltern sein
Sexualität ausleben
besser flirten
sich begehrt fühlen
Streits vermeiden
andere überzeugen
beliebt sein

## Kategorie #4:
## Wünsche basierend auf Individualbedürfnissen

etwas Neues lernen
einen Abschluss erreichen
Anerkennung erfahren
Zeit managen
erfolgreich sein
respektiert werden
produktiver werden
selbstbewusst werden
informiert sein
Neugier befriedigen
Dinge sammeln
Vergnügen erleben

## Kategorie #5:
## Wünsche basierend auf Selbstverwirklichungsbedürfnissen

sich etwas Gutes tun
das Beste erleben
Leben transformieren
unabhängig sein
etwas wert sein
Träume verwirklichen
Persönlichkeit entwickeln

Diese Listen sind natürlich nur als Auswahl von Wünschen zu verstehen, die in Marketing- und Verkaufsprozessen ein starker Motivator und Anreiz sein können. Es gibt noch unzählige Wünsche mehr, die als Antriebe für menschliche Handlungen fungieren. Wichtig ist für dich, dass du genau den Wunsch ermittelst, der für deine Zielgruppe den höchsten persönlichen Wert hat. Nur so kannst du ihn in deinem Marketing adressieren, um Antriebe zur Kaufhandlung auszulösen. Denn unabhängig vom jeweiligen Inhalt ist der psychologische Wirkmechanismus hinter jedem Wunsch prinzipiell gleich – und damit generell auch seine Wirkung im Verkauf.

## *Warum Wünsche starke Kaufantriebe sind*

Es hat einen Grund, warum die stärksten menschlichen Wünsche aus den fünf stärksten Bedürfnissen abgeleitet werden. Beide hängen nämlich eng miteinander zusammen und unterscheiden sich dennoch voneinander. Um nachvollziehen zu können, wie und warum Wünsche in Verkaufsprozessen eine so wichtige Rolle spielen, ist es wichtig, sie von Bedürfnissen abzugrenzen. Denn auch, wenn Wünsche und Bedürfnisse auf den ersten Blick ähnlich erscheinen, sind sie nicht identisch (sonst hätte sicherlich auch Aristoteles sie in Form von *Instinkt* und *Verlangen* nicht als zwei verschiedene Ursachen menschlichen Handelns genannt).

Der Unterschied zwischen Wünschen und Bedürfnissen wird deutlich, wenn wir beide Ursachen aus einer zeitlichen Perspektive heraus betrachten. Zwar sind nach psychologischem Verständnis sowohl Bedürfnisse als auch Wünsche aktuelle Erregungszustände eines Menschen, aber Bedürfnisse sind als Vorstufe von Wünschen anzusehen. Aus einem bestimmten Bedürfnis heraus entwickelt sich also ein bestimmter Wunsch.

50

Um diese Abfolge zu verdeutlichen, schauen wir uns noch einmal die in der Einleitung zu diesem Kapitel genannten Beispiele für verschiedene Wünsche an. Der Wunsch nach einem monatlichen Gehalt von 10.000 Euro entspringt dem Bedürfnis nach finanzieller Sicherheit, der Wunsch nach einer glücklichen Ehe mit zwei Kindern folgt aus dem sozialen Bedürfnis und der Wunsch nach einem Gewicht von unter 55 Kilogramm beruht auf körperlichen Bedürfnissen. Genauso kann es aber sein, dass sich die aus diesen Bedürfnissen abgeleiteten Wünsche von Individuum zu Individuum unterscheiden (es ist sogar sehr wahrscheinlich). Aus Sicherheitsbedürfnissen kann beispielsweise der Wunsch entstehen, ein Eigenheim mit großem Garten zu besitzen, aus sozialen Bedürfnissen der Wunsch, eine eingeschlafene Freundschaft mit einem alten Studienkollegen wieder zu intensivieren, und aus körperlichen Bedürfnissen der Wunsch, den nächsten Marathon in einer bestimmten Zeit zu absolvieren.

Aus diesen Beispielen wird noch ein weiterer wesentlicher Unterschied zwischen Bedürfnis und Wunsch deutlich: Bedürfnisse sind grundsätzlich bei allen Menschen ähnlich, weil sie angeboren und damit genetisch in uns verwurzelt sind. Die aus diesen Bedürfnissen resultierenden Wünsche hingegen können sehr individuell sein. Ziehen wir hierfür noch einmal die körperlichen Bedürfnisse als Beispiel heran. Hieraus können sich völlig unterschiedliche Wünsche entwickeln: Person A wünscht sich, unbedingt Fett zu verbrennen, Person B wünscht sich, mehr Muskeln an den Oberarmen aufzubauen, und Person C wünscht sich, gesünder zu leben. Dann ist der vorgelagerte Erregungszustand – also das körperliche Bedürfnis – für alle drei Personen zwar annähernd gleich, die daraus resultierenden konkreten Wünsche manifestieren sich aber völlig unterschiedlich.

Dies ist übrigens auch der Grund, warum Wünsche oft noch viel stärkere Motivatoren und Anreize sein können als Bedürfnisse. Sie sind individueller, sie haben eine persönlichere Relevanz. Bedürfnisse beziehen sich oft auf etwas, was man braucht (also einen Nutzen), Wünsche auf etwas, was man möchte (also einen Willen). Wünsche sind die genaue Konkretisierung menschlicher Bedürfnisse. Und deswegen haben sie auch meistens eine noch größere Wirkung.

Denke einmal an deine eigenen Wünsche (und es ist dabei völlig egal, aus welchem Bedürfnis du sie ableitest). Was wünschst du dir selbst für dich und deine Zukunft? Wovon träumst du? Wonach sehnst du dich? Du hast sicherlich genaue Vorstellungen davon, was in deinem Leben du besitzen, tun oder erreichen möchtest. Diese Vorstellungen machen dich als Menschen aus. Sie zeigen, welche Visionen und Ziele du hast. Und das ist etwas sehr Persönliches. Es gibt sicherlich niemanden auf dieser Welt, der haargenau und exakt die gleichen Wünsche hat wie du. Wünsche sind immer spezifisch.

Diese Tatsache ist für Unternehmer und Marketer nicht ganz unwesentlich, denn anhand von spezifischen Wünschen lassen sich spezifische Zielgruppen konkretisieren. Spezifische Zielgruppen sind quasi die Schnittmenge einer bestimmten Anzahl von Menschen, die den gleichen Wunsch haben. Die Tatsache, dass Wünsche immer individuell sind, bedeutet also nicht, dass du niemals einen Wunsch finden wirst, den viele Menschen (deine potenziellen Käufer) teilen. Es bedeutet, dass dein Angebot immer den spezifischen Wunsch ansprechen muss, den deine Zielgruppe miteinander teilt.

Auf deine Marketing- und Verkaufsprozesse bezogen bedeutet das: Ein Produkt, das gleichzeitig drei verschiedene Zielgruppen von Menschen und damit auch drei verschiedene Wünsche anspricht, lässt sich wesentlich schwieriger verkaufen als drei unterschiedliche Produkte, die drei unterschiedliche Zielgruppen und damit auch drei unterschiedliche Wünsche ansprechen.

Stelle dir vor, du hast drei Interessenten vor dir stehen. Der erste Interessent möchte Fett verbrennen, der zweite Interessent möchte Muskeln aufbauen, der dritte Interessent möchte gesünder leben. Was meinst du, wie hoch wäre die Wahrscheinlichkeit, dass jeder der drei Interessenten dein Angebot kauft, wenn du darin gleichzeitig Fettverbrennung, Muskelaufbau und gesunde Lebensweise versprichst? Und wie hoch wäre im Gegenzug die Wahrscheinlichkeit, dass jeder der drei Interessenten kauft, wenn du ihm ein Angebot präsentierst, das genau auf seinen spezifischen Wunsch zugeschnitten ist? Richtig ... Die Wahrscheinlichkeit wäre im zweiten Szenario wesentlich höher. Warum? Weil für jeden der drei Interessenten der jeweilige Wunsch als größter Anreiz fungiert. Und je höher der Anreiz, desto höher die Kaufwahrscheinlichkeit.

Wenn du also weißt, was der größte Wunsch deiner spezifischen Zielgruppe ist, kannst du diesen in deinem Marketing gewinnbringend einsetzen, weil er nach den Erwartung-mal-Wert-Theorien den größtmöglichen Wert darstellt. Und wenn du dann deinen Interessenten auch noch ihre Zweifel nimmst, ihren größten Wunsch erreichen zu können, also nach den Erwartung-mal-Wert-Theorien zusätzlich die Erwartung erhöhst, kannst du damit eine weitere sehr starke Ursache schaffen, die Menschen zum Handeln bringt.

# Wie du den Wunsch nach deinem Produkt auslöst

Wie stark ein Wunsch seine potenzielle psychologische Macht bei einer Person entfaltet, hängt nach den Erwartung-mal-Wert-Theorien von zwei Faktoren ab: zum einen von dem persönlichen Wert, den das erwünschte Ergebnis für die Person hat, und zum anderen von der Einschätzung der Person, mit welcher Wahrscheinlichkeit sie das erwünschte Ergebnis erreicht. Daher hast du in einem Marketing auch zwei Aufgaben, die sich auf jeweils einen der beiden Faktoren beziehen. Erstens musst du in deinen Verkaufsprozessen den Wunsch adressieren, der für deinen Interessenten den größten persönlichen Wert und damit stärksten Anreiz hat, und zweitens musst du vorhandene Glaubenssätze ausräumen, die deinen Interessenten an der Realisierung seines Wunsches zweifeln lassen. Beide Prozesse hängen stark voneinander ab, interagieren miteinander und können gerade in ihrer gemeinsamen Wirkung einen starken Effekt in Kaufprozessen auslösen.

Dein erster Schritt muss also darin bestehen, dich in deinem Marketing auf den größten Wunsch deiner spezifischen Zielgruppe zu beziehen – wir nennen es auch»die eine große Sache«. Das Wort *eine* ist in diesem Zusammenhang nicht unerheblich. Um zu verstehen, warum dies so wichtig ist, machen wir nun einen kleinen Exkurs in die Wahrnehmungspsychologie.

Deine Interessenten sollen sich in deinen Verkaufsprozessen logischerweise auf das für sie Wesentliche konzentrieren – ihren allergrößten Wunsch. Und dies ist in der begrenzten menschlichen Aufmerksamkeitsspanne begründet. Wir Menschen sind täglich unzähligen Reizen und Eindrücken ausgesetzt, die unser Gehirn verarbeiten muss. Um funktionieren und handeln zu können, müssen wir beziehungsweise unser Gehirn all diejenigen Informationen selektieren, die für uns relevant und wichtig erscheinen. Aus ökonomischer Sicht dient unsere Aufmerksamkeit also vor allem unserer Orientierung und Handlungssteuerung. Hierbei kann es allerdings zu Schwierigkeiten kommen – gerade dann, wenn unser Gehirn sehr viele Informationen gleichzeitig bewerten und auswählen muss. Gelöst werden diese Selektionsprobleme durch verschiedene Aufmerksamkeitsmechanismen, die dafür sorgen, dass wir trotz einer Vielzahl von Reizen weiterhin handlungsfähig sind.

Für Marketer und Unternehmer ist es an diesem Punkt wichtig zu wissen, dass die menschliche Aufmerksamkeit sich aber auch verschieben und auf einen anderen Reiz (wie beispielsweise einen Wunsch) richten kann – und dass dieser Prozess auch steuerbar ist. Dies ist vor allem dann der Fall, wenn ein Reiz im Zusammenhang mit der eigenen Person steht – also eine persönliche Relevanz hat, wie sie auch ein individueller Wunsch verkörpert.

Die Untersuchung des Psychologen Neville Moray (1959) zum sogenannten *Cocktail-Party-Phänomen* hat genau das gezeigt. Wenn man sich auf einer Party unter vielen Leuten befindet und mit einer bestimmten Person spricht, kann es trotzdem sein, dass man einige Gesprächsfetzen der anderen Menschen im Raum mitbekommt und sich mitunter nur schwer auf den Dialog mit dem eigenen Gesprächspartner konzentrieren kann. Der Grund liegt in einer Verschiebung der Aufmerksamkeit vom eigenen Gespräch auf andere Gespräche.

Diese Aufmerksamkeitsverschiebung tritt in einem bestimmten Fall ganz besonders deutlich auf, nämlich vor allem dann, wenn man den eigenen Namen in einer der anderen Gruppen hört. Vielleicht hast du diese Erfahrung selbst schon einmal auf einer

Feier oder einem ähnlichen Ereignis gehabt: Du bist gerade in einem angeregten Gespräch und hörst von irgendwoher anders deinen Namen. Und auch wenn du vielleicht gar nicht gemeint warst (weil möglicherweise jemand genauso heißt wie du), ist deine Aufmerksamkeit direkt geweckt und verschiebt sich auf das Gespräch der anderen Gruppe, in der der Name fiel.

Auch im *Paradigma des dichotischen Hörens,* bei dem man beiden Ohren unterschiedliche Texte über zwei Kanäle gleichzeitig darbietet, konnte gezeigt werden, dass rund ein Drittel der Versuchspersonen trotz beidseitiger Beschallung den eigenen Namen registrierte. Diese Ergebnisse stehen im Einklang mit dem *Selbstreferenzeffekt,* der besagt, dass Menschen sich besser an die Dinge erinnern, die in Bezug zu ihrem Selbstkonzept und ihrer eigenen Person stehen. Überlege einmal, an welche Songs oder Liedtexte du dich besonders gut erinnern kannst. Meistens sind es diejenigen, die du mit einem persönlichen Erlebnis oder einem besonderen Moment verbindest. In diesem Fall ist der Selbstreferenzeffekt für deine gute Erinnerung verantwortlich.

Übertragen auf dein Marketing bedeutet das, dass du immer Ansatzpunkte finden solltest, die die Aufmerksamkeit von Menschen möglichst schnell und möglichst stark auf sich ziehen – und das gelingt dir am besten mit Reizen, die dein Interessent mit sich selbst in Bezug setzt. Der größte Wunsch deiner Zielgruppe ist genau ein solcher Reiz. Er birgt das Potenzial, das die oben dargestellten psychologischen Untersuchungen gezeigt haben: eine Bindung der Aufmerksamkeit, indem er aus allen anderen Informationen als wichtig und relevant herausselektiert wird.

Natürlich wird deine Zielgruppe mehrere Wünsche haben. Das ist völlig normal, denn die wenigsten von uns haben nur einen einzigen Wunsch. Trotzdem ist es wichtig, dass du den größten

Wunsch ermittelst, denn dieser ist für deine Interessenten ein sehr großer Motivator beziehungsweise Anreiz.

Zusätzlich solltest du dabei berücksichtigen, dass Wünsche sich auf verschiedenen Ebenen manifestieren, die für Menschen unterschiedlich bedeutsam sind. Daher hängt die Macht eines Wunsches nicht unwesentlich davon ab, welche und wie viele dieser Ebenen du in deinem Marketing ansprichst. Drei Ebenen sind dabei besonders relevant: Erstens, was Menschen sich wünschen zu *haben;* zweitens, was Menschen sich wünschen zu *fühlen;* drittens, was Menschen sich wünschen zu *erleben.* Mit aufsteigender Reihenfolge nimmt auch die Bedeutung dieser Ebenen zu.

Das Problem ist nur, dass dieses Potenzial oft nicht komplett ausgeschöpft wird. Meistens wird in Marketingprozessen nur die erste Ebene des Habens adressiert, weil man Wünsche auf bestimmte materielle Güter reduziert. Der Besitz von bestimmten Dingen ist zwar reizvoll und attraktiv; erwünschte Emotionen und Alltagssituationen können allerdings noch viel stärkere Anreize für Menschen sein. Daher solltest du dich bei der Ermittlung der Wünsche deiner Zielgruppe auch auf das Fühlen und Erleben beziehen, und nicht nur auf das Haben. Um die Wünsche deiner Interessenten zu analysieren, kannst du folgendermaßen vorgehen:

1. Nimm dir ein Blatt Papier und lege eine Tabelle mit zwei Spalten an. Über die erste Spalte schreibst du »Ist«, über die zweite Spalte schreibst du »Wunsch«. Beantworte zunächst die folgenden drei Fragen und notiere die Antworten in der ersten Spalte untereinander: 1a. Was hat meine Zielgruppe *gerade?* 1b. Was fühlt meine Zielgruppe *gerade?* 1c. Was erlebt meine Zielgruppe *gerade?* Sobald du

dir über die jetzige Situation deiner Zielgruppe klar geworden bist, steht die erwünschte Situation im Fokus. Dazu werden die drei gerade genannten Fragen entsprechend umformuliert: 2a. Was möchte meine Zielgruppe *zukünftig* haben? 2b. Was möchte meine Zielgruppe *zukünftig* fühlen? 2c. Was möchte meine Zielgruppe *zukünftig* erleben? Trage die Antworten dazu in die zweite Spalte untereinander ein. Du solltest deiner Fantasie dabei freien Lauf lassen und für alle drei Ebenen alle Wünsche notieren, die dir einfallen.

2. Schaue dir dann alle notierten Wünsche noch einmal an und bringe sie auf der Rückseite des Blattes in eine Rangreihe. An die erste Position kommt der Wunsch, der nach deiner Analyse den größten Anreiz für deine Zielgruppe darstellt, an die letzte Position der mit dem schwächsten Anreiz. Der Wunsch, der deines Erachtens für deine Zielgruppe am allerwichtigsten ist – die eine große Sache – ist der wichtigste Ansatzpunkt in deinem Marketing. Er ist das, worauf du dich bei all deinen Vermarktungsaktivitäten fokussieren solltest. Optimalerweise greifst du ihn direkt in der Überschrift deiner Verkaufsseite auf und baust auch dein restliches Marketing auf ihm auf. Du solltest damit für deinen potenziellen Kunden eine Vision erzeugen. Wie würde sein Leben aussehen, wenn sein größter Wunsch sich erfüllen würde? Was würde er dann haben, fühlen und erleben? Dein Marketing hat die Aufgabe, die Transformation von der momentanen Ist-Situation zur zukünftigen Wunsch-Situation darzustellen. Je besser dir das gelingt, desto erfolgreicher wirst du sein.

Das bedeutet natürlich nicht, dass du die anderen, mit deinem Thema zusammenhängenden existierenden Wünsche deiner potenziellen Kunden komplett ignorieren solltest. Diese sollten aber eher sekundär adressiert werden. Der größte Wunsch ist das, was für deine Zielgruppe primär im Mittelpunkt steht – und was daher auch bei deinem Marketing primär im Mittelpunkt stehen sollte. Mit der Ermittlung des größten Wunsches alleine ist es aber noch nicht getan. Wie du oben erfahren hast, kommt es für Menschen nicht nur auf den persönlichen Wert eines Wunsches an. Ob deine Interessenten diesen als erstrebenswert bewerten, hängt auch von ihrer Einschätzung ab, wie wahrscheinlich sie ihn erreichen. Und wenn Menschen an ihrem Erfolg zweifeln, dann sind sie prinzipiell nicht bereit, ihr Geld auszugeben – unabhängig davon, wie stark ihr Wunsch ist.

Frage dich selbst einmal, was eines der größten Hindernisse ist, das Menschen von einem Kauf abhält. Intuitiv würdest du sicherlich »Geld« antworten. Aber manchmal ist der finanzielle Aspekt gar nicht das eigentliche Problem. Wenn Menschen davon überzeugt sind, sich mit einem bestimmten Produkt oder einer bestimmten Dienstleistung ihren größten Wunsch erfüllen zu können, dann hat das für sie großen Wert. Und für eine Sache, die großen Wert hat, sind sie prinzipiell auch bereit zu bezahlen (sofern sie das Geld haben). Wenn ihnen aber die Überzeugung fehlt, dass sich ihr Wunsch trotz der Investition von Geld wirklich erfüllt, und sie daran zweifeln, dann werden sie ihr Geld nicht ausgeben. Also ist es deine Aufgabe, ihnen ihre Zweifel zu nehmen.

Die Zweifel von uns Menschen sind völlig unabhängig vom Markt meistens in Glaubenssätzen begründet, die sich im Laufe unseres Lebens entwickelt haben. Meist prägen sie uns bereits seit früher Kindheit und sind durch unsere Erziehung beeinflusst.

Unter einem *Glaubenssatz* verstehen wir eine Annahme, die wir über uns selbst, über andere Menschen oder über bestimmte Sachverhalte haben – und an die wir losgelöst von ihrem tatsächlichen Wahrheitsgehalt glauben. Es geht dabei also um die tief verankerten Überzeugungen eines Menschen. Diese Überzeugungen sind uns oft gar nicht bewusst und haben trotzdem große Auswirkungen auf unsere Wahrnehmung und Bewertung von Sachverhalten und Ereignissen – und damit auf unser Denken und Handeln. Glaubenssätze sind die Grundlage, auf denen wir Menschen Entscheidungen treffen. Wenn es sich um positive Glaubenssätze handelt, können diese natürlich sehr nützlich sein. Ich nehme an, dass du von dir selbst die Überzeugung hast, ein toller Mensch zu sein (ich hoffe es zumindest). Dieser Glaubenssatz ist förderlich für dein Selbstvertrauen und bringt dich in vielen Situationen deines Lebens weiter, beispielsweise wenn du ein Date hast oder eine wichtige Präsentation halten musst.

Nun stelle dir aber vor, du würdest von dir selbst keine gute Meinung haben und dich im schlimmsten Fall für einen Versager halten (das wäre natürlich ein negativer Glaubenssatz). Dann würde dein Selbstbewusstsein sehr darunter leiden. Du würdest bei einer Verabredung befürchten, dass du danach von deinem Gegenüber nie wieder etwas hörst, oder du würdest die wichtige Präsentation einem Kollegen überlassen, der dann bei eurem Chef damit glänzt. Wenn dann der erhoffte Rückruf deiner Verabredung nicht erfolgt oder dein Kollege das Lob bekommt, das eigentlich dir zugestanden hätte, redest du dir selbst ein, dass du ein positives Ergebnis ja eh nicht verdient oder erreicht hättest. Du sorgst also mit deinem eigenen Verhalten dafür, dass deine Annahme über dich selbst sich bestätigt.

Diesen Mechanismus nennt man *selbsterfüllende Prophezeiung*, ein Konzept, das vom Soziologen Robert Merton (1948) ausgearbeitet wurde. Wir Menschen tendieren dazu, uns genau so zu verhalten, dass unsere Meinungen über uns selbst sich als wahr herausstellen. Und diese positive Rückkopplung zwischen unserer Erwartung und unserem Verhalten macht Glaubenssätze auch so stark. Negative Glaubenssätze halten Menschen oft von Dingen ab, die sie voranbringen könnten. Wenn ein Mensch vor einer Kaufentscheidung steht, spielen seine Glaubenssätze unbewusst immer eine große Rolle. Limitierende Glaubenssätze können leider gerade in Verkaufsprozessen sehr stark sein. Daher ist es deine Aufgabe, diese Glaubenssätze auszuräumen, weil du sonst Schwierigkeiten haben wirst, dein Angebot zu verkaufen.

Damit du verstehst, wie du die bei deiner Zielgruppe möglicherweise vorhandenen Glaubenssätze überwinden kannst, ist es zunächst wichtig zu verstehen, wie Glaubenssätze entstehen. Denn ihre Entstehungsweise hat nicht unerheblich mit ihrer Überwindung zu tun. Glaubenssätze resultieren bei jedem Menschen aus einer Abfolge von Erfahrung und Interpretation.

Stelle dir vor, du machst eine bestimmte Erfahrung. Diese kann positiv oder negativ sein. Direkt nach dieser Erfahrung fängt dein Gehirn an, das Geschehene zu verarbeiten. Indem deine Erfahrung zu deinen bereits vorhandenen Gedächtnisinhalten in Bezug gesetzt wird, entsteht deine ganz persönliche, individuelle Interpretation des Ereignisses. Es ist also die Verbindung von Erfahrung und Interpretation, die deinen Glaubenssatz erzeugt. Verstärkt wird dieser noch, wenn weitere ähnliche deiner Erfahrungen zu ähnlichen Interpretationen führen.

Hier ein fiktives, aber realistisches Beispiel, das den Prozessablauf bei der Entstehung eines Glaubenssatzes veranschaulicht:

Susanne macht zum wiederholten Mal eine Diät. Obwohl sie sich an den Diätplan hält, bringt die Diät nicht das Wunschergebnis. Da Susanne diese Erfahrung bereits mehrere Male gemacht hat, entwickelt sie die Interpretation, dass Diäten bei ihr eh nicht funktionieren.

Der Glaubenssatz, der aufgrund dieser Kombination von Erfahrungen und Interpretation bei Susanne entsteht, lautet: »Ich werde niemals einen schlanken Körper haben – egal, was ich auch versuche.« Wenn du also ein Diätprogramm verkaufen würdest, müsstest du Susannes Glaubenssatz erst einmal ausräumen, bevor sie dein Diätprogramm kauft. Diese Darstellung lässt möglicherweise bereits erkennen, dass es verschiedene Arten von Glaubenssätzen gibt – und wenn du sie alle in deinem Marketing ausräumen möchtest, müssen sie dir bewusst sein.

Insgesamt lassen sich Glaubenssätze in drei verschiedene Arten einteilen: *Generelle* Glaubenssätze beziehen sich auf die Sache an sich. Damit ist dein Angebot gemeint, das du als Lösung präsentierst – bezogen auf das Beispiel von gerade: »Diäten funktionieren bei mir sowieso nicht.« *Interne* Glaubenssätze beziehen sich auf die Person selbst, also die Fähigkeiten der Person, die Lösung anzuwenden beziehungsweise umsetzen zu können. Beispiel: »Ich kann eh keine Diät durchhalten«. *Externe* Glaubenssätze beziehen sich auf äußere Einflüsse, also Faktoren, die nicht der eigenen Kontrolle unterliegen. Beispiel: »In Diät-Lebensmitteln sind eh Stoffe enthalten, die mich dick machen.«

Wenn du also die vorhandenen Glaubenssätze deiner Zielgruppe kennst (und die Erfahrungen und Interpretationen dahinter), kannst du ihre negativen Glaubenssätze durch positive ersetzen. Dabei solltest du an den Prozessen ansetzen, die bei der

Entstehung von Glaubenssätzen eine Rolle spielen – nämlich Erfahrung und Interpretation – und folgendermaßen vorgehen:

1. Nimm ein Blatt Papier und teile dieses in drei Spalten ein, die für die generellen, internen und externen Glaubenssätze stehen. Schreibe für jeden Bereich alle Glaubenssätze auf, die deine Zielgruppe aller Wahrscheinlichkeit nach hat. Unter jedem notierten Glaubenssatz solltest du etwas Platz für den zweiten und dritten Schritt lassen.

2. Mache dir Gedanken, welche Erfahrung den jeweiligen Glaubenssatz bei deiner Zielgruppe verursacht und welche Interpretation ihn verstärkt haben könnte, und trage beides unter dem entsprechenden Glaubenssatz ein.

3. Abschließend solltest du dir überlegen, was du allen notierten Glaubenssätzen entgegenhalten könntest – sprich, wie und womit du zeigen könntest, dass die limitierenden Glaubenssätze deiner Zielgruppe nicht der Wahrheit entsprechen.

An dieser Stelle kannst du bei dir selbst ansetzen und dir verdeutlichen, wie du selbst negative Glaubenssätze in deinem eigenen Leben überwunden hast. (Wir werden uns im dritten und vierten Kapitel, in denen es um Emotion und Logik geht, noch einmal genauer mit diesem Thema auseinandersetzen. Du erfährst dann auch konkrete Strategien, um mögliche Fehlannahmen und Zweifel deiner Zielgruppe zu widerlegen.) Im Idealfall hast du die Fehlannahmen, die deine Zielgruppe gerade noch hat, bereits selbst gehabt. Es geht daher an dieser Stelle darum, darauf basierend mögliche »Gegendarstellungen« zu formulieren, die du allen Glaubenssätzen deiner Zielgruppe entgegenhalten kannst, um damit ihre Zweifel und Unsicherheiten zu überwinden und die Wahrscheinlichkeit für einen Kauf zu steigern.

Um den Wunsch nach deinem Angebot auszulösen, solltest du also Folgendes tun: Im ersten Schritt solltest du dir darüber klar werden, welches der größte und damit stärkste Wunsch deiner Zielgruppe ist, der für sie den größten Wert hat. Nur, wenn du das weißt, wirst du in der Lage sein, ihn in deinem Marketing als Anreiz zu aktivieren. Im zweiten Schritt solltest du deinen Interessenten mögliche Glaubenssätze und Bedenken bezogen auf den Wunsch nehmen, damit sie dessen Erfüllung als wahrscheinlich für sich bewerten. Wenn du beide Punkte umsetzt, schaffst du damit eine zweite starke Ursache, die Menschen zum Handeln in Verkaufsprozessen bringt ...

# URSACHE 3
## Leidenschaft: Emotion

Wenn du gefragt werden würdest, ob du eine Entscheidung vollkommen objektiv und leidenschaftslos treffen kannst, würdest du spontan sicherlich mit Ja antworten. Vielleicht würde deine Antwort sogar noch weitergehen: »Wenn es wirklich darauf ankommt, bin ich in der Lage, absolut rational zu handeln und mich nicht von meinen Gefühlen steuern zu lassen«. Du wärst nicht der Einzige, der das sagt. Aber du wärst auch nicht der Einzige, der damit komplett falsch liegen würde.

Fakt ist: Das menschliche Informationsverarbeitungssystem ist nicht auf eine vollständig rationale Urteilsbildung ausgelegt. Wie der niederländische Sozialpsychologe Ap Dijksterhuis und seine Kollegen (2006) zeigen konnten, sind intuitiv getroffene Urteile ohne Hilfsmittel wie Taschenrechner meist besser als vermeintlich rational getroffene Urteile.

Auch zahlreiche Studien der vergangenen Jahre haben die

beliebte und weit verbreitete Überzeugung widerlegt, nach der menschliche Entscheidungen am besten rational getroffen werden. Die Psychologen Timothy Wilson und Jonathan Schooler (1991) beispielsweise ließen Versuchsteilnehmer aus fünf Kunstpostern das auswählen, das ihnen am besten gefiel und das sie dann mit nach Hause nehmen durften. Die eine Hälfte von ihnen sollte nach kurzem Nachdenken entscheiden, die andere Hälfte musste die Bilder erst schriftlich bewerten und danach eine Entscheidung treffen. Bei einer telefonischen Befragung einige Wochen später stellte sich heraus, dass die spontanen Entscheider ihr Lieblingsposter überwiegend zu Hause aufgehängt hatten, was bei den nicht-spontanen Entscheidern nicht der Fall war, weil sie ihre Entscheidung im Nachhinein bereuten. Entscheidungen, die »aus dem Bauch« heraus getroffen werden, scheinen also manchmal die bessere Wahl zu sein – auch wenn uns das im ersten Moment vielleicht nicht besonders sinnig erscheint.

Wir Menschen wägen permanent zwischen unzähligen Möglichkeiten und Entscheidungen ab – und unsere Gefühle und Emotionen spielen dabei eine entscheidende Rolle (ob wir wollen oder nicht). Und das macht uns gleichzeitig empfänglich für Einflüsse von außen und von anderen. Im ersten Moment mag dir das als Nachteil erscheinen, weil es bedeutet, dass auch du von anderen emotional beeinflusst werden kannst. Und ja, das kannst du …

Aber wenn du einmal weiter darüber nachdenkst, hat die Tatsache, dass sich kein Mensch gegen emotionale Einflüsse wirklich wehren kann, gerade für Unternehmer und Marketer sehr große Vorteile. Mit emotionsbasiertem Marketing kannst du Antriebe und Motivationen freisetzen, von denen viele Menschen gar nicht wissen, dass sie sie überhaupt haben. Gerade und ganz besonders in Kaufprozessen sind Emotionen eines der mächtigsten Mittel, das du einsetzen und nutzen solltest.

Bereits die alten Griechen haben erkannt, dass Gefühle eine sehr mächtige Möglichkeit sind, andere Menschen zu beeinflussen. So ist es auch nicht verwunderlich, dass die *Leidenschaft* von Aristoteles als eine der sieben Ursachen menschlichen Handelns genannt wurde. Es gibt auch Übersetzungen, bei denen die Leidenschaft in Aristoteles Zitat als *Wut* interpretiert wird. Sowohl bei Leidenschaft als auch bei Wut handelt es sich um starke emotionsgeladene Zustände, die manchmal ungeahnte Kräfte in Menschen freisetzen (daher stammt auch der Ausdruck »sich von seinen Emotionen leiten lassen«). Auch in der Psychologie werden unter Wut und Leidenschaft heftige *Emotionen* verstanden, die sich auf eine bestimmte Person, Sache oder Aktivität beziehen. Wir gehen daher bei der Ursache Leidenschaft beziehungsweise Wut in Aristoteles Zitat von einem etwas breiteren Verständnis aus und fassen darunter alle menschlichen Emotionen, die generell in Marketing- und Verkaufsprozessen eine Rolle spielen können.

## *Welche 6 Basisemotionen Menschen bewegen*

Bevor wir uns damit beschäftigen, wie Emotionen im Marketing wirken und eingesetzt werden können, möchte ich klären, was eine *Emotion* überhaupt ist. Diese Frage wird von jeder Emotionstheorie etwas anders beantwortet, und es herrscht in der Wissenschaft auch keine Einigkeit bezüglich einer konkreten Definition. Aus diesem Grund ziehen wir für unsere Zwecke eine Art Arbeitsdefinition der Psychologen Rainer Reisenzein, Achim Schützwohl und Wulf-Uwe

Meyer (2001) heran. Diese verstehen Emotionen als aktuelle psychische Personenzustände, die mit einer bestimmten Intensität, Dauer und Qualität in aller Regel auf ein bestimmtes Objekt gerichtet sind und mit spezifischen Veränderungen im Verhalten, Erleben und Körper einhergehen.

Körperliche Reaktionen können zum Beispiel ein Anstieg der Herzfrequenz oder verstärktes Schwitzen sein. Wenn man sich ärgert, läuft man oft rot an vor Wut. Das ist eine typische körperliche Veränderung im Zusammenhang mit Emotionen, die wir wahrscheinlich alle kennen. Reaktionen im Verhalten können mit Veränderungen von Mimik, Gestik, Körperhaltung oder Stimmlage einhergehen. Wenn du wütend bist, wird deine Stimme fast automatisch lauter und höher. Weniger offensichtlich sind emotionsbasierte Veränderungen im Erleben, die wir in unserer Alltagssprache auch als *Gefühl* bezeichnen. Bei Gefühlen handelt es sich um subjektive, individuelle Erlebniseindrücke, die du selbst zum Beispiel als fröhlich oder ängstlich kennst.

An dieser Stelle sollte deutlich werden, dass Gefühle und Emotionen nicht das Gleiche sind und meinen (trotzdem werden beide Worte oft synonym verwendet). Es ist ein Unterschied, ob wir traurig *sind* oder uns traurig *fühlen*. Emotionen sind körperliche Zustände, die für die Menschen um uns herum sichtbar sind, zum Beispiel, wenn du aus Traurigkeit weinst. Gefühle wiederum sind innere mentale Repräsentationen von Emotionen, die nur uns selbst direkt zugänglich sind. Nur, weil du nicht weinst, heißt das nicht, dass du dich nicht traurig fühlst. Auch wenn diese Unterscheidung für Disziplinen wie Neurowissenschaft und Psychologie wichtig ist, werden wir die Begriffe *Emotion* und *Gefühl* im Folgenden synonym verwenden, weil es im Marketing hauptsächlich auf den subjektiven Erlebensaspekt von Interessenten und

Kunden ankommt. Für dich sollte es an dieser Stelle lediglich wichtig sein, die große Bedeutung von Emotionen hinsichtlich menschlicher Motivation und Entscheidungen zu verstehen.

Auf der neuronalen Ebene spielt für Emotionen ein kleiner, schon sehr alter Teil des menschlichen Gehirns eine wichtige Rolle: das limbische System. Zwar sind sich Wissenschaftler uneinig darüber, ob Emotionen überhaupt einer spezifischen Hirnregion genau zugeordnet werden können, aber das limbische System mit den zugehörigen Strukturen der Amygdala und des Hippocampus ist, soviel weiß man, zentral für Emotionen und Gedächtnisfunktionen. Die Amygdala bezeichnet eine Gruppe mandelförmig aussehender Kerne, die relevant für die Emotionsverarbeitung sind. Für Gedächtnisprozesse ist der Hippocampus mitentscheidend. Das limbische System bildet aber eigentlich keine anatomische, sondern eher eine funktionale Einheit – wenn es auch mitunter als »Sitz« der Emotionen bezeichnet wird. Es wird oft auch *Säugergehirn* genannt, weil es im Laufe der Evolution innerhalb der Phase der Entwicklung der Säugetiere entstand – also im Vergleich zu anderen Hirnrealen schon relativ früh. Aufgrund seines evolutionären Alters befindet es sich oberhalb des Hirnstammes im Inneren des Gehirns.

Die Erforschung von Emotionen spielte gerade, als sich die Psychologie gegen Ende des 19. Jahrhunderts als eigene wissenschaftliche Disziplin entwickelte, eine entscheidende Rolle. Besonders zwischen 1870 und 1920 machte die Emotionspsychologie große Fortschritte. Einige der Ersten, die biologisch orientierte Emotionstheorien aufstellten, waren die beiden Psychologen William James (1884) und Carl Lange (1885).

Sie gingen davon aus, dass auf einen bestimmten Reiz eine sofortige körperliche Reaktion erfolgt und diese dann das emotionale Erleben auslöst. Mit anderen Worten: Man läuft nicht rot an, weil man wütend ist. Man ist wütend, weil man rot anläuft. Diese *James-Lange-Theorie* blieb nicht lange unkritisiert. Der Einwand des Physiologen Walter Cannon (1927), dass Reize zwar zu körperlichen Veränderungen führen können, aber nicht zwangsläufig Emotionen auslösen müssen, konnte bestätigt werden.

Auch die Sozialpsychologen Stanley Schachter und Jerome Singer (1962) gingen davon aus, dass physiologische Veränderungen Emotionen auslösen – allerdings in Interaktion mit der Einschätzung der Situation. Gemäß dieser *Zwei-Faktoren-Theorie* entstehen Emotionen also aus einer unspezifischen körperlichen Erregung (erster Faktor), der dann eine spezifische Ursache (zweiter Faktor) als Auslöser zugeschrieben wird. Ein daraus abgeleiteter und bestätigter Aspekt ist der sogenannte *Erregungstransfer* – also die Beeinflussung einer nachfolgenden Situation durch die Emotionen einer vorangegangenen Situation.

Dies ist ein Phänomen, das du möglicherweise aus deinem Alltag kennst und das auch für Marketing- und Verkaufsprozesse eine Rolle spielen kann. Erzeugt beispielsweise ein Kauf ein bestimmtes Maß an emotionaler Erregung, so ist dieses nicht direkt nach dem Kaufabschluss beendet, sondern baut sich erst allmählich ab und bildet damit eine Erregungsbasis für nachfolgende Sequenzen.

Das ist auch einer der Hauptgründe dafür, warum Folgeverkäufe nach dem ersten Kauf so erfolgreich und profitabel sein können – weil die Käufer noch emotional »aufgeladen« sind und sich diese emotionale »Aufgeladenheit« weiter überträgt. Der Moment nach dem ersten Verkauf ist aus Sicht von Unternehmern und Marketern der beste Moment für einen zweiten Verkauf …

und »schuld« daran sind die Emotionen. Es gibt keinen besseren Moment, die eigenen Umsätze zu maximieren.

Neben den bis gerade geschilderten historischen Emotionstheorien haben auch die kognitiven Theorien, die im Kern bereits auf Aristoteles zurückgehen, ihren Beitrag zur Emotionsforschung geleistet. Magda Arnold (1960) und Richard Lazarus (1966) knüpften an die auf Aristoteles zurückreichende kognitive Tradition der Theoriebildung über Emotionen an: Sie verbanden diese mit evolutionspsychologischen Annahmen zu den neurophysiologischen Grundlagen von Emotionen. Zentrales Element dieser *Appraisaltheorien* hinsichtlich der Entstehung von Emotionen ist die Einschätzung der Situation.

Emotionen können nach diesen Theorien nur dann entstehen, wenn eine Person Ereignisse auf bestimmte Weise einschätzt und bewertet (dieser Prozess wird auch *Appraisal* genannt, daher die Bezeichnung). Zu dieser Einschätzung gehören zum einen faktische Wahrnehmungen – also, dass ein bestimmtes Ereignis eingetreten ist – und zum anderen subjektive Bewertungen – also wie man ein Ereignis für sich selbst einschätzt. Je nach Einschätzung entstehen dann positive oder negative Emotionen samt der entsprechenden körperlichen Reaktionen.

Es löst also nicht der Reiz an sich die Emotion aus, sondern erst dessen Bewertung, die oft unbewusst abläuft. Dies erklärt auch, warum ein sechsstelliger Lottogewinn bei einem Menschen mit niedrigem Einkommen ganz andere Emotionen auslösen kann als bei einem Milliardär. Das Ereignis des Lottogewinns wird von beiden Personen komplett unterschiedlich bewertet. Deshalb ist es auch so wichtig, dass du deine Zielgruppe kennst. Du musst wissen, welche Reize sie aufgrund ihrer persönlichen Situation als positiv für sich selbst bewerten würde, um eine entsprechende emotionale Reaktion auszulösen.

Die ebenfalls zu den kognitiven Emotionstheorien zugehörigen *Netzwerktheorien* verstehen Emotionen als zentrale Knotenpunkte im Wissens- und Erlebensnetzwerk eines Menschen. Diese Knotenpunkte können durch Einflüsse und Reize ausgelöst oder gehemmt werden. Aus den Netzwerktheorien wurde unter anderem das Konzept der *Stimmungskongruenz* abgeleitet: Informationen, die besser zur aktuellen Stimmung eines Menschen passen, lassen sich besser abrufen als stimmungsinkongruente Informationen. Für Verkäufer bedeutet das, die aktuell existierende Stimmung eines potenziellen Käufers zu erkennen und anzusprechen, um die kongruenten emotionsauslösenden Reize im weiteren Verlauf des Verkaufsprozesses darzubieten.

Die dargestellten Emotionstheorien zeigen, dass die Emotionsforschung ein sehr vielfältiges, heterogenes Wissenschaftsfeld ist. Ebenfalls stark theorieabhängig ist die Frage nach dem möglichen Zusammenhang von Emotionen. Auf der einen Seite wird eine gegensätzliche Anordnung angenommen, wie beispielsweise Lust und Unlust oder Spannung und Entspannung, die sich bipolar gegenüberstehen. Auf der anderen Seite wird zwischen angeborenen primären und erlernten sekundären Emotionen unterschieden. Bereits im vierten Jahrhundert vor Christus waren es wieder die alten Griechen, die zwei »Emotionen« unterschieden: Lust und Unlust. Mit diesen verband Aristoteles die »seelischen Vorgänge« Begierde, Zorn, Furcht, Mut, Neid, Freude, Freundschaft, Hass, Sehnsucht, Eifer und Mitleid. Interessanterweise finden sich einige dieser von Aristoteles benannten »seelischen Vorgänge« in den heutigen Basisemotionen wieder, trotz fast 2.500 Jahren dazwischen.

Auch bezüglich der Basisemotionen herrscht nach wie vor keine Einigkeit bezüglich Anzahl und Zuordnung, wie die verschiedenen Ansätze und Einteilungen zeigen: John Watson (1919) postulierte die drei Basisemotionen Furcht, Liebe und Wut, Orval Mowrer (1960) nahm lediglich Lust und Schmerz als Basisemotionen an und Richard Lazarus (1991) ging von fünfzehn Basisemotionen aus.

Als *Basis- oder Primäremotionen* werden in der modernen Psychologie mittlerweile oft diejenigen bezeichnet, die kulturübergreifend gezeigt und auch verstanden werden. Dies sind verschiedenen Studien zufolge die Emotionen Freude, Traurigkeit, Furcht, Ekel und Überraschung. Der Anthropologe und Psychologe Paul Ekman, der mit seinem *Facial Action Coding System* (FACS) erstmals eine körperlich orientierte Klassifikation emotionaler Gesichtsausdrücke aufstellte, ging davon aus, dass diese Basisemotionen genetisch bedingt sind und daher von allen Menschen auf gleiche Weise ausgedrückt und erkannt werden. Allerdings gelingt die Identifikation echter Emotionen oft unterschiedlich zwischen verschiedenen Ländern und Emotionsarten. So kann Freude in der Regel besser erkannt werden als Trauer, wie Ekman (1982) zeigte.

Zu den bekannteren neueren Forschungsansätzen zählt auch die *psychoevolutionäre Emotionstheorie* des Psychologen Robert Plutchik (1980). Er nimmt die Existenz von insgesamt acht Primäremotionen an. Neben den bereits Genannten zählen dazu nach ihm noch Ärger, Vertrauen und Erwartung. Weitere Sekundäremotionen setzen sich dann aus den Primäremotionen zusammen. Dazu zählen unter anderem Neugier, Schuld, Scham, Zuversicht, Aufregung, Eifersucht, Stolz, Spannung oder Dankbarkeit.

Aufgrund der Vielzahl an Emotionen werden wir uns auf die

für Marketing- und Verkaufsprozesse wesentlichen fokussieren. Dazu gehören die fünf Primäremotionen Freude, Traurigkeit, Furcht, Überraschung und Wut sowie die Sekundäremotion Neugier. Es mag im ersten Moment irritierend erscheinen, dass es sich bei der Hälfte dieser Emotionen um eher unangenehme und negative Zustände handelt. Aber jede dieser Emotionen hat evolutionäre Ursprünge und auch Vorteile – gerade im Marketing, wie wir später noch sehen werden. Wir werden uns daher im Folgenden kurz damit beschäftigen, was die jeweilige Emotion charakterisiert und wie und wann sie im Marketing und Verkauf eine Rolle spielen kann:

*Traurigkeit* bezeichnet die emotionale Reaktion auf das Erleben eines Verlustes beziehungsweise die Bewältigung einer Verlusterfahrung. Im Alltagsgebrauch ist damit normalerweise der Verlust einer Bezugsperson gemeint, in Verkaufsprozessen geht es dabei eher um ein nicht gelöstes Problem, eine nicht bewältigte Herausforderung oder ein nicht erreichtes Ergebnis. Die Emotion der Traurigkeit spielt im Marketing vor allem dann eine Rolle, wenn die aktuelle Situation des potenziellen Käufers angesprochen wird. Je negativer ein Mensch seine eigene Situation bewertet, desto stärker ist er prinzipiell bereit, diese Situation ändern zu wollen und in die entsprechende Lösung zu investieren.

*Wut* ist die gesteigerte Form der Emotion Ärger, bei der die erlebende Person unzufrieden mit einem bestimmten Zustand oder Ergebnis ist. Im Unterschied zur Enttäuschung wird bei Wut immer eine Verantwortungszuschreibung vorgenommen, es wird also immer jemand für die negative Situation verantwortlich gemacht. Diese Schuld kann externen Faktoren, aber auch der eigenen Person zugeschrieben werden. Gerade, wenn Menschen sich selbst als schuldig an ihrem scheinbaren Versagen sehen (was sehr häufig der Fall ist), ist es in Marketingprozessen wichtig, ihnen diese Schuld zu nehmen, um das möglicherweise angegriffene Selbstbild wiederaufzubauen.

*Überraschung* beschreibt die emotionale Reaktion eines Menschen auf erwartungswidrige Ereignisse. Wie stark diese Reaktion ausfällt, hängt unter anderem damit zusammen, wie stark das jeweilige Ereignis von der eigenen Erwartung abweicht. Der Überraschungsfaktor kann marketingtechnisch an mehreren Stellen eingesetzt werden – beispielsweise, um zu zeigen, dass dem Interessent bekannte Lösungen sein Problem nicht überwinden oder es bessere Angebote gibt, die er bisher nicht wahrgenommen hat. Durch den Überraschungseffekt bekommen Menschen die Möglichkeit, ihre Wahrnehmung und Prioritäten zu verändern.

*Freude* ist eine positive Emotion, die sich in unterschiedlicher Intensität äußern kann, zum Beispiel als kurzzeitiges Glücksgefühl, als allgemein heiterer Zustand oder als Folge von getroffenen Entscheidungen. Ob und wie sehr man sich freut, hängt nach den oben vorgestellten Appraisal-Theorien vor allem von den positiven oder negativen Bewertungen eines Ereignisses, eines Objektes oder einer Person ab. Im Marketing sollte das Gefühl der Freude durch eine entsprechende Darstellung des eigenen Angebotes ausgelöst werden. Je positiver es bewertet wird, desto stärker ist das positive Grundgefühl – und dieses sollte nicht nur nach dem Kauf, sondern natürlich auch davor hoch sein, um die Kaufwahrscheinlichkeit zu steigern.

*Furcht* meint eine Erwartungsemotion, die entsteht, wenn man den Eintritt von etwas Negativem annimmt. Es geht also hierbei im Gegenteil zu Traurigkeit nicht um eine Situation, die bereits eingetreten ist, aber die eintreten kann. In Marketingprozessen kann Furcht eine große Motivation zum Handeln darstellen, da

Menschen sehr bestrebt sind, negative Konsequenzen zu vermeiden, auch wenn gar nicht sicher ist, ob diese wirklich eintreten. Gerade, wenn Angebote als begrenzt oder limitiert verfügbar dargestellt werden (und damit eine gewisse Furcht erzeugt wird), sind Menschen viel eher bereit zu kaufen, als wenn dies nicht der Fall ist. Aufgrund der Wichtigkeit dieses Konzeptes werden wir in Kapitel 6 noch einmal detaillierter darauf eingehen.

**Neugier** ist eine kleine Ausnahme unter den bisher genannten Emotionen, da es sich im wissenschaftlichen Sinne nicht um eine Primäremotion handelt, sondern um eine Sekundäremotion. Da sie aber im Marketing erfahrungsgemäß sehr stark zum Handeln motivieren kann, sollte sie in der vorliegenden Aufzählung nicht fehlen. Neugier existiert in verschiedenen Formen: Bei der *epistemischen Neugier* beschäftigt sich eine Person gedanklich mit Sachverhalten, wenn sie merkt, dass ihr gewisse Informationen fehlen. Ihre Aufmerksamkeit wird also auf die fehlende Information gelenkt. Bei der *perzeptiven Neugier* ist die Person bemüht, bestimmte Reize wahrzunehmen, mit denen sie ihre Neugier befriedigt. Hierbei fokussiert sich die Neugier auf den Sachverhalt an sich. Kein Marketingprozess sollte daher auf die Erzeugung von Neugier (und deren anschließende Befriedigung) verzichten, denn sie führt zu einer verstärkten Aufmerksamkeit von Menschen.

Du siehst an diesen Schilderungen bereits, dass Emotionen nicht nur in unserem alltäglichen Leben, sondern auch in Verkaufsprozessen eine große Rolle spielen – wenn nicht sogar die größte. Der Grund dafür liegt unter anderem in der Tatsache, dass Emotionen vielfältige Funktionen für uns Menschen übernehmen. Welche Funktionen dies genau sind, schauen wir uns nun an …

# Warum Gefühle der Schlüssel zum Verkaufserfolg sind

Wenn Emotionen so elementar für uns Menschen sind, dann muss man zwangsläufig davon ausgehen, dass auch ihr Zweck elementar ist. Die Emotionsforschung hat sich sehr zentral mit der Funktion von Emotionen beschäftigt. In Bezug auf die Frage nach den funktionalen Effekten von Emotionen herrscht allerdings nur teilweise Einigkeit in der Wissenschaft. Unabhängig von den einzelnen Emotionstheorien, von denen du ja bereits im vorigen Kapitel einen ganzen Teil kennengelernt hast, haben sich drei zentrale Funktionen herauskristallisiert – und alle drei sind auch in Marketing- und Verkaufsprozessen mehr oder weniger relevant: Kommunikation, Verhaltensvorbereitung und Motivation.

Während die beiden Erstgenannten aufgrund ihres evolutionären Hintergrundes eher eine direkte Funktion von Emotion sind, hängen Motivation und Emotion wechselseitig voneinander ab und haben in ihrem Zusammenspiel einen sehr starken Einfluss auf das Ergebnis in Verkaufsprozessen. Im Folgenden werden alle drei Funktionen hinsichtlich ihrer Bedeutung für den Verkaufserfolg einzeln dargestellt.

## Kommunikation

Wie bereits erläutert, werden bestimmte Emotionen kulturübergreifend festgestellt und verstanden. Man erkennt anhand eines Gesichtsausdruckes, ob jemand traurig, fröhlich oder ängstlich ist. Über Emotionen beziehungsweise die damit einhergehenden körperlichen Veränderungen lässt sich also eine bestimmte emotionale Botschaft transportieren, da eine Kommunikation in Form der

Mimik stattfindet. Gerade für unsere Vorfahren war diese Art des emotionalen Kommunizierens wichtig: Sie konnten daran sehen, in welchem Zustand das Gegenüber ist, was die Person möglicherweise zu tun beabsichtigt oder ob eine bestimmte Gefahr droht.

In der heutigen Zeit hängt unser Überleben (normalerweise und zum Glück) nicht mehr zwangsläufig von unserer Mimik ab. Trotzdem können und sollten deine Verkaufsprozesse natürlich Emotionen kommunizieren. Beim Marketing in persönlichen Verkaufsgesprächen sowie in Video- oder Bildformaten findet die Kommunikation von Emotionen wie bei unseren Vorfahren zumindest zu einem Teil über die Mimik statt und ansonsten über die gesprochene Sprache. Bei vielen Gelegenheiten läuft diese Kommunikation aber nicht mehr über die Mimik, sondern größtenteils über Texte – in Form geschriebener Sprache. Du transportierst also Emotionen in und mit deinen Worten, um über diese mit deiner Zielgruppe zu kommunizieren (wie du das machst, schauen wir uns im dritten Teil dieses Kapitels an).

**Verhaltensvorbereitung**
Auch die zweite Funktion von Emotionen ist in Verkaufsprozessen nicht unwesentlich. Denn letztendlich soll jeder Verkaufsprozess ein bestimmtes Verhalten – nämlich die Kaufhandlung – auslösen. Dein Marketing bereitet also im Optimalfall auf die spätere Handlung, den Kauf, vor.

Emotionen als Verhaltensvorbereitungen finden wir in unzähligen Situationen unseres Lebens. Stelle dir vor, du bist gerade auf einem Spaziergang im Wald und plötzlich stehst du einer Horde Wildschweine gegenüber. Was könntest du in dieser Situation tun? Die erste Möglichkeit wäre, wie erstarrt stehen zu bleiben (und zu hoffen, dass die Wildschweinherde von selbst wieder verschwindet und dir nichts weiter passiert). Die zweite Möglichkeit wäre, so schnell wie möglich aus der Situation zu flüchten (und zu hoffen, dass die Tiere dir nicht hinterherrennen). In Situationen wie diesen spielen Emotionen eine große Rolle. Sie ermöglichen es uns, unseren Körper und unser Denken auf die jeweilige Situation einzustellen, zwischen verschiedenen Alternativen abzuwägen und entsprechend zu handeln. Die damit einhergehenden emotionalen Reaktionen bezeichnete der Physiologe Walter Cannon (1915) als *Fight-or-Flight-System* (Kampf-oder-Flucht-System).

Natürlich müssen wir in Verkaufsprozessen niemanden angreifen oder auch nicht vor irgendetwas flüchten – es sei denn, Frau kauft das hundertste Paar Schuhe, dann würde man(n) sicherlich gerne aus der Situation fliehen – was natürlich auch umgekehrt möglich ist. Trotzdem kann diese evolutionär bedingte Funktion von Emotionen auch einen Einfluss auf heutige Marketingprozesse haben. Untersuchungen haben ergeben, dass Emotionen nicht nur unser Verhalten beeinflussen, sondern auch unser Denken, das das Verhalten vorbereitet. Auf diese Weise wird auch der sogenannte *Tunnelblick* erklärt: James Easterbrook (1959) zeigte, dass bei emotionaler Aktivierung – besonders bei Furcht – der menschliche Aufmerksamkeitsfokus verengt wird. Das bedeutet, dass in einem solchen Moment unbedeutende Reize nicht mehr das Bewusstsein erreichen und die Aufmerksamkeit sich stattdessen auf den bedeutsamen Reiz richtet. Emotionen lenken und steuern also unsere Aufmerksamkeit, indem sie dafür sorgen, dass wir uns Situationen und Ereignissen zuwenden, die persönlich wichtig für uns sind, und diese dann bevorzugt vor anderen Informationen verarbeiten.

Damit erhöhen Emotionen die Wahrscheinlichkeit, dass Menschen in einer bestimmten Situation angemessen reagieren können. Diese angemessene Reaktion ist aus Sicht eines Unternehmers der

Kauf. Und wenn die Emotion auf Seiten des Interessenten sehr stark ist (weil du sie im Optimalfall verstärkt hast), dann ist die Wahrscheinlichkeit höher, dass dieser Kauf auch letztlich erfolgt. Es sollte also in deinem Marketing auch darum gehen, Emotionen zielführend im Sinne der Verhaltensvorbereitung auf den möglichen Kauf zu nutzen (auch das schauen wir uns gleich noch an).

## Motivation

Neben der Kommunikation und Verhaltensvorbereitung haben Emotionen eine immens wichtige Bedeutung für Motivationsprozesse. Emotionen leiten zielgerichtete Handlungen ein und entstehen unter anderem, wenn Menschen ein bestimmtes Bedürfnis befriedigen möchten (wie bereits in Kapitel 1 dargestellt). Sie wirken sich auf die Handlungsziele einer Person aus, indem sie den Willen zur Erreichung bestehender Ziele verstärken oder auch neue Ziele entstehen lassen. Mit neuen Zielen sind an allererster Stelle Wünsche gemeint (die wir bereits in Kapitel 2 behandelt haben). Du siehst also, dass alle bisher genannten psychologischen Prozesse und Ursachen für menschliche Handlungen eng miteinander zusammenhängen und nicht isoliert voneinander zu betrachten sind.

Auch Emotion und Motivation können nicht einfach so voneinander abgegrenzt werden, was unter anderem daran liegt, dass sie im wechselseitigen Zusammenhang stehen. Man fühlt etwas (Emotion) und deswegen tut man etwas (Motivation). In diesem Fall ist Emotion motivierend. Umgekehrt kann es aber auch sein, dass man etwas unbedingt tun möchte (Motivation) und man deswegen etwas fühlt (Emotion). In diesem Fall ist Motivation emotionalisierend. Diese gegenseitigen Abhängigkeiten von

Emotion und Motivation haben eine zentrale Bedeutung in den *hedonistischen Theorien der Motivation.* Diese Theorien verdanken ihren Namen dem griechischen Wort *hedoné* (Lust/Vergnügen) und gehen davon aus, dass letztendlich jedes menschliche Verhalten darauf abzielt, positive Emotionen zu erzeugen und negative Emotionen zu vermeiden. Es gibt zwei große Blöcke an hedonistischen Theorien: Bei den *Hedonismustheorien der Gegenwart* wie beispielsweise die Dissonanztheorie von Leon Festinger (1957) steht der Abbau akuter negativer Emotionen im Fokus. Diese negativen Emotionen entstehen dadurch, dass ein Ergebnis, das nicht den eigenen Wünschen entspricht, als wahrscheinlich betrachtet wird. Um zu vermeiden, dass dieses unerwünschte Ergebnis eintritt, kann das Individuum zwischen verschiedenen Alternativen wählen, die es anhand von deren Erfolgschancen und Auswirkungen bewertet. So bestände beispielsweise die Möglichkeit, den ursprünglichen Wunsch zu überdenken, die Aufmerksamkeit auf einen zweiten Wunsch zu richten oder andere Handlungen zur Wunscherfüllung durchzuführen, um negative emotionale Zustände gar nicht erst entstehen zu lassen.

Die *Hedonismustheorien der Zukunft* gehen davon aus, dass Menschen sich bereits vor einer Handlung über deren mögliche Konsequenzen Gedanken machen. Dementsprechend versuchen sie, eine Entscheidung so zu treffen, dass danach negative Gefühle wie Reue und Enttäuschung vermieden werden und stattdessen positive Gefühle wie Hochstimmung und Zufriedenheit erreicht werden. Das erklärt übrigens auch, warum manche Menschen über das Ergebnis ungewählter Handlungsalternativen (wie der Kauf von Produkt A anstatt Produkt B) nicht informiert werden möchten (Vermeidung von Reue) oder ihre Erwartungen an andere Alternativen (das preiswertere Produkt C ist nicht so gut wie das teurere

Produkt D) herabsetzen (Vermeidung von Enttäuschung). Der Psychologe Marcel Zeelenberg (1999) konnte solche Effekte auf das Kaufverhalten in drei verschiedenen Szenarien mit Produkten und Dienstleistungen unterschiedlicher Art zeigen.

Die motivationale Funktion von Emotionen ist in Marketing- und Verkaufsprozessen nicht zu unterschätzen. Emotionen motivieren Menschen zur Erreichung ihrer individuellen Ziele, zur Lösung ihrer größten Probleme und zur Erfüllung ihrer persönlichen Träume – und damit zum Kauf. In diesem Zusammenhang sind Emotionen als »Verstärker« von Bedürfnissen und Wünschen zu verstehen, da sie Entscheidungen und Handlungen fördern, die theoretisch auch durch Bedürfnisse und Wünsche alleine ausgelöst werden könnten.

Wie du bereits gelernt hast, sind sowohl Bedürfnisse als auch Wünsche sehr starke Motive für Menschen zu handeln. Diese Motive bekommen aber noch mehr Macht, wenn sie durch Emotionen intensiviert und verstärkt werden. Deshalb kommt auch kein einziger erfolgreicher und profitabler Kaufprozess ohne Emotionen aus.

## Wie du mit emotionalen Geschichten verkaufst

Emotionen verkaufen. Das ist eine Tatsache, die in unzähligen Studien der Psychologie, des Neuromarketings und vieler anderer Disziplinen belegt wurde. Für dich bedeutet das: Je mehr Emotionen du in deinem Marketing ansprichst und aktivierst, desto höher ist die Wahrscheinlichkeit für einen späteren Verkauf – vor allem, sobald Emotionen während deines Verkaufsprozesses ihre drei wesentlichen Funktionen erfüllen: Kommunikation, Verhaltens-vorbereitung und Motivation. Wenn Emotionen erstens deine Ver-kaufsbotschaft kommunizieren, zweitens deinen Interessenten auf den Kauf vorbereiten und ihn drittens zum Kauf motivieren, ver-fügst du damit über ein unglaublich mächtiges Verkaufsinstrument.

Wie kannst du nun sicherstellen, dass Emotionen in deinen Verkaufsprozessen diese drei Funktionen erfüllen und ihr volles Potenzial entfalten? Und wie kannst du Emotionen praktisch in deinem Marketing einsetzen? Möglicherweise denkst du, dass es sehr schwierig sein kann, emotionales Marketing zu betreiben. Oder du fragst dich, welche Mittel du verwenden solltest, um mit Emotionen zu verkaufen. An dieser Stelle habe ich eine Nachricht für dich, die dich bestimmt sehr freuen wird:

Es ist gar nicht so kompliziert, wie du vielleicht gerade noch denkst – im Gegenteil. Es gibt nämlich eine ganz bestimmte Mög-lichkeit, die dafür sorgt, dass Emotionen in deinem Verkaufs-prozess das tun, was sie tun sollen: kommunizieren, vorbereiten, motivieren ... Und diese Möglichkeit heißt *Storytelling* – also das Erzählen von Geschichten.

Geschichten sind die beste Möglichkeit, die aktuelle Haupt-emotion deiner Zielgruppe anzusprechen, ihre spätere Wunsch-emotion auszulösen und diese Emotionen während des Marketing-prozesses aufrechtzuerhalten. Storytelling sollte daher in jeder Art von Marketing eine entscheidende Rolle spielen – und zwar völlig unabhängig davon, auf welchem Markt du aktiv bist oder welches Produkt du verkaufst. Durch eine Geschichte erreichst du Menschen wie mit keinem anderen Instrument, und das ist schließlich das, was du mit deinem Marketing bezweckst.

Ein wichtiges Konzept in diesem Zusammenhang ist das der sogenannten *Heldenreise*. Es handelt sich hierbei um eine

Geschichte, in deren Verlauf der Protagonist verschiedene Stadien, Handlungen und Abfolgen durchläuft, um am Ende ein bestimmtes Ziel zu erreichen. Vor allem der amerikanische Mythenforscher Joseph Campbell (1949) hat das Motiv der Heldenreise untersucht. In Romanen und Filmen hat das Konzept in den vergangenen Jahrzehnten große Anwendung und Beliebtheit erlangt und wird mittlerweile auch in Beratung und Therapie eingesetzt.

Basierend auf Campbells Modell und der Archetypenlehre des Schweizer Psychologen Carl Jung entwarf der amerikanische Drehbuchautor Christopher Vogler (1998)»Die Reise des Helden« als Anleitung für andere Drehbuchautoren und als Basis, die allen Geschichten zugrunde liegen sollte. Inhaltlich handelt es sich um das Durchlaufen verschiedener Bewährungsproben, Herausforderungen und Probleme, die der Held während seiner Geschichte besteht, um am Ende für seine Taten belohnt zu werden. Es ist genau diese Erfolgsstruktur, auf der auch du dein eigenes Storytelling aufbauen solltest (und du wirst gleich erfahren, wie du das machst).

Warum aber sind Geschichten so wichtig? Und warum sollte man im Marketing nicht darauf verzichten? Denn intuitiv könnte man ja möglicherweise denken, dass Geschichten in Verkaufssituationen, in denen es letztendlich um Geld geht, nicht unbedingt etwas zu suchen haben. Aber weil sie so verkaufsstark sind, gehören sie auch in Verkaufssituationen. Und ihre Verkaufsstärke verdanken Geschichten ihren fünf wesentlichen Vorteilen: Erstens erzeugen sie Emotionen. Zweitens erwecken sie Aufmerksamkeit und Interesse. Drittens erschaffen sie Identifikation und Sympathie. Viertens zeigen sie die Erfüllbarkeit eines Wunsches. Fünftens sind sie annähernd überall im Marketing einsetzbar.

Bitte denke einmal an dein eigenes Erleben. Wenn du eine gute Geschichte hörst oder liest (oder eine gute Handlung in einem Film siehst), dann bist du aufmerksam und interessiert. Du willst wissen, wie es weitergeht und wie die Geschichte endet. Gleichzeitig identifizierst du dich im Laufe der Geschehnisse immer stärker mit der handelnden Hauptfigur und leidest und freust dich mit ihr – besonders dann, wenn sie dir sympathisch ist. Sobald du dann auch noch durch die Geschichte erfährst, dass die Hauptperson sich im Verlauf der Handlung ihren größten Wunsch erfüllt, bist du danach viel überzeugter, dass auch dir das gelingen kann – als wenn dir einfach nur jemand sagt, dass du das schaffst.

Deshalb haben Geschichten so eine ungeheure Macht. Und deshalb ist es auch für dein Marketing so wichtig, dass du Geschichten einsetzt. Du kannst dies auf deinen Verkaufsseiten tun, auf deinen klassischen Webseiten, in deinen E-Mails, in deinen Videos, in deinen Social-Media-Beiträgen, in deinen Blogartikeln, in deinen Webinaren oder bei jeglicher anderer Art von Marketingkommunikation. Du kannst eine große Geschichte erzählen oder viele kleinere. Storytelling funktioniert fast immer.

Und es funktioniert vor allem dann gut, wenn deine Geschichten bestimmte Elemente enthalten, die ihren (emotionalen) Erfolg ausmachen. Es gibt drei Elemente, die jede gute Geschichte beinhalten sollte: 1. die Hauptperson, 2. der Wunsch, 3. die Veränderung.

Daran kannst du bereits sehen, dass deine Geschichte nicht kompliziert und langwierig sein sollte, sondern einfach und verständlich. Es geht nicht darum, dass du dir verworrene Handlungsstränge ausdenkst, sondern dass dein Storytelling einer simplen und einfach umzusetzenden Struktur folgt.

Das Wichtigste an einer Geschichte ist zunächst die Hauptperson, die die Handlung trägt – in Anlehnung an die Heldenreise sprechen wir hier von *Held*. Es gibt drei Möglichkeiten, wer dieser Held sein kann: du selbst, ein Kunde oder ein erfundener Charakter. Am besten ist es natürlich immer, wenn du selbst der Held deiner Geschichte bist, weil das die glaubwürdigste und authentischste Möglichkeit ist. Wenn du das aber nicht willst oder sein kannst, besteht alternativ die Möglichkeit, die Geschichte eines Kunden von dir zu verwenden oder einen Charakter für die Geschichte zu erfinden.

Jede gute Geschichte sollte außerdem einen großen Wunsch symbolisieren. Im besten Fall sollte dieser Wunsch natürlich der einen großen Sache deiner Zielgruppe entsprechen – also dem größten Wunsch, den deine Interessenten haben. Dieser Wunsch kann darin bestehen, etwas Positives zu gewinnen beziehungsweise zurückzubekommen oder etwas Negatives zu verringern beziehungsweise zu stoppen.

Diese Wünsche können von Anfang an sichtbar sein oder sich im Laufe der Geschichte entwickeln. Gerade deswegen ist es auch so wichtig, dass dir die Wünsche deiner Zielgruppe bekannt sind. Je genauer du sie kennst, desto besser kannst du sie in deinem Storytelling aufgreifen und desto mächtiger werden deine Geschichten für dein Marketing.

Im Verlauf einer jeden Geschichte findet eine bestimmte Handlung statt, an deren Ende ein Ergebnis steht, das die Veränderung der Hauptperson repräsentiert. Diese hat es von ihrem (negativen) alten Zustand zu ihrem (positiven) neuen Zustand geschafft. Auch hier gilt, dass die in der Geschichte dargestellte Veränderung der Veränderung entsprechen sollte, die deine Zielgruppe erreichen will. Deine Geschichte hat dann die größte

Wirkung, wenn sie im Kern die Geschichte deiner Adressaten widerspiegelt.

Alle drei Elemente – Hauptperson, Wunsch und Veränderung – werde ich nun genauer mit dir durchgehen und dir daran anschließend erklären, wie du deine eigene Heldengeschichte schreibst. (Ich kann dich übrigens beruhigen. Es ist viel einfacher, als du vielleicht gerade denkst.)

### Die Hauptperson

Jede gute Geschichte lebt von der Hauptperson, von ihrem Protagonisten. Je authentischer die Hauptperson ist, desto eher ist die Geschichte in der Lage, die erwünschten Emotionen bei anderen Menschen – deinen potenziellen Kunden – auszulösen. Deswegen empfehle ich dir, dass du selbst der Held deiner Geschichte bist. Das ist der beste Weg, dich und damit dein Angebot erfolgreich zu positionieren und zu vermarkten.

Warum? Weil es gleichzeitig der glaubwürdigste und emotionalste Weg ist. Du selbst kennst deine eigene Geschichte am besten. Du warst im Optimalfall selbst einmal in der Situation, in der deine Zielgruppe momentan noch ist. Und du hast im Optimalfall den Wunsch wahr gemacht, den deine Zielgruppe noch wahr machen möchte. Du hast die Veränderung erlebt, die deine Zielgruppe noch erleben möchte.

Jetzt denkst du vielleicht: »Das kann ich nicht« oder »Das möchte ich nicht« oder »Das hört sich komisch an« oder »Ich bin doch kein Held«. Und ganz ehrlich, ich kenne diese Reaktionen und Zweifel und ich verstehe sie. Storytelling kann eine sehr persönliche Sache sein – besonders dann, wenn man seine eigene Geschichte erzählt. Dafür kann sie aber auch sehr verkaufsstark sein.

Wenn du dich trotzdem unwohl dabei fühlst, können alternativ natürlich auch ein erfolgreicher Kunde oder ein fiktionaler Charakter der Held deiner Geschichte sein. Wichtig ist nur, dass die Geschichte, die du erzählst, der Geschichte deiner Adressaten entspricht. Dadurch legst du ein unglaubliches Marketingpotenzial frei, denn Heldengeschichten sind erwiesenermaßen eines der besten Verkaufsinstrumente.

Damit der Held die Handlung der Geschichte angemessen trägt, solltest du dabei einige Prinzipien beachten: Menschen möchten angeleitet werden – vor allem dann, wenn sie ein bestimmtes Problem haben, und vor allem von jemandem, der dieses Problem bereits gelöst hat. Der Held deiner Geschichte sollte also bereits das geschafft haben, was deine Interessenten noch schaffen möchten. Denn dann fühlen sie sich verstanden und bauen dir beziehungsweise dem Helden gegenüber Sympathie auf.

Das bedeutet aber nicht, dass die Hauptperson deiner Geschichte keine Fehler machen darf – ganz im Gegenteil. Deine Adressaten werden sich viel eher mit deiner Geschichte identifizieren, wenn der Held nicht perfekt ist – weil sie es selbst auch nicht sind beziehungsweise sich nicht als perfekt ansehen. Wenn du die Hauptperson deiner Geschichte als Mensch mit Ecken und Kanten darstellst, können sich andere Menschen viel eher damit identifizieren. Um deinen Helden zur Identifikationsfigur und zum Sympathieträger deiner Geschichte zu machen, solltest du ihn als Persönlichkeit präsentieren. So erreichst du Menschen am besten. Das bedeutet, dass der Held nicht nur eine isolierte Gestalt in deiner Geschichte ist, sondern in diese durch viele weitere Informationen und Bezüge eingebettet wird. Dazu hast du verschiedene Möglichkeiten ...

Der persönliche Hintergrund deines Charakters setzt seine

Geschichte in Bezug zur Ausgangssituation deiner Zielgruppe. Wenn Menschen sehen, dass der Held bereits einmal in einer ähnlichen Situation war wie sie, können sie viel besser eine Beziehung zu ihm beziehungsweise zu ihr aufbauen. Zudem bringt der Protagonist Erlebnisse und Erfahrungen aus seinem Leben mit in die Geschichte. Hierbei handelt es sich zum Problem der Zielgruppe passende und einprägsame kleinere Ereignisse, die den Helden haben wachsen und sich weiterentwickeln lassen.

Zudem sollte die Hauptfigur deiner Geschichte eine oder mehrere Identitäten annehmen, die sich gerade im Konzept der Heldenreise bewährt haben. Insgesamt hast du vier Identitäten zur Auswahl: *Der Abenteurer* ist neugierig und mutig. Er hat Fragen zu einem bestimmten Thema, begibt sich auf eine persönliche (und möglicherweise gefährliche) Reise und kommt mit den Antworten zurück. *Der Erfinder* ist intelligent und wissbegierig. Er wird geleitet von seiner persönlichen Mission, dem Interesse für das Thema und forscht und recherchiert so lange, bis er die Antworten auf seine Fragen gefunden hat. *Das Vorbild* ist hilfsbereit und führungsstark. Es hat die Antworten auf die existierenden Fragen bereits gefunden und gibt sie nun an andere Menschen weiter, indem es sie Schritt für Schritt durch den Prozess führt. *Der Held wider Willen* ist zurückhaltend und einfühlsam. Er möchte eigentlich nicht im Rampenlicht stehen, hält es aber für seine Pflicht, anderen Antworten auf ihre wichtigsten Fragen zu geben.

Hinsichtlich des inhaltlichen Verlaufes deiner Geschichte gibt es verschiedene Strukturformate, die sich bewährt haben: Die *Vorher-Nachher-Transformation* ist die klassischste Form. Du erzählst in deiner Geschichte, wie dein Held aus einer früheren negativen Situation seine heutige positive Situation erreicht hat. Diese Form von Geschichte ist universell einsetzbar und für jeden Markt umsetzbar. Bei *Wir gegen sie* geht es um die Zugehörigkeit zu einer als positiv bewerteten Gruppe, die sich gegen das gemeinsame Feindbild (die negative andere Gruppe) zusammenschließt. Dieses Geschichtsformat eignet sich vor allem dann, wenn deine Interessenten sich bereits mit dir und den Einstellungen, die du verkörperst, identifizieren. Die Form *Fall und Aufstieg* ähnelt der Vorher-Nachher-Transformation, unterscheidet sich aber durch ein zusätzliches Element. Hierbei war der Held früher bereits in der erwünschten positiven Situation, ist danach in eine negative Situation zurückgefallen und hat sich dann mühsam wieder nach oben gekämpft. Diese Geschichtsform ist etwas dramatischer und funktioniert sehr gut, um starke Emotionen zu erzeugen. Bei *Geheimnisvolle Entdeckung* geht es nicht vorrangig um die verschiedenen Entwicklungsstufen der Geschichte, sondern um das, was der Held auf seiner Suche entdeckt hat – nämlich etwas Neues oder Unbekanntes. Gerade, wenn du deine eigene persönliche Geschichte nicht in deinem Marketing verwenden möchtest, ist die Aufdeckung eines Geheimnisses eine etwas neutralere Variante.

**Der Wunsch**

Welche wichtige Rolle Wünsche in Marketingprozessen spielen, hast du bereits im zweiten Kapitel erfahren. Auch in deinem Storytelling sollte der Wunsch deiner Zielgruppe – also die eine große Sache – ein zentrales Element sein. Wünsche erzeugen gerade in Verbindung mit deiner Geschichte Motivation, Inspiration und Identifikation. Und genau diese drei Dinge setzt du dann um, wenn du Menschen in deiner Heldengeschichte zeigst, wie bereits jemand vor ihnen den größten Wunsch wahr gemacht hat. Deine Geschichte symbolisiert für deine Interessenten die Tatsache, dass auch sie es schaffen können. Es ist also deine Aufgabe, in deiner Geschichte zu zeigen, welchen großen Wunsch dein Held hatte und dass er sich diesen erfüllen konnte.

### Die Veränderung

Im Verlauf der Geschichte durchlebt die Hauptperson eine persönliche Entwicklung, an deren Ende ein konkretes Ergebnis steht. Und genau das ist auch das, was deine Interessenten möchten. Sie wollen etwas Altes, das nicht funktioniert, durch etwas Neues ersetzen, das funktioniert. Sie wollen, dass mit etwas Neuem etwas anderes in ihrem Leben besser wird. Diese Veränderung stellst du in deiner Geschichte anhand fünf verschiedener Stufen dar, die den Spannungsbogen formen und den Inhalten ihren strukturellen Rahmen geben.

Der *Ausgangspunkt* ist die Situation, in der sich dein Held am Anfang der Geschichte befindet. Beispiel: Er möchte abnehmen, hat schon viel versucht, ist aber immer wieder gescheitert. Der *Plan* beinhaltet die Ideen und Ansätze des Helden, mit denen er seinen negativen Ausgangspunkt überwinden möchte. Beispiel: Er entwickelt einen Diätplan, um Gewicht zu verlieren. Die *Umsetzung* besteht aus den konkreten Handlungen des Helden, mit denen er seine Ansätze und Ideen praktisch umsetzt. Beispiel: Er folgt einem bestimmten Diätplan, um Gewicht zu verlieren. Bei den *Problemen* handelt es sich um die Schwierigkeiten und Konflikte, die der Held erlebt und ohne die keine Geschichte glaubwürdig wäre. Beispiel: Er wird zunächst schwach und isst Dinge, die nicht auf seinem Diätplan stehen. Das *Ziel* ist der Endzustand, den der Held von Anfang an erreichen wollte. Beispiel: Er hat sein Wunschgewicht erlangt und fühlt sich wieder attraktiv und gesund.

Aus den drei Elementen Hauptperson, Wunsch und Veränderung sollte sich auch dein Storytelling zusammensetzen. Deine Geschichte, die du erzählst, ist auch die Geschichte deiner potenziellen Käufer (sie sollte es zumindest sein)! Das ist der allerwichtigste Punkt. Und dies hat Gründe: Wenn deine Interessenten anhand deiner Geschichte feststellen, dass du ihnen ähnlich bist, fangen sie an, eine Bindung zu dir aufzubauen und dich zu mögen. Und wenn sie dich mögen, sind sie auch viel eher bereit, von und bei dir zu kaufen. Das haben viele Studien gezeigt.

Es gibt natürlich sehr viele Ursachen, die dafür sorgen, ob wir jemanden mögen oder nicht. Würden wir alle diese Ursachen kennen, wären wir in der Forschung und im Alltag sicher einen sehr großen Schritt weiter. Sozialwissenschaftler und Sozialpsychologen versuchen seit vielen Jahrzehnten, eine Antwort auf die Frage zu finden, warum wir jemanden mögen und warum nicht. Im Rahmen dieser Forschungsaktivitäten wurden einige Faktoren ermittelt, die Sympathie und Anziehung verursachen können. Dazu gehören im Wesentlichen Ähnlichkeit, Eindrucksbildung und Komplimente.

Nach der *Ähnlichkeits-Anziehungs-Theorie* ist die Wahrnehmung von Ähnlichkeiten einer der effektivsten Faktoren für die Entstehung von Bindung zwischen zwei Menschen. Studien der Psychologen Ellen Berscheid und Elaine Walster (1969) sowie Donn Byrne (1971) haben gezeigt, dass wir uns im Allgemeinen eher zu den Menschen hingezogen fühlen, die ähnliche Einstellungen mit uns teilen. Interessanterweise gehen wir oft automatisch davon aus, dass Menschen, die uns ähnlich sind, uns gleichzeitig auch mögen, wie unter anderem die Psychologen John Condon und William Crano (1988) herausfanden. Das wiederum sorgt im Umkehrschluss dafür, dass wir ebenfalls anfangen, positive Gefühle für die Menschen zu entwickeln, von denen wir ausgehen, dass sie in Bezug auf uns das Gleiche tun.

Viele Studien haben gezeigt, dass deine Chancen für einen Verkauf viel höher sind, wenn ein Interessent dich mag, als wenn er dir gegenüber neutral oder sogar negativ eingestellt ist. Und dies scheint alleine unter rein menschlichen Gesichtspunkten absolut logisch: Wenn man jemanden nicht mag, gibt man der Person kein Geld, solange man nicht unbedingt muss.

Um den ersten Sympathiefaktor Ähnlichkeit abzubilden, ist es wichtig, dass die Geschichte, die du erzählst, der Geschichte deiner Adressaten entspricht. Sie sollten sich direkt mit der Hauptfigur identifizieren können. Die Hauptperson in deiner Geschichte sollte den gleichen Wunsch haben wie deine Zielgruppe, sie sollte mit den gleichen Herausforderungen und den gleichen Problemen konfrontiert sein. Sie sollte die gleiche Veränderung durchlaufen. Dein Interessent soll sagen können:»Das bin ich. Diese Geschichte ist meine Geschichte.« Besser kannst du fast nicht dafür sorgen, dass deine potenziellen Kunden eine Ähnlichkeit zwischen sich und der Hauptperson in deinem Storytelling feststellen und darauf basierend eine positive Bindung zu ihr aufbauen.

Dies ist auch in Bezug auf die Eindrucksbildung als zweitem, Sympathie erzeugenden Faktor nicht unwesentlich. Hast du jemals eine Person getroffen, die dir direkt sympathisch war? Und hast du auch bereits das Gegenteil erlebt und jemanden auf Anhieb überhaupt nicht gemocht? Wenn ich dich fragen würde, was die jeweiligen Gründe für deine Sympathie oder Antipathie waren, hättest du sicherlich Schwierigkeiten, diese Frage direkt und eindeutig zu beantworten. Dies liegt unter anderem daran, dass beim Kennenlernen (egal ob persönlich oder digital) unzählige Eindrücke eine Rolle spielen und die meisten dieser psychischen Vorgänge völlig unbewusst ablaufen. Ein erster Eindruck entsteht schnell und beeinflusst unsere nachfolgenden Wahrnehmungen und Interpretationen stark. Die sozialpsychologische Forschung hat gezeigt, dass Menschen einen einmal gewonnenen Eindruck so leicht nicht wieder aufgeben. Deine Geschichte sollte also direkt einen ersten positiven Eindruck hinterlassen (wenn auch erste Eindrücke zwar beständig, aber nicht unveränderbar sind).

Generell bilden Menschen eher positive als negative Ersteindrücke von anderen Personen – was natürlich auch in Verkaufsprozessen und für den Alltag zunächst einmal als positiv zu bewerten ist. Wenn wir allerdings in der Phase der ersten Eindrucksbildung mit einer negativen Information über die andere Person konfrontiert werden, zieht dieser negative Reiz überproportional viel Aufmerksamkeit auf sich und überwiegt, wie die Sozialpsychologin Susan Fiske (1980) herausgefunden hat. Danach ist es auch schwieriger, den negativen ersten Eindruck durch die Darbietungen positiver Informationen zu verändern. Umgekehrt ist es allerdings so, dass ein positiver Ersteindruck viel schneller verändert wird, wenn danach negative Informationen folgen.

Der erste Eindruck hat häufig sogar dann noch Einfluss auf die Beurteilung einer anderen Person, wenn er sich nachfolgend als falsch herausgestellt hat. Lee Ross und seine Kollegen (1975) konnten in einem Experiment zeigen, dass spätere Beurteilungen von Zielpersonen durch einen fehlerhaften, zuerst gewonnenen Eindruck beeinflusst wurden. Wie diese und andere Untersuchungen ergeben haben, ist es aufgrund unserer Tendenz zur Beharrung oft schwierig, die Effekte eines ersten Eindrucks vollständig zu ignorieren – und zwar selbst dann, wenn er wissentlich auf falschen Informationen oder Eindrücken beruht. Deshalb solltest du bei Interessenten und Kunden direkt einen ersten positiven Eindruck hinterlassen, gerade auf emotionaler Ebene – und das macht im Optimalfall deine Geschichte. Wenn der erste

Eindruck einmal negativ ausgefallen ist, kann es schwierig sein, ihn später wieder zu korrigieren.

Kennst du die Redewendung »You never get a second chance to make a first impression« (Du bekommst niemals eine zweite Chance, um einen ersten Eindruck zu machen)? Diese spielt nicht nur auf die Macht des ersten Eindrucks an, sondern auch auf das zugrunde liegende Phänomen, das in der Psychologie als *Reihenfolgeeffekte* bezeichnet wird.

Salomon Asch (1946), einer der Pioniere der Sozialpsychologie, untersuchte diese auch für Verkaufspsychologie relevanten Effekte in einem Experiment: Er legte Versuchspersonen sechs Eigenschaften vor, die eine hypothetische Person beschrieben. Der ersten Gruppe wurden diese Eigenschaften in folgender Reihenfolge präsentiert: intelligent, fleißig, impulsiv, kritisch, störrisch, neidisch (also positive Eigenschaften zuerst und negative danach). Einer zweiten Gruppe wurden dieselben Eigenschaften in umgekehrter Reihenfolge gezeigt (also zuerst die negativen, dann die positiven). Die Ergebnisse des Experiments waren eindeutig: Die ersten präsentierten Eigenschaften übten einen überproportional großen Einfluss auf die Eindrucksbildung aus. Die Versuchspersonen bewerteten also die hypothetische Person positiver, wenn die positiven Eigenschaften zuerst präsentiert wurden. Dieses Phänomen wird als *Primacy-Effekt* bezeichnet.

Das Gegenteil davon ist der *Recency-Effekt*, bei dem der Eindruck auf der Grundlage der Informationen gebildet wird, die zuletzt dargeboten wurden, zeitlich am kürzesten zurückliegen und daher dem menschlichen Gedächtnis am schnellsten zugänglich sind. Edward Jones und seine Kollegen (1972) konnten allerdings zeigen, dass der Primacy-Effekt wesentlich wahrscheinlicher ist, sodass wir auch für Marketingprozesse daraus schließen können, dass der erste Eindruck und die ersten Informationen beim Verkauf von großer Bedeutung sind.

Es gibt aber noch einen weiteren Effekt, der bei deinem Storytelling und auch in deinen weiteren Marketingaktivitäten eine Rolle spielen kann: der *Halo-Effekt* (das englische Wort »Halo« bedeutet im Deutschen »Heiligenschein«). Dieser Effekt wurde erstmals vom Psychologen Edward Thorndike (1920) beschrieben und bezeichnet das Phänomen, dass das Wissen über eine bestimmte Eigenschaft einer Person deren Gesamteindruck dominiert und dadurch andere ihrer Eigenschaften vernachlässigt werden oder in den Hintergrund treten. Eine spezielle Eigenschaft »überstrahlt« also alle anderen (wie bei einem Heiligenschein, daher auch der Name dieses Effekts). Das bedeutet: Wenn du den Helden deiner Geschichte mit positiven Eigenschaften »ausstattest«, können diese dominierend sein und damit den Aufbau von Sympathie und Bindung weiter fördern.

Nehmen wir an, du hast mit deiner Heldengeschichte Emotionen ausgelöst, Ähnlichkeit zwischen der Hauptperson und deiner Zielgruppe hergestellt und einen ersten positiven Eindruck erzeugt. Dann möchtest du natürlich, dass deine Adressaten diesen positiven Eindruck von dir beibehalten. Was kannst du also weiter in deinem Marketingprozess tun, damit deine Zielgruppe dich mag und sympathisch findet (und infolgedessen ihre Kaufwahrscheinlichkeit höher ist)? Du kannst deinen Interessenten Komplimente machen – das ist der dritte Faktor zum Aufbau von Sympathie – damit positive Gefühle aufbauen und möglicherweise vorhandene negative Gefühle verringern.

Alleine die Information, dass du deine Interessenten magst und schätzt, kann im Gegenzug dafür sorgen, dass sie dich ebenfalls mögen und schätzen. Das bedeutet natürlich nicht, dass du in deinem Marketing einfach nur sagen musst »Ich mag dich« und schon öffnet dein Gegenüber sein Portemonnaie. Aber wir Menschen sind sehr empfänglich für Schmeicheleien und entwickeln schnell positive Gefühle gegenüber der Person, die uns schmeichelt. Letztendlich sind Komplimente besonders dann effektiv, wenn du deinen potenziellen Käufern eine unterschwellige Wertschätzung in einem gewissen, nicht übertriebenen Rahmen kommunizierst. Dazu hast du verschiedene Möglichkeiten:

Sage und zeige deinen Interessenten, dass du sie verstehst. Dies machst du natürlich bereits zu einem Großteil durch deine Geschichte, aber du kannst dies auch zusätzlich an weiteren Stellen in deinem Marketing tun. Formuliere explizit, dass du weißt, wie dein Adressat sich fühlt, und schildere in diesem Zusammenhang deine eigenen Erfahrungen (was du auch sehr gut in deiner Geschichte umsetzen kannst). Wenn Menschen sich von dir verstanden fühlen und du ihnen gegenüber empathisch bist, ist die Wahrscheinlichkeit viel höher, dass sie anfangen, dich zu mögen … und bei dir kaufen.

Viele Menschen, die ein Problem haben, das sie alleine nicht lösen können, fühlen sich deswegen schuldig oder schreiben die Verantwortlichkeit für diesen Zustand einzig und allein sich selbst zu – und das ist aus einem bestimmten Grund für dich als Verkäufer ungünstig: Wenn sich deine Käufer schlecht fühlen, dann kann es passieren, dass sie auch die durch dich dargebotenen Informationen negativ bewerten. Und das liegt an einem Phänomen, das in der Psychologie als *Stimmungskongruenz* bezeichnet wird. Es besagt, dass Reize häufig passend zur eigenen Stimmung beurteilt werden – und dass dies so ist, wurde durch verschiedene Studien bestätigt. Wenn sich potenzielle Käufer also negativ bewerten, weil sie ihr Ziel bisher noch nicht erreicht haben, solltest du ihnen diese Schuld und damit ihr negatives Gefühl nehmen. Führe anstelle dessen andere externe Gründe auf, warum sie sich ihren Wunsch bisher noch nicht erfüllen konnten. Damit nimmst du ihnen die Schuld, verbesserst ihr Selbstbild und bringst dein Marketing in einen von ihnen positiv wahrgenommenen Kontext.

Du hast jetzt erfahren und sicherlich auch verstanden, wie wichtig Geschichten in deinem Marketing sind, weil sie unzählige (emotionale) Zwecke erfüllen. Damit du dein eigenes Storytelling so umsetzen kannst, dass du damit maximale Emotionen auslöst und mit diesen Emotionen maximal verkaufst, gehen wir nun die einzelnen Schritte für deine ganz persönliche Verkaufsgeschichte anhand einer Anleitung durch. Beantworte zur Ausarbeitung eines jeden einzelnen Schrittes die entsprechenden Fragen.

### Schritt 1 – Erschaffe die Hauptperson

- Was ist ihr Hintergrund? Wo kommt sie her? Wie hat sie angefangen? In welcher Situation war sie?
- Was sind ihre Erlebnisse? Was hat sie geprägt? Wodurch hat sie sich verändert? Welche Erfahrungen hat sie gemacht?
- Was sind ihre Charaktereigenschaften? Wodurch zeichnet sie sich aus? Was sind ihre Stärken? Was sind ihre Schwächen?
- Welche Identität nimmt sie an: Abenteurer, Erfinder, Vorbild oder Held wider Willen? (Für welche Art von Identität du dich entscheidest, ist letztendlich egal. Wichtig ist nur, dass die Identität zu dir beziehungsweise deiner Hauptperson passt.)

- Welches Geschichtsformat durchläuft sie: Vorher-Nachher- Transformation, Wir gegen sie, Fall und Aufstieg oder geheimnisvolle Entdeckung? (Auch dabei gilt, dass keine Form besser als die andere ist. Du solltest die Geschichtsform wählen, die am ehesten dir beziehungsweise deiner Hauptperson entspricht.)

**Schritt 2 – Stelle den größten Wunsch dar**

- Welche Wünsche hatte die Hauptperson früher? Wie kannst du Motivation und Hoffnung schaffen, indem du die frühere Situation darstellst?
- Wie hat die Hauptperson ihren Wunsch erfüllt? Wie kannst du Inspiration und Überzeugung schaffen, indem du den gegangenen Weg darstellst?
- Wie geht es der Hauptperson nach der Erfüllung ihres Wunsches? Wie kannst du Identifikation und Zugehörigkeit schaffen, indem du die neue Situation darstellst?
- Wie kannst du diesen Wunsch durch die Hauptperson kommunizieren? (Es geht an dieser Stelle nicht um eine exakte Formulierung, sondern darum, den Wunsch zu kennen, durch den du deine Geschichte für deine Zielgruppe attraktiv machst. Beispiel: »Ich zeige in meiner Geschichte, wie meine Hauptperson [Wunsch] erfüllt hat und meine Zielgruppe das ebenfalls schafft«.)

## Schritt 3 – Verdeutliche die Veränderung

- In welcher Ausgangslage ist die Hauptperson? Wie geht es ihr dabei? Was ist ihr größtes Problem? Wobei braucht sie Hilfe?
- Was ist ihr Plan? Was möchte sie machen, um die Situation zu ändern? Welche Ideen hat sie?
- Was sind ihre Handlungen? Was macht sie konkret, um die Situation zu ändern? Welche Schritte geht sie?
- Welche Probleme erlebt sie? Welche Konflikte und Schwierigkeiten treten auf dem Weg auf? Wie werden diese überwunden?
- Wie und wann erreicht sie ihr Ziel? Wie ist der Endzustand? Wie geht es ihr jetzt? Was hat, fühlt und erlebt sie nach der Transformation?

## Schritt 4 – Schreibe deine Verkaufsgeschichte

Dies ist der Punkt, den die meisten wahrscheinlich gerade etwas fürchten. Und ja, zugegebenermaßen verursacht er von allen vier Schritten die meiste Arbeit. Sobald du aber die obigen Fragen alle beantwortest, hast du bereits die perfekte Vorarbeit geleistet, die es dir einfach machen sollte, deine Geschichte zu schreiben. Und: Es geht an dieser Stelle überhaupt nicht darum, die »perfekte« Geschichte perfekt zu formulieren. Deine Geschichte muss in dieser schriftlichen Form niemals exakt so irgendwo veröffentlicht werden, wenn du das nicht magst. Du kannst sie zunächst einmal in groben Zügen erarbeiten und dann später noch einmal in eine schönere Version umschreiben. Wichtig ist zunächst nur, die Basis und den Rahmen für dein Storytelling und damit für deine späteren Marketingaktivitäten von Anfang an zu legen – und deswegen so viele Aspekte deiner Heldengeschichte wie möglich zu erfassen. An folgenden Tipps kannst du dich gerne beim Schreiben orientieren:

- Stelle dir zunächst deine Hauptperson bildlich vor. Wenn es einfacher für dich ist, kannst du die Person auch aufmalen.
- Male dir dann die Form deiner Geschichte in einer kleinen Skizze mit den wichtigsten Inhalten auf und mache dir Notizen dazu.
- Verdeutliche dir, was die Wunschsituation deiner Hauptperson – und damit die Kernbotschaft und das Ende deiner Geschichte ist.
- Setze der positiven Wunschsituation dann die negative Ausgangssituation entgegen.
- Überlege dir, was die Hauptperson zwischen diesen beiden Situationen erlebt und wie ihr Weg aussieht.
- Dies sind so etwas wie die Eckpunkte deiner Geschichte. Die anderen Aspekte kannst du nach und nach ergänzen.

Sobald du deine Geschichte ausgearbeitet hast, solltest du sie in dein Marketing integrieren – und das an vielen verschiedenen Stellen: Du kannst sie in deinen Verkaufstexten einsetzen. Du kannst sie in deinen Videos erzählen. Du kannst sie in deinen Präsentationen aufgreifen. Du kannst sie in persönlichen Gesprächen darstellen. Du kannst sie in deinen Social-Media-Beiträgen verwenden.

Überall dort, wo Menschen mit deinen Produkten und Dienstleistungen in Berührung kommen, immer dann, wenn du

Menschen die Gelegenheit gibst, dein Angebot zu kaufen, sollte deine Geschichte nicht fehlen. Es ist auch nicht nötig, sie immer komplett zu erzählen, oft reicht es aus, auf Teile daraus an verschiedenen Stellen in deinen Marketing- und Verkaufsprozessen zurückzugreifen.

Menschen lieben Geschichten. Es ist an der Zeit, dass sie deine Geschichte erfahren. Wenn du emotionales Storytelling nutzt, um deine Kaufbotschaft zu kommunizieren, Menschen auf einen Kauf vorzubereiten und sie zum Kauf zu motivieren, schaffst du damit eine dritte starke Ursache – wenn nicht vielleicht sogar die stärkste, die du erschaffen kannst …

# URSACHE 4
## Vernunft: Logik

*Vernunft* bedeutet in der Umgangssprache die Fähigkeit zu denken und ist ein Synonym für den Verstand. Die Tätigkeit des Verstandes besteht aus Vorgängen, die nicht emotional, sondern rational erfolgen – und damit nicht intuitiv, sondern logisch. Die Rationalität menschlichen Denkens und Handelns ist eine alte philosophische Streitfrage, mit der sich bereits die alten Griechen beschäftigten.

Nach Aristoteles ist es die Vernunft, die es uns ermöglicht, Sachverhalte unmittelbar und irrtumsfrei zu erfassen und abzuleiten. Dadurch komme das rationale, durch den Verstand angeleitete Denken zustande. Als Lehre dieses rationalen Denkens hat Aristoteles die formale Logik (die er selbst »Analytik« nannte) als eigene Wissenschaft begründet. In diesem Kontext beschäftigte er sich mit den logischen Zusammenhängen von Begriffen, Definitionen, Kategorien, Relationen, Urteilen und Schlussfolgerungen und wie diese unser rationales, logisches Denken, Entscheiden und Handeln beeinflussen.

Laut Aristoteles verknüpfen wir Begriffe zu Urteilen, aus Urteilen leiten wir Schlüsse ab, aus Schlüssen schließen wir auf Beweise. Um solche Zusammenhänge geht es auch in der *Logik*, unter der man generell vernünftiges Schlussfolgern versteht. Untersucht wird dabei die Struktur von Argumenten im Hinblick auf ihre Gültigkeit, und zwar völlig unabhängig vom jeweiligen Inhalt. Es geht also um die Systematik und Gesetzmäßigkeiten hinter rationalen Begründungen.

Die Logik ist traditionell ein Teil der Philosophie, innerhalb derer die Frage nach der Bedeutung und den Unterschieden von Begriffen wie Verstand, Vernunft oder Geist seit vielen Jahrhunderten behandelt wird. Fast jeder Philosoph hatte eine eigene Auffassung von diesen Konzepten, sodass hier kein wirklicher Konsens besteht.

Da es in diesem Buch aber nicht um eine philosophische Grundsatzdiskussion, sondern um die Gründe geht, warum Menschen kaufen, verstehen wir die Vernunft in Aristoteles Zitat als Logik in Verkaufsprozessen. Beide Begriffe weisen in ihrer Bedeutung entscheidende Zusammenhänge auf. Erst durch die Vernunft sind wir laut Aristoteles und anderen Philosophen überhaupt erst in der Lage, Erkenntnisse logisch, rational und nach bestimmten Regeln herzuleiten. Mit der Frage, inwiefern diese »vernünftigen Schlussfolgerungen« das menschliche Kaufverhalten beeinflussen, beschäftigen wir uns in diesem Kapitel.

## *Welche primäre Rolle der Verstand im Verkauf spielt*

Zunächst eine Tatsache, die dich an dieser Stelle möglicherweise etwas irritieren wird: Vernunft verkauft nicht – zumindest nicht direkt (was aber nicht bedeutet, dass du dieses Kapitel jetzt überschlagen solltest). Studien haben gezeigt, dass bei (Kauf)-Entscheidungen der auf logisches Denken ausgerichtete präfrontale Kortex im menschlichen Gehirn kaum oder gar nicht beteiligt ist. Erst nach der (Kauf-) Handlung wird er aktiviert, um diese zu rationalisieren. Jetzt fragst du dich vielleicht, warum die Vernunft trotzdem als Ursache für menschliche Kaufhandlungen infrage kommt. Diese Frage ist berechtigt und auch relativ einfach zu beantworten. Bevor ich dies aber tue, möchte ich einen kleinen Test mit dir machen, der an ein Experiment der beiden Psychologen Daniel Kahneman und Amos Tversky (1981) angelehnt ist.

Bitte stelle dir folgende Situation vor: Die Bundesrepublik Deutschland bereitet sich auf den Ausbruch einer seltenen Krankheit vor, die wahrscheinlich 1.200 Menschen das Leben kosten wird. Zur Bekämpfung der Krankheit werden zwei verschiedene Programme vorgeschlagen, deren Folgen von Wissenschaftlern wie folgt eingeschätzt werden: 1. Bei der Durchführung von Programm A werden 400 Personen gerettet. 2. Bei der Durchführung von Programm B gibt es eine Wahrscheinlichkeit von 33,3 Prozent, dass 1.200 Personen gerettet werden, und eine Wahrscheinlichkeit von 66,6 Prozent, dass keine einzige Person gerettet wird. Für welches Programm würdest du dich entscheiden?

Und welches Programm würdest du wählen, wenn dir die beiden Optionen folgendermaßen präsentiert würden? 1. Bei der Durchführung von Programm A werden 800 Personen sterben.

2. Bei der Durchführung von Programm B gibt es eine Wahrscheinlichkeit von 33,3 Prozent, dass niemand sterben wird, und eine Wahrscheinlichkeit von 66,6 Prozent, dass 1.200 Personen sterben werden.

Wenn du wie die meisten Teilnehmer des damals durchgeführten Experimentes bist, hast du dich bei der ersten Variante für Programm A und bei der zweiten Variante für Programm B entschieden. Im Rahmen der originalen Untersuchung wählten nämlich bei der ersten Möglichkeit knapp drei Viertel aller Versuchspersonen das scheinbar sicherere Programm A und nur ein Viertel das vermeintlich riskantere Programm B. Dies ist schon alleine deswegen interessant, weil aus mathematisch-logischer Sicht beide Programme genau die gleiche Wahrscheinlichkeit haben, 400 Menschenleben zu retten. Bei der zweiten Variante waren die Ergebnisse genau umgekehrt. Während fast vier Fünftel aller Untersuchungsteilnehmer sich für die »riskante« Option B entschieden, wählte nur ein Fünftel die »sichere« Option A.

Wie sind diese komplett unterschiedlichen Ergebnisse zu erklären? Die Antwort liegt in dem Entscheidungsrahmen (im Englischen: *Frame*), in den sie eingebettet waren. Wenn du dir beide Untersuchungsvarianten noch einmal anschaust, wird dir auffallen, dass die erste Variante positiv formuliert war (»Personen retten«), während die zweite Variante in einer negativen Formulierung dargeboten wurde (»Personen sterben«). Sobald sich für die Versuchspersonen der inhaltliche Rahmen der Entscheidung veränderte – das *Framing* also anders war – veränderte sich auch ihr Entscheidungsverhalten. Diese Tatsache ist ein Indiz für das, was man in der Psychologie auch als *Bias* (Verzerrung) bezeichnet – und solche Verzerrungen können einen nicht unerheblichen Einfluss auch auf Verkaufsprozesse haben.

Ein rational denkender Mensch handelt nach der Ansicht vieler Forscher immer nutzenorientiert – also so, dass der Nutzen möglichst groß ist. Die Annahme lautet, dass der Mensch seinen Entscheidungen mathematische Rationalität zugrunde legt, damit so der optimale Nutzen einer Entscheidung statistisch ermittelt werden kann.

Das Beispiel mit den beiden Programmen zur Verhinderung einer Krankheitsepidemie von oben zeigt aber ganz eindrücklich, dass das menschliche Verhalten auch von der mathematisch-statistischen Logik abweichen kann. Die erste Version signalisierte einen »Gewinn« von Menschenleben, die durch das Programm »gerettet« werden können, während die zweite Version einen »Verlust« an Menschenleben signalisierte, der »verhindert« werden muss. Obwohl die mathematisch-statistischen Grundlagen bei beiden Versionen die gleichen waren, fiel das Entscheidungsverhalten komplett unterschiedlich aus.

Auf der Basis umfangreicher Studien kamen Kahneman und Tversky (1979) zu der Schlussfolgerung, dass das menschliche Entscheidungsverhalten neben dem bereits geschilderten inhaltlichen Rahmen oft in zwei weiteren wesentlichen Punkten von einem rein rationalen Vorgehen abweicht: bei Wahrscheinlichkeitsschätzungen und Referenzpunkten. Die Eintrittswahrscheinlichkeit eines Ereignisses wird von Menschen häufig falsch eingeschätzt. So werden kleine Wahrscheinlichkeiten überschätzt, während große unterschätzt werden. Nur bei Extremwerten in die eine oder andere Richtung stimmt die subjektive Einschätzung meistens mit der objektiven Wirklichkeit überein.

Zudem bewerten Menschen das Ergebnis ihrer Entscheidungen oft im Verhältnis zu einem Referenzpunkt. Folgendes Beispiel zeigt das ganz eindrücklich. Stelle dir vor, du findest auf der

Straße einen 50-Euro-Schein. Dann wirst du dich darüber sicherlich sehr freuen. Wenn du danach 500 Euro finden würdest, wäre deine Freude natürlich noch größer. Und jetzt stelle dir vor, du würdest noch einmal danach 550 Euro finden. Dann wäre, wenn du ganz ehrlich bist, deine Freude darüber nicht so groß wie in dem Moment, in dem du den 50-Euro-Schein auf der Straße gefunden hast – weil der Ausgangspunkt deiner Bewertung jeweils ein anderer war. Obwohl die Summe von 550 Euro absolut gesehen einen wesentlich höheren Gewinn darstellt als die Summe von 50 Euro, scheinen die 50 Euro relativ gesehen zum Referenzpunkt von 0 Euro (bevor du überhaupt irgendwelches Geld auf der Straße gefunden hast) als der höhere Gewinn.

Diese Resultate stehen im Einklang mit den Ergebnissen des Soziologen Hartmut Esser (1990), der postulierte, dass Menschen unterschiedliche Entscheidungen je nach Rahmen als angemessen, effizient oder nützlich bewerten. Dies kann verschiedene Gründe haben: Menschen nehmen sich entweder nicht die Zeit, alle Informationen sachlich auszuwerten, sie haben nicht das Wissen dazu oder sie verwenden unbewusst vereinfachende Strategien, um ihre Entscheidungen zu treffen.

Das bedeutet: Wir Menschen handeln überhaupt nicht immer logisch und rational. Aber (und das ist wichtig) wir denken, dass wir dies tun. Schon Aristoteles merkte an, dass Menschen ihre Handlungen dann als sinnvoll bewerten, wenn sie der Meinung sind, dass sie rational handeln (das kennst du vielleicht von dir selbst). Und das ist auch der Grund, warum du auf Logik und Rationalität in deinem Marketing nicht verzichten darfst.

Denke selbst noch einmal kurz darüber nach, welche Antwortoptionen du oben bei unserem kleinen Experiment mit der Krankheitsepidemie ausgewählt hast und wie du bei deiner

Entscheidungsfindung vorgegangen bist. Auch wenn du dich innerhalb weniger Millisekunden für eines der beiden Programme zur Bekämpfung der imaginären Krankheit entschieden hast, so dachtest du sicher – bewusst oder unbewusst – logisch und rational zu handeln.

So geht es auch deinen potenziellen Käufern. Sie sind, wie wir alle, überzeugt davon, dass sie mit dem Verstand entscheiden (auch wenn sie das nur in den wenigsten Fällen tun). Und deswegen brauchen sie auch in Verkaufsprozessen logische und rationale Elemente, um ihre spätere Entscheidung damit begründen und rechtfertigen zu können. Ich selbst bezeichne diese Elemente auch gerne als *Sicherheitsfaktoren*, weil Menschen die Überzeugung haben müssen, nicht »aus dem Bauch heraus«, sondern stattdessen überlegt zu handeln. Sie brauchen Elemente, an denen sie sich logisch und rational orientieren können. Nur dann fühlen sie sich sicher. Und wenn sie sich sicher fühlen, sind sie auch viel eher bereit zu handeln.

## Warum Rationalität indirekt zum Kauf anregt

In vielen Disziplinen haben sich Wissenschaftler mit der Frage befasst, warum und wie Menschen Entscheidungen treffen. Und gerade in Verkaufsprozessen ist diese Frage nicht unerheblich, denn letztendlich ist jeder Kauf eine Entscheidung. Menschen nutzen zur Entscheidungsfindung oft Strategien, die ihnen absolut logisch erscheinen, aber dennoch enormen Verzerrungen unterliegen können.

Diese vereinfachenden Annahmen, die dazu dienen, ein Problem schneller und einfacher zu lösen oder eine Entscheidung effizienter und spontaner zu treffen, werden auch als *Heuristiken* bezeichnet. Diese folgen deswegen einer gewissen menschlichen Logik, weil ihnen bestimmte logisch scheinende Regeln zugrunde liegen (die bei näherem Betrachten aber eigentlich nicht immer zu wirklich sinnvollen Ergebnissen führen). Es gibt drei wesentliche Heuristiken, die Menschen im Alltag und auch in Kaufsituationen anwenden, wenn sie sich für oder gegen etwas entscheiden sollen: Verfügbarkeits-, Repräsentativitäts- und Rekognitionsheuristik. Alle diese Heuristiken folgen bestimmten Gesetzmäßigkeiten, die als Filter und Abkürzung fungieren, um eine Entscheidung zu treffen.

### Verfügbarkeitsheuristik

Hierbei nutzen wir für eine Entscheidung in erster Linie die Informationen, die uns besonders gut zugänglich sind. Dies scheint unter Effizienzgesichtspunkten auch logisch: Gerade dann, wenn unser Gehirn viele Informationen gleichzeitig verarbeiten muss, nutzen wir bevorzugt diejenigen, die aufgrund ihrer Verfügbarkeit schneller und leichter abrufbar sind. Und die Tatsache, dass uns eine bestimmte Information eher einfällt als eine andere, führt gleichzeitig dazu, dass wir ihr unbewusst eine wichtigere Bedeutung zuschreiben.

Stelle dir vor, du planst eine große Feier für deinen nächsten Geburtstag mit hundert Gästen. Dann gibt es natürlich viele Dinge, die du bei deiner Planung berücksichtigen musst: Ort, Datum, Einladung, Essen und noch vieles andere mehr. Aber weil dir bei der letzten Geburtstagsfeier das Wasser ausgegangen ist, fällt dir diesmal sofort ein, dass du unbedingt einige Wasserkästen mehr kaufen

musst. Du misst also in dem Moment den Getränken eine größere
Bedeutung bei als den anderen Dingen. Wenn Menschen schnell und sofort an etwas denken, dann
schreiben sie dieser Sache eine gewisse Wichtigkeit zu – auch dann,
wenn diese nicht zwangsläufig der Realität entspricht. So konnten
Larry Gregory, Robert Cialdini und Kathleen Carpenter (1982)
zeigen, dass Menschen auch dann eine positive Einstellung zu
einem Produkt entwickeln, wenn sie sich vorher nur hypothetisch
vorgestellt haben, es zu besitzen. Aus der Verfügbarkeitsheuristik
leiten wir Menschen als Regel für uns ab: Informationen, die mir
schnell und sofort einfallen, sind wichtig.

**Repräsentativitätsheuristik**
Wenn Menschen eine Entscheidung treffen müssen, tun sie das oft
auf der Basis bestimmter Merkmale eines Gegenstandes. Sie schätzen ab, für welchen Bereich dieser typisch ist – also was er repräsentiert. Diese Heuristik basiert auf dem Prinzip der Ähnlichkeit
und lässt sich ebenfalls an einem Beispiel veranschaulichen.

Nehmen wir an, du würdest auf der Geburtstagsfeier, die du
veranstaltest, den neuen Freund einer Freundin kennenlernen.
Dieser trägt einen schicken Anzug, hat ein gepflegtes Äußeres und
vertritt in Gesprächen eine eher konservative Ansicht. Wenn dich
deine Freundin fragen würde, ob ihr neuer Freund als Maurer oder
Manager arbeitet, würdest du sicher die zweite Antwortoption
wählen. Denn die Merkmale, die dieser Mann nach außen hin
repräsentiert, deuten eher auf ein Berufsbild im nicht-hand-
werklichen Bereich hin.

Du lässt dich also von Stereotypen und Kategorien leiten und
hältst diese Einschätzung für logisch – und zwar unabhängig von
der mathematischen Tatsache, dass weltweit wesentlich mehr Men-

schen in Handwerks- anstatt in Leitungspositionen arbeiten ...
und damit die Wahrscheinlichkeit, dass der Freund deiner Freundin
Maurer anstatt Manager ist, statistisch höher wäre.
Unsere Intuition lässt uns oft zu einer Entscheidung kommen,
die wir für logisch halten, aber die an sich nicht logisch ist. Wir
ignorieren andere wichtige Informationen und statistische Regeln,
weil wir einen Sachverhalt ausschließlich nach der Ähnlichkeit
beurteilen, die er mit einer bestimmten Kategorie hat, und miss-
achten Wahrscheinlichkeitsberechnungen. Aus der Repräsentativitätsheuristik leiten wir Menschen als Regel für uns ab: Das, was
für mich offensichtlich ist, ist auch wahrscheinlich.

**Rekognitionsheuristik**
In vielen Situationen basiert unser Entscheidungsverhalten darauf,
dass wir Dinge bereits kennen. Das alleinige Wiedererkennen einer
Information ist oft so dominierend, dass wir andere, uns unbekannte Informationen völlig außer Acht lassen. Die Gründe für das
Wiedererkennen sind an dieser Stelle völlig irrelevant, der bloße
Vorgang der Erinnerung genügt. Die Rekognitionsheuristik ist
natürlich schwierig anwendbar, wenn wir zwischen zwei Informationen entscheiden müssen, die uns beide bekannt oder beide
unbekannt vorkommen. Sie funktioniert aber immer dann, wenn
die Wahrscheinlichkeit, mit der uns eine Information bekannt vor-
kommt, mit der Sache, um die es bei der Entscheidung geht,
zusammenhängt.
Dieses Phänomen kannst du übrigens regelmäßig beobachten,
wenn du dir Quizsendungen im Fernsehen anschaust. Stelle dir vor,
dort wird die folgende Frage gestellt: »Welches Werk ist nicht von
Gotthold Ephraim Lessing? – a) Der junge Gelehrte b) Faust
c) Philotas, d) Der Schatz.« Sofern dir nicht alle auch

unbekannteren Werke von Lessing bekannt sind (ich kannte sie übrigens nicht), wird deine Wahl intuitiv auf Antwortmöglichkeit B fallen (das wäre übrigens auch richtig), weil du »Faust« kennst oder zumindest vielleicht schon einmal davon gehört oder gelesen hast. Quizfragen wie diese werden sehr häufig mit der Rekognitionsheuristik beantwortet. Auch Daniel Goldstein und Gerd Gigerenzer (1999) konnten zeigen, dass Menschen diese Strategie bevorzugt anwenden und in Abhängigkeit von der Anwendungshäufigkeit gute Ergebnisse damit erzielen. Aus der Rekognitionsheuristik leiten wir Menschen für uns als Regel ab: Das, was ich bereits kenne, muss richtig sein.

Alle Regeln, die wir aus den von uns genutzten Heuristiken ableiten, sind im Kern nichts anderes als das, was Aristoteles bereits als »Schlüsse« bezeichnet hat. Solche Schlüsse bestehen laut Aristoteles aus den Voraussetzungen (Prämissen) und der Schlussfolgerung (Konklusion), was auch der Definition eines Argumentes entspricht. Ein Beispiel hierfür könnte lauten: »Verkaufspsychologie steigert Umsätze« (erste Prämisse). »Alle Unternehmer nutzen Verkaufspsychologie« (zweite Prämisse). Eine Schlussfolgerung daraus könnte dann sein: »Alle Unternehmer steigern Umsätze« (Konklusion). Aus den Aussagen, dass Verkaufspsychologie die Umsätze steigert und alle Unternehmer Verkaufspsychologie nutzen, schließen wir rein logisch, dass demnach alle Unternehmer ihre Umsätze steigern.

Auch in deinem Marketing kannst du Heuristiken nutzen: Stelle deinen potenziellen Käufern ebenfalls scheinbar logische Regeln zur Verfügung, an denen sie sich in ihren Entscheidungen und Handlungen orientieren können. Präsentiere Inhalte, die leicht erinnerbar sind und damit als wichtig erachtet werden. Zeige Dinge, die offensichtlich sind und damit als wahrscheinlich bewertet werden. Biete Informationen, die bereits bekannt sind und damit als richtig eingeschätzt werden (wie du das machst, erfährst du im dritten Teil dieses Kapitels).

Eine weitere Antwort auf die Frage nach der Rationalität menschlicher Entscheidungen liefert der Ansatz *Begrenzte Rationalität* von Gerd Gigerenzer (1999). Er kritisierte den Rationalitätsbegriff, der im Rahmen des heuristischen Ansatzes verwendet wird, dahingehend, dass dieser nicht die Komplexität des menschlichen Alltags berücksichtige. Da Menschen nicht über die notwendigen Ressourcen und Voraussetzungen verfügten, um jede Entscheidung hinsichtlich der mathematisch-statistisch besten Wahl abzuwägen, seien menschliche Handlungen deswegen mit gewissen Einschränkungen durchaus als rational und logisch zu bezeichnen.

Ein Ansatz, der diese Sichtweise aufgegriffen hat, ist die *Anspruch-Anpassungs-Theorie*. Diese erklärt menschliches logisches Entscheidungsverhalten unter anderem mit der Beeinflussung durch die jeweilige Tragweite der Entscheidung (das Anspruchs-level). Das bedeutet: Je nachdem, welche Tragweite eine Entscheidung für uns persönlich hat, müssen wir unterschiedlich großen Aufwand betreiben, um diesem Level gerecht zu werden.Wenn du zum Beispiel ein Fahrrad kaufen würdest, wäre dein Anspruchs-level wesentlich geringer als beim Kauf eines Autos. Du müsstest im Normalfall bei einem Fahrradkauf wesentlich weniger Informationen und Möglichkeiten gegeneinander abwägen, um dich final für das Fahrrad zu entscheiden, das du letztendlich kaufst. Und dieses Vorgehen ist gewissermaßen logisch: Da jede Entscheidung immer eine gewisse Anzahl an Ressourcen von uns benötigt, wählen wir auch nur dann ein hohes Anspruchslevel, wenn die Folgen für uns im wahrsten Sinne des Wortes entscheidend sind. Dieses Level ist allerdings nicht statisch, sondern je nach Situation flexibel und dynamisch anpassbar.

Nach diesem Verständnis wird Entscheidungsverhalten, das auf schnellen und sparsamen Heuristiken basiert, verständlich und effektiv – und damit rational. Verzerrungen können somit als sinnvolle und logische Adaption menschlichen Verhaltens im Kontext einer komplexen Umwelt verstanden werden. Wie man Rationalität bezüglich menschlicher Entscheidungshandlungen bewertet, hängt also davon ab, welche Bedeutung die Informationen der Umwelt für den Entscheidungsprozess haben und was in dieser Umwelt durch die Entscheidung erreicht werden soll.

Innerhalb von Marketing- und Verkaufsprozessen regt Rationalität auf zweierlei Weise indirekt zum Kauf an. Erstens werden Menschen durch implizit logische Regeln zu Entscheidungen geführt. Selbst wenn diese Regeln vermeintliche Verzerrungen sind, geben sie Menschen eine Struktur, anhand derer sie sich in Entscheidungssituationen wie Käufen orientieren. Zweitens führen diese Regeln zu aus Käufersicht logischen Schlüssen, die ihnen ein Gefühl der Sicherheit vermitteln. Bereits Aristoteles postulierte, dass Menschen Schlüsse zu Beweisen für sich umfunktionieren, indem sie bestimmte Sachverhalte aus anderen Sachverhalten logisch ableiten.

Es ist daher die Aufgabe von Unternehmern und Marketern, in ihre Marketing- und Verkaufsprozesse gewisse Gesetzmäßigkeiten zu integrieren, die ihren Interessenten eine scheinbar logische Entscheidungsfindung ermöglichen. Zudem sollten sie möglichen Käufern bestimmte Informationen liefern, die als rationaler Beweis dafür fungieren, dass ein späterer Kauf die richtige Entscheidung wäre. Rationalität in Verkaufsprozessen bedeutet übrigens nicht, dass dabei keine Emotionen im Spiel sind. Auch an vermeintlich rationalen Entscheidungsprozessen sind Emotionen immer beteiligt. Logische Argumente können die Kaufhandlung indirekt unterstützen, weil sie als Rechtfertigung für einen Kauf dienen, der durch Emotionen ausgelöst wurde. Diese Rechtfertigung, die Menschen gerade bei der Investition von Geld vor sich selbst und möglicherweise ihrem Umfeld brauchen, solltest du ihnen bereits im Vorfeld liefern. Deine potenziellen Kunden brauchen aus ihrer Sicht logische Argumente und Beweise, dass ein Kauf die richtige Entscheidung wäre. Und glücklicherweise existieren einige Möglichkeiten, ihnen diese Argumente und Beweise zu geben.

## *Wie du mit den richtigen Beweisen überzeugst*

Bitte stelle dir folgende Situation vor: Es ist schon lange dein Traum, ein Haus zu kaufen, in dem du gemeinsam mit deiner Familie leben und alt werden kannst. Dieses Haus wird dich eine sechsstellige Summe kosten, weswegen du es dir bei der Entscheidung nicht leicht machst. Du beauftragst daher einen Immobilienmakler, der bereits über viele Jahre Berufserfahrung verfügt und im vergangenen Jahr als »Makler des Jahres« deiner Heimatstadt ausgezeichnet wurde. Zusätzlich wurde er dir von engen Freunden empfohlen, die bereits gute Erfahrungen bei ihrem eigenen Hauskauf mit ihm gemacht haben. Im Vorfeld stellt dieser Makler verschiedene Exposés von Häusern für dich zusammen, und du wählst mit deiner Familie anhand der Vergleiche von Kosten und Angebot die Häuser aus, die ihr besichtigen möchtet. Beim Besichtigungstermin des zweiten Hauses bist du völlig begeistert. Das Objekt entspricht genau deinen Vorstellungen, und auch der Preis ist angemessen. Du holst weitere Informationen zu deinem Traumhaus ein, die deine Ansicht bestätigen, und wägst Vor- und Nachteile gegeneinander ab. Danach unterschreibst du den Kaufvertrag.

In diesem Beispiel sind alle vier Beweisformen enthalten, die aus rationaler Sicht notwendig sind, damit sich Menschen bei einer Kaufentscheidung sicher fühlen und dadurch die Kaufwahrscheinlichkeit steigt. Die erste Form, nämlich nachvollziehbare Kompetenz und Glaubwürdigkeit durch Wissen und Erfolge, bezieht sich eher auf die Ebene des Verkäufers, während die drei anderen Formen soziale Bestätigung durch andere Menschen, faktische Belege durch Zahlen und logische Schlüsse durch Argumente ihren Fokus auf das eigentliche Angebot und damit die erreichten Ergebnisse legen.

Anhand des Makler-Beispiels lassen sich diese Beweise nachvollziehen: Die Tatsache, dass der Immobilienmakler eine öffentliche Auszeichnung erhalten hat und seit vielen Jahren in seinem Beruf tätig ist, wird als Indiz für seine Professionalität gewertet. Aufgrund seiner bereits erzielten Resultate für andere wird die Entscheidung für ihn als Makler noch einmal von außen bestätigt. Die mitgeteilten Zahlen der unterschiedlichen Häuser machen eine Vergleichbarkeit zwischen den einzelnen Objekten und eine Kosten-Nutzen-Bilanz möglich. Durch die finale Absicherung über nachvollziehbare Begründungen kommt es schließlich zum Vertragsabschluss.

Auch du solltest daher in deinem Marketing auf überzeugende

Kompetenz durch Wissen und Erfolge, soziale Bestätigung durch andere Menschen, faktische Belege durch Zahlen und logische Schlüsse durch Argumente setzen. Alle vier Elemente fungieren als Beweise für eine logische Kaufentscheidung und sind auch relativ einfach in Verkaufsprozessen zu implementieren.

**Beweise durch Wissen**
Wenn Menschen vor einer Kaufentscheidung stehen, dann achten sie nicht nur darauf, was sie kaufen, sondern auch, von wem sie kaufen. Sie müssen die Sicherheit haben, dass der Verkäufer weiß, was er tut. Deshalb achten sie auf alle möglichen Faktoren, die Hinweise auf die Kompetenz des Verkäufers liefern. Diese Hinweise kannst du auf zweierlei Weise geben: Du solltest sowohl dein Wissen als auch Beweise für dieses Wissen präsentieren.

Nehmen wir an, du möchtest deiner Tochter, einer begeisterten Dressurreiterin, ein Pferd kaufen, mit dem sie Turniere bestreiten kann (und es ist an dieser Stelle völlig unerheblich, ob du Söhne hast oder Pferde nicht magst). Dann möchtest du natürlich nicht nur, dass deine Tochter sich über das Geschenk freut, sondern auch, dass dieses Pferd ein liebes Tier und für Wettkämpfe geeignet ist. Du informierst dich also auf den Webseiten verschiedener Ställe, die für ihre gute Zucht bekannt sind. Auf der ersten Seite findest du eine Rubrik, in der nicht nur ausführlich erklärt wird, worauf man beim Pferdekauf zu achten hat und woran man ein gutes Wettkampfpferd erkennt, sondern auf der auch eine kostenlose Checkliste für den Pferdekauf angeboten wird. Auf der zweiten Seite fehlen diese Informationen.

Wenn du nun nur einen einzigen dieser beiden Ställe für einen späteren Pferdekauf kontaktieren dürftest, welchen würdest du wählen? Im Normalfall würdest du dich für den Stall entscheiden, der dich bereits im Vorfeld mit Informationen versorgt hat. Warum? Weil er dir nicht nur kostenlose Informationen zur Verfügung gestellt hat (auf dieses Prinzip der Reziprozität werden wir im siebten Kapitel ausführlicher eingehen), sondern weil sich die Betreiber des Stalles auch als Experten für den Pferdekauf präsentieren. Sie liefern dir mit der Weitergabe ihres Wissens Hinweise darauf, dass du bei ihnen gut aufgehoben bist.

Dieses Prinzip kannst du genauso anwenden, und zwar an allen möglichen Stellen deines Marketings. Du hast unzählige Möglichkeiten, deinen Interessenten wichtige Informationen zur Verfügung zu stellen, die mit ihrem Problem und deinem Thema zu tun haben – und damit nicht nur dein Wissen zu präsentieren, sondern dich auch selbst als Experte zu positionieren:

- Erstelle eine Auflistung mit Tipps.
- Erkläre die Funktionsweise von einer Sache.
- Stelle ein Anwendungsbeispiel aus der Praxis vor.
- Stelle deine Rechercheergebnisse zu einem Thema vor.
- Bewerte ein aktuelles Produkt oder Event.
- Erstelle eine Umfrage zu einem wichtigen Thema.
- Greife einen aktuellen Trend auf.
- Stelle eine Persönlichkeit deines Marktes vor.
- Lasse andere Experten eine bestimmte Frage beantworten.
- Stelle Zitate berühmter Menschen zusammen.
- Beschreibe ein Produkt, das du bewertet hast.
- Beantworte die Fragen deiner Interessenten.
- Stelle deine Position zu einer Diskussionsfrage dar.
- Wage eine Prognose zu einem bestimmten Sachverhalt.
- Reagiere auf die Inhalte von jemand anderem.
- Informiere über Neuigkeiten und aktuelle Entwicklungen.

Du siehst, dass du prinzipiell sehr viele Mittel anwenden kannst, um deinen potenziellen Kunden Wissen bereitzustellen, das für sie einen Mehrwert hat und das dich gleichzeitig als sachkundigen Spezialisten darstellt. Menschen geben sich aber gerade in Verkaufsprozessen nicht nur mit ihrer eigenen Interpretation deiner Person, Fähigkeiten und Kenntnisse zufrieden, sondern sie möchten zusätzlich Belege für ihre Annahmen bekommen. Selbst wenn sie deine Aussagen als Indiz für deine Kompetenz und Glaubwürdigkeit deuten, fühlen sie sich sicherer, wenn du ihnen auch belegst, dass ihre Vermutungen richtig sind. Solche Beweise kannst du ihnen in Form von Zertifikaten, Urkunden, Auszeichnungen und eigenen Erfolgen geben. Alles das, was dich nicht nur innerlich, sondern auch äußerlich als Experte bestätigt, solltest du hier einsetzen.

Dieses Vorgehen ist deswegen so effektiv, weil Menschen Autoritäten achten – und wenn du dich als Experte deines Fachs darstellst und deinen Status beweist, wirst du für andere auf gewisse Weise zur Autorität. Autoritäten haben einen höheren Status, ihnen werden besondere Kenntnisse und Fähigkeiten zugeschrieben und ihre Entscheidungen werden als richtig und angemessen akzeptiert. Wie groß der Einfluss von Autoritätspersonen auf das menschliche Verhalten sein kann, wurde sehr eindrücklich in einem der bekanntesten und einflussreichsten Experimente der Psychologie gezeigt: dem Milgram-Experiment.

Bei dieser Untersuchung des Psychologen Stanley Milgram, erstmals durchgeführt im Jahr 1961, wurde Versuchspersonen aus verschiedenen sozialen Schichten die Rolle eines »Lehrers« zugeteilt und von einem Versuchsleiter damit beauftragt, falsche Antworten eines Schülers durch Elektroschocks zu bestrafen (um angeblich herauszufinden, wie sich Bestrafung auf das Lernen auswirkt). Den Versuchspersonen wurde mitgeteilt, dass es sich bei dem »Schüler« um eine andere Versuchsperson handelt (in Wirklichkeit waren es aber Assistenten des Versuchsleiters). Der »Schüler« wurde im angrenzenden Raum an einen Stuhl geschnallt und mit Elektroden am Arm ausgestattet. Die »Lehrer« wurden danach angewiesen, beim ersten Fehler des »Schülers« einen elektrischen Schock über 15 Volt auszulösen und die Dosis bei jedem weiteren Fehler um 15 bis 450 Volt zu erhöhen.

In verschiedenen Durchgängen verabreichte ein hoher Prozentsatz der Untersuchungspersonen dem »Schüler« als Bestrafung für falsche Antworten intensive elektrische Schocks – immer in dem Glauben, dass diese sehr schmerzhaft und lebensbedrohlich sind. Obwohl die »Schüler« Schmerzensschreie ausstießen und nach einer gewissen Zeit darum baten, das Experiment abzubrechen, folgte ein Großteil der Untersuchungspersonen den Aufforderungen des Versuchsleiters, das Experiment trotzdem fortzusetzen. Über 60 Prozent von ihnen waren sogar bereit, den »Schülern« die Maximaldosis von 450 Volt zu verabreichen.

Unabhängig davon, dass das Experiment in den Folgejahren unter ethischen Gesichtspunkten enorm kritisiert wurde und heutzutage in dieser Form nicht mehr durchgeführt werden würde (und auch nicht dürfte), zeigt es dennoch sehr eindrucksvoll, wie weit Menschen unter dem Einfluss von Autoritäten gehen. Dies belegen auch spätere Versionen des Experiments, bei denen die Autorität des Versuchsleiters variiert wurde: Wenn der Versuchsleiter, also die Autoritätsperson, die Versuchsperson zum Abbruch des Experiments aufforderte, folgte diese der Anweisung ausnahmslos. Wenn zwei Versuchsleiter Uneinigkeit über die Fortsetzung des Experimentes vorspielten und damit nicht mehr autoritär wirkten, wurde das Experiment ebenfalls in allen Fällen von Seiten der

Versuchsperson abgebrochen. Das Ergebnis einer experimentellen Erweiterung im Jahr 1965 zeigte, dass der Anteil der bedingungslos gehorchenden Versuchspersonen stark abnahm, sobald zwei weitere vermeintliche »Lehrer« an dem Experiment teilnahmen, die dem Versuchsleiter Widerstand entgegensetzten. Befürworteten die zwei »Lehrer« allerdings die Fortführung des Experimentes, so folgten dieser Anweisung rund 90 Prozent der Versuchspersonen.

Diese Ergebnisse zeigen sehr deutlich (und auch etwas beklemmend), dass Autorität das Verhalten von Menschen enorm beeinflussen kann – und zwar selbst dann, wenn ihr daraus resultierendes Verhalten in einem direkten Widerspruch zu ihrem eigenen Gewissen oder moralischen Normen steht.

So weit solltest du in deinem Marketing natürlich nicht gehen. Um eine gewisse Autoritätsposition einzunehmen, reicht es, wenn du dich mit deinem Wissen und den entsprechenden Belegen dafür als Experte positionierst.

**Beweise durch andere**

Eine weitere Möglichkeit, die Rationalität deiner Interessenten anzusprechen, besteht in Beweisen, die sich nicht auf dich als Person beziehen, sondern auf andere Personen. Stelle dir vor, du bist gerade mitten in Berlin und möchtest eine Currywurst essen. Irgendwann kommst du an einem Platz vorbei, auf dem sich zwei haargenau identische Currywurstbuden befinden. Sie haben denselben Namen, dasselbe Angebot, dieselbe Dekoration. Alles ist gleich – bis auf einen einzigen Unterschied: Vor dem rechten Imbiss steht eine Schlange, vor dem linken steht kein Mensch. Bei welchem Imbiss, würdest du (vorausgesetzt, du bist nicht total in Eile) deine Currywurst kaufen und essen? Im Normalfall würdest du den Imbiss wählen, vor dem auch andere Menschen stehen –

auch wenn das bedeutet, dass du dich erst einmal anstellen und einige Minuten länger auf dein Essen warten muss. Dieses Phänomen nennt sich *sozialer Beweis* (im Englischen: *social proof)* und ist relativ einfach erklärt. Wir Menschen sind soziale Wesen und orientieren uns in unserer Wahrnehmung, unseren Entscheidungen und unseren Handlungen an anderen. Bezogen auf das Currywurst-Beispiel bedeutet es, dass die Menschen vor dem rechten Imbiss dein Bezugspunkt bei der Auswahl für den Ort deiner Mahlzeit sind. Weil andere Menschen vor dem rechten Imbiss stehen, gehst du unbewusst automatisch davon aus, dass dieser Imbiss die bessere Wahl von beiden sein muss.

Soziale Beweise sind eine unglaublich mächtige Möglichkeit, Glaubwürdigkeit zu erzeugen – und zwar völlig unabhängig vom Produkt oder vom Markt. Es handelt sich dabei um ein psychologisches Phänomen, bei dem Menschen das Verhalten von anderen als Vorbild für ihr eigenes Verhalten nehmen (in der Umgangssprache wird dies auch als *Herdentrieb* bezeichnet). Wenn wir sehen, dass andere Menschen eine bestimmte Entscheidung getroffen haben, ist die Wahrscheinlichkeit, dass wir diese Entscheidung ebenfalls treffen, wesentlich höher, als wenn wir auf uns alleine gestellt sind. Dies gilt natürlich auch für Kaufentscheidungen.

Die beste Möglichkeit, soziale Beweise in deinem Marketing zu integrieren, sind die Erfolgsgeschichten zufriedener Kunden. Lass sie für dich und dein Produkt sprechen. Das ist wesentlich effektiver und überzeugender, als wenn du selbst für dich wirbst. Wenn du andere Menschen zu Wort kommen lässt, kann dir das dabei helfen, die rationalen Barrieren zu überwinden, die einem Kauf oft im Weg stehen. Das bedeutet für dich, dass du so viele Referenzkunden und Testimonials mit ihren eigenen Geschichten und Erfahrungen in deinem Marketing einsetzen solltest – in deinen

Anzeigen, in deinen Verkaufstexten, in deinen Videos, auf deinen Webseiten, einfach überall.

Je häufiger und umfangreicher deine sozialen Beweise ausfallen, desto besser ist das für dich. Nach der Heuristik »Umfang ist gleich Stärke« (du erinnerst dich: Heuristiken sind die gedanklichen Abkürzungen, die Menschen oft bei Entscheidungen nutzen) haben längere und detailliertere Testimonials einen größeren Effekt. Hier einmal eine kleine Übung, um dieses Phänomen zu verdeutlichen: Welche der folgenden drei Aussagen ist für dich am glaubwürdigsten?

A. »Mit dem CopyBuilder habe ich meine Umsätze erhöht.«
B. »Mit dem CopyBuilder habe ich meine Umsätze erhöht.«
— *Zufriedener Kunde.*
C. »Mit dem CopyBuilder habe ich durch die richtigen Verkaufstexte meine Umsätze um 76,3 Prozent erhöht.«
— *Markus Müller, 38, aus Aachen.*

Ich bin mir sicher, dass Antwortmöglichkeit C die stärkste Glaubwürdigkeit für dich hat, weil hier das genauere Zitat mit einem konkreten Namen und weiteren Angaben über die Person verknüpft wird. Du solltest also deine Referenzkunden, sofern möglich und gestattet, mit vollem Namen nennen und sie ausführlich und in Einzelheiten ihre Erfahrungen und Ergebnisse mit deinem Produkt schildern lassen. Natürlich ist das nicht in jedem Fall möglich. Oft möchten Kunden nicht mit komplettem Namen genannt werden – und das ist in Ordnung.

Du kannst diese Testimonials dann in anonymisierter Form verwenden. An manchen Stellen ist es auch gar nicht möglich, eine lange Erfolgsgeschichte zu platzieren. Dann reicht eine kurze

Zusammenfassung der wesentlichen Ergebnisse deines Kunden. Wichtig ist, dass du andere Menschen für dich zu Wort kommen lässt, und diese dabei ihren eigenen Weg vom Vorher zum Nachher schildern – den Weg, den auch deine zukünftigen Kunden gehen sollen. Besonders effektiv ist es übrigens, wenn Autoritätspersonen dies tun, denn wie du bereits gelernt hast, haben Autoritäten einen großen Einfluss auf unser Verhalten. Da du nie zu viele Testimonials haben kannst und sie ein sehr simpel einzusetzendes und realisierbares Marketinginstrument sind, solltest du Folgendes tun:

- Überprüfe, wo und wie du bereits jetzt Testimonials in deinem Marketing nutzt.
- Überlege, welche Kunden du zusätzlich um ein Testimonial bitten könntest, und tue es.
- Setze deine neuen (und alten) Testimonials an so vielen Stellen wie möglich in deinem Marketing ein.
- Achte bei der Sammlung und Darstellung deiner Testimonials darauf, dass du zumindest folgende Angaben bekommst und veröffentlichen darfst: Name, Alter sowie konkrete Erfolge und Ergebnisse. Optional kannst du weitere Informationen wie Wohnort, Beruf oder Position erfragen, sofern sie relevant sind.

Wenn du eine gute Beziehung zu zufriedenen Kunden hast und sie mit deinem Produkt ihre erwünschten Resultate erzielt haben, wirst du unter ihnen sicher den ein oder anderen finden, der bereit ist, seine Erfolgsgeschichte zu schildern. Wenn deine existierenden Referenzkunden als sozialer Beweis fungieren, stehen deine Chancen nicht schlecht, dass deine zukünftigen Kunden erstens einen positiven Eindruck von deinem Angebot bekommen und zweitens die Entscheidung für dieses Angebot als richtig erachten – weil andere es ihnen bereits vorgemacht haben.

**Beweise durch Zahlen**

Zugegeben, Zahlen sind nicht jedermanns Sache (meine auch nicht). Aber Zahlen und Statistiken sind im Marketing eine sehr gute Möglichkeit, Angaben und Schilderungen zu belegen. Zahlen sind Fakten. Zahlen machen Sachverhalte vorstellbar. Zahlen machen Behauptungen glaubwürdig. Ich möchte dir das an dem Beispiel verdeutlichen, das bereits oben zum Einsatz gekommen ist, um die Glaubwürdigkeit von Testimonials darzustellen. Die entsprechende Antwortmöglichkeit»Mit dem CopyBuilder habe ich meine Umsätze durch die richtigen Verkaufstexte um 76,3 Prozent erhöht« betrachten wir nun in einem anderen Zusammenhang. Ich möchte dich noch einmal fragen, welche der folgenden Aussagen für dich am glaubwürdigsten ist. Würdest du dich weiterhin für die gerade genannte entscheiden, wenn es noch die drei folgenden gäbe?

- »Mit dem CopyBuilder habe ich meine Umsätze deutlich erhöht« oder
- »Mit dem CopyBuilder habe ich meine Umsätze um die Hälfte erhöht« oder
- »Mit dem CopyBuilder habe ich meine Umsätze um 50 Prozent erhöht«.

Und ja, wahrscheinlich würdest du wieder dieselbe Antwortmöglichkeit»Mit dem CopyBuilder habe ich meine Umsätze um 76,3 Prozent erhöht« wählen – und das aus einem einfachen Grund. Durch die spezifische Zahlenangabe mit Nachkommastelle wirkt die Aussage viel nachvollziehbarer und glaubwürdiger als bei einer allgemein und unspezifisch formulierten Aussage. Spezifität macht Inhalte deutlicher, greifbarer und weniger angreifbarer. Deshalb solltest du immer so spezifisch wie möglich sein, wenn du in deinem Marketing Sachverhalte erklärst und beschreibst. Zahlen sind hier ein einfaches und sehr effektives Mittel. Wenn du Zahlen benutzt, bekommen deine Interessenten ein viel besseres und anschaulicheres Gefühl für das, was du ihnen bietest. Unter Zahlen kann sich jeder Mensch etwas vorstellen (auch wenn er oder sie kein Mathegenie ist), sodass du Prozentangaben, Vergleiche oder Potenzierungen bevorzugt einsetzen solltest. Wenn dir jemand sagt, dass er seine Umsätze um 76,3 Prozent erhöht hat, dann weißt du, dass das mathematisch anders ausgedrückt mehr als drei Viertel sind, und kannst dir so ein Urteil über den jeweiligen Sachverhalt bilden. Und dann kannst du diese Angaben in Relation zu anderen Bezugspunkten setzen, zum Beispiel, dass 76,3 Prozent weit mehr als 50 Prozent sind.

An dieser Stelle noch ein wichtiger Hinweis: Eine Angabe wie 76,3 Prozent ist weit glaubwürdiger als eine Angabe wie 50 Prozent. Gerade Zahlen, die in 5er- oder 10er-Schritten aufgerundet sind, also zum Beispiel 25 Prozent, 50 Prozent oder 100 Prozent, wirken unbewusst immer etwas unrealistisch. Besser ist es, numerische Werte zu nennen, die nicht jeder benutzt, wie beispielsweise die obigen 76,3 Prozent. Sie sind nicht nur spezifischer, sondern auch glaubhafter.

Im ersten Teil dieses Kapitels hast du bereits gelernt, dass Menschen Sachverhalte oft im Hinblick auf einen Referenzpunkt beurteilen. Zahlen sind ein solcher. Sie ermöglichen es deinen Interessenten, numerisch dargestellte Informationen im Hinblick auf ihre Werte zu vergleichen und dadurch abzuwägen, was eine positive und eine negative Information ist. Daraus resultieren unbewusste relative Vergleiche – und genau das ist das Ziel. Es geht nicht darum, dass deine potenziellen Kunden deine Zahlenangaben in allen Details rational verstehen und nachvollziehen müssen. Aber die Dimensionen einer Zahlenangabe machen Inhalte klarer und vorstellbarer. Und wenn du Darstellungen in deinem Marketing vorstellbar machst, dann machst du sie damit gleichzeitig auf eine gewisse Weise auch realistisch. Dabei ist es übrigens völlig egal, ob du Zahlen in Form von direkten Angaben, Statistiken, Studien, Tests oder Beispielen präsentierst. Wichtig ist nur, dass du es tust.

Überlege dir also, an welchen Stellen deines Marketings du welche Zahlen einsetzen kannst. Vor allem, wenn es um die konkreten Ergebnisse geht, die andere Käufer mit deinem Produkt bereits erreicht haben oder zukünftige Käufer mit deinem Produkt noch erreichen können, bieten sich Zahlen als Repräsentation von numerischen Beweisen geradezu an.

## Beweise durch Argumente

Kannst du dich noch an deinen Deutschunterricht in der Schule erinnern? Ich weiß natürlich nicht, wie das bei dir war, aber ich erinnere mich noch sehr gut, dass meine frühere Deutschlehrerin uns regelmäßig eingeschärft hat, unsere Aussagen bei Interpretationen und Aufsätzen immer zu begründen. Damals, das muss ich ehrlich zugeben, war mir der Sinn dieser Empfehlung nicht wirklich klar. Heute weiß ich, dass meine Lehrerin Recht hatte. Denn letztendlich ist eine Begründung nichts anderes als ein Argument. Und ein Argument ist letztendlich nichts anderes als ein logischer Beweis für eine Aussage.

Argumente können in Verkaufsprozessen wichtige Faktoren der Überzeugung sein, weil sie Dinge begründen. Es gibt in diesem

Zusammenhang ein bestimmtes Wort, das im Marketing eine ungeheure Macht entfalten kann, wenn es an den richtigen Stellen eingesetzt wird (Hinweis: Ich habe es im Satz vor diesem selbst benutzt).

Es ist das Wort »weil«. Dass dieses einen großen Effekt auf die Handlungen von Menschen haben kann, hat unter anderem das »Kopierer-Experiment« der Sozialpsychologin Ellen Langer und ihrer Kollegen (1978) gezeigt. Bei diesem wurde untersucht, unter welchen Bedingungen Menschen in einer Schlange vor einem Universitätskopierer vorgelassen werden. Das Experiment teilte sich in drei verschiedene Versuchsbedingungen mit jeweils unterschiedlichen Aussagen des Vordränglers.

Versuchsbedingung 1 beinhaltete eine Aussage ohne Begründung: »Ich habe fünf Seiten, könnten Sie mich bitte vorlassen?«

Versuchsbedingung 2 beinhaltet eine Aussage mit unsinniger Begründung: »Ich habe fünf Seiten, könnten Sie mich bitte vorlassen, weil ich Kopien machen muss?« (Es ist logisch, dass man einen Kopierer zum Kopieren nutzt.)

Versuchsbedingung 3 beinhaltet eine Aussage mit nachvollziehbarer Begründung: »Ich habe fünf Seiten, könnten Sie mich bitte vorlassen, weil ich es sehr eilig habe.«

Die Ergebnisse des Experiments waren faszinierend: Während in der ersten Versuchsbedingung ohne Begründung die Erfolgsquote der »Drängler« bei 60 Prozent lag, war sie in den beiden anderen Versuchsbedingungen, in denen das Wort »weil« zur Begründung genutzt wurde, mit 93 Prozent beziehungsweise 94 Prozent nicht nur deutlich höher, sondern auch fast identisch.

Dies führt uns zu zwei Erkenntnissen: Erstens sind Menschen eher bereit zu handeln, wenn sie eine Begründung für dieses Handeln bekommen. Wie das »Kopierer-Experiment« und weitere

Untersuchungen dieser Art gezeigt haben, handeln Menschen häufiger, wenn es einen Grund dafür gibt. Zweitens scheinen der genaue Wortlaut und Inhalt einer Begründung keine große Rolle zu spielen – wichtig ist nur, dass es irgendeine Begründung gibt. Anders sind die annähernd gleichen Ergebnisse für die oben genannten Versuchsbedingungen mit sinnloser und sinnvoller Begründung nicht zu erklären.

Die (logische) Schlussfolgerung daraus: Wir Menschen wollen einen Grund für unser Handeln haben. Ob dieser Grund angemessen ist oder nicht, ist dabei oft nebensächlich. Solange es einen Grund gibt, der durch das Wort »weil« repräsentiert wird, halten wir es für gerechtfertigt, ihm zu entsprechen, und fühlen uns daher in unseren Entscheidungen sicherer.

Was das für dein Marketing bedeutet, ist dir sicherlich klar: Begründe deine Aussagen. Liefere Argumente. Erkläre Menschen, warum sie etwas tun sollen. Um dies bestmöglich umzusetzen, empfehle ich dir ein kleines Brainstorming. Überlege dir Gründe und Argumente, warum Menschen dein Angebot kaufen sollten, und berücksichtige dabei auch immer ihre Bedürfnisse und Wünsche. Schreibe alle Begründungen auf, die dir einfallen, damit du später über eine umfangreiche Argumentationsliste verfügst.

Je mehr logische Beweise du durch Wissen, Kunden, Zahlen und Argumente in deinem Marketing lieferst, desto höher ist die Wahrscheinlichkeit, dass sich Menschen auch rational von deinem Angebot überzeugen lassen und damit einen vierten Handlungsgrund für den Kauf haben ...

# URSACHE 5
## Gelegenheit: Angebot

Bis jetzt haben wir uns mit einigen der wesentlichen äußeren Bedingungen beschäftigt, die Menschen dazu bringen, eine Kaufhandlung zu vollziehen. In diesem Kapitel geht es um den inneren Kern eines jeden Verkaufsprozesses: das konkrete Angebot. An dieser Stelle weichen wir aus inhaltlichen Gründen etwas von Aristoteles Verständnis der fünften Ursache ab. Dieser verstand nämlich darunter in seinen Originalschriften den *Zufall* und meinte damit alles, was Menschen wahllos ohne direkten offensichtlichen Grund tun.

Nach dem heutigen psychologischen Verständnis würde man aber in solchen Fällen nicht von einer Handlung sprechen, sondern ganz allgemein von *Verhalten*. Mit Verhaltensweisen sind unter wissenschaftlichen Gesichtspunkten generell gesehen motorische Muskelaktivitäten und unwillkürliche Reaktionen gemeint, die ohne Absicht und Bewusstsein ablaufen. Wie aber bereits in der

Einleitung erklärt, zeichnet sich eine Handlung hingegen gerade dadurch aus, dass sie mit Absicht und Bewusstsein passiert. Eine solche Ausdifferenzierung zwischen Verhaltensweisen und Handlungsweisen bestand zu Zeiten der alten Griechen allerdings nur in Ansätzen. Es scheint daher angemessen, unter heutigen Gesichtspunkten den Zufall in Aristoteles Zitat etwas anders als damals und bezogen auf heutige Verkaufsprozesse zu interpretieren.

Trotzdem kann das altgriechische Verständnis von Verhalten, das keine sichtbare Ursache hat und zufällig passiert, ein zusätzlicher Hinweis für heutige Marketingaktivitäten sein: Denn was wir sicher nicht wollen, ist zufälliges Kaufverhalten, das nicht unserer Steuerung unterliegt und völlig willkürlich passiert.

Du solltest also in deinem Marketing bestmögliche Bedingungen und Voraussetzungen schaffen, um deine Verkäufe eben nicht dem Zufall zu überlassen, sondern sie maximal wahrscheinlich zu machen. Zufällige Marketingmaßnahmen werden dir keinen Erfolg bringen, durchdachte Konzepte und fundierte Prinzipien aber schon. Sobald du methodisch und sorgfältig vorgehst, nimmst du dem Zufall ein Stück seines Einflusses. Und das ist ganz besonders wichtig bei der Vermarktung deines eigentlichen Angebotes.

Wenn man die sieben aristotelischen Ursachen menschlicher Handlungen auf moderne Marketing- und Verkaufsaktivitäten überträgt, sollte der elementarste Bestandteil – nämlich das konkrete *Angebot,* das verkauft wird – natürlich nicht fehlen. Wir übersetzen und verstehen daher Aristoteles fünfte Ursache nicht als Zufall, sondern als *Gelegenheit* (was sprachlich und interpretatorisch absolut legitim ist). Denn letztendlich ist ein Angebot nichts anderes als das: die Gelegenheit, die du deinen Interessenten und Käufern bietest.

# Welche 2 Motivationen Menschen zum Kauf antreiben

In dem Moment, in dem dein Interessent dein Angebot sieht, hat er prinzipiell nur zwei Möglichkeiten: Er kauft es … oder er kauft es nicht. Mit anderen Worten: Er entscheidet sich dafür oder er entscheidet sich dagegen. Das bedeutet aber gleichzeitig auch, dass er sich für ein Leben mit deinem Angebot oder für ein Leben ohne dein Angebot entscheidet – und für die Folgen, die aus der einen oder der anderen Entscheidung resultieren.

Menschen nehmen dein Angebot nur dann als positive Gelegenheit wahr, wenn es positive Folgen für ihr Leben hat. Es muss sie im übertragenen Sinn von A nach B bringen – zum Beispiel von Armut zu Wohlstand, von Einsamkeit zu Zweisamkeit, vom Übergewicht zum Wunschgewicht, um nur einige Beispiele aus den drei größten Märkten zu nennen. Es geht also immer um eine Veränderung.

Menschen wünschen sich generell zwei Arten von Veränderungen, und diese korrespondieren mit den beiden Motivationssystemen, die den allermeisten psychologischen Motivationstheorien zugrunde liegen: entweder hin zu positiven Zuständen wie Wohlstand, Zweisamkeit oder Wunschgewicht (dies ist das appetitive Motivationssystem) oder weg von negativen Zuständen wie Armut, Einsamkeit und Übergewicht (dies ist das aversive Motivationssystem). Menschen werden demnach zu Handlungen angeregt, um etwas Positives zu gewinnen oder etwas Negatives zu vermeiden.

Beide Motivationssysteme bestimmen oft ganz unbewusst unser tägliches Leben und natürlich auch die Kaufentscheidungen, die wir treffen oder nicht. Eine der beiden Motivationen ist allerdings meistens stärker als die andere. Und welche das ist, wird dir sicherlich klar, wenn du über die folgende Frage einmal kurz nachdenkst: Was würde dich mehr motivieren zu handeln? Wenn dir jemand sagt, dass du es durch eine bestimmte Handlung schaffst, 5.000 Euro zu bekommen, oder dass du durch eine bestimmte Handlung verhinderst, 5.000 Euro zu verlieren? Wenn du ehrlich zu dir selbst bist, würde es dich wahrscheinlich viel stärker motivieren, den Verlust des Geldes zu vermeiden. Und nicht nur dir geht es so. Die meisten Menschen handeln oft erst dann, wenn ihre negative Situation nur noch schwer für sie zu ertragen ist oder sie einen großen Verlust in ihrem Leben befürchten. Dieses Phänomen wird in der Psychologie und Ökonomie auch als *Verlust-Aversion* bezeichnet. Man hat also Angst, etwas zu verlieren. Ein (leider trauriges) Beispiel dafür sind spielsüchtige Menschen. Sie spielen nicht in erster Linie, um Geld zu gewinnen, sondern um den Schmerz zu mindern, den sie in dem Moment erlebt haben, in dem sie Geld verspielt haben. Sie handeln also aversiv. Und das aversive Motivationssystem ist oft ein viel stärkerer Antrieb als das appetitive, auch in Verkaufsprozessen.

Menschen wollen keine oberflächliche Verbesserung. Sie wollen eine tiefgehende Veränderung. Deine Interessenten bewerten die Attraktivität deines Angebotes bewusst und unbewusst immer danach, welche Folgen es für ihr Leben hat. Und diese Attraktivität wird durch die beiden menschlichen Motivationssysteme bestimmt. Sie determinieren die Konsequenzen, die deine Zielgruppe sich wünscht.

Insgesamt gibt es vier Fragen, die dein Interessent sich bei der Präsentation deines Angebotes stellt und bewusst oder unbewusst beantwortet – und die gleichzeitig das appetitive und aversive Motivationssystem repräsentieren: 1. Was passiert, wenn ich das

Angebot kaufe? 2. Was passiert *nicht*, wenn ich das Angebot kaufe? 3. Was passiert, wenn ich das Angebot *nicht* kaufe? 4. Was passiert *nicht*, wenn ich das Angebot *nicht* kaufe?

Diese Fragen mögen im ersten Moment in dieser Form etwas verwirrend klingen und vermeintliche Überschneidungen enthalten, aber letztendlich bilden sie mit ihren vier möglichen Entscheidungsperspektiven genau den Dialog ab, den auch deine Interessenten innerlich mit sich selbst führen.

Hier ein Beispiel, um dir diese Systematik zu verdeutlichen: Nehmen wir an, du bietest Schlagzeugunterricht an und bringst Menschen persönlich bei, Schlagzeug zu spielen. Irgendwann wird ein Musikliebhaber, der schon seit Jahren davon träumt, das Schlagzeug spielen zu lernen, auf dein Angebot aufmerksam ... und muss sich entscheiden, ob er es in Anspruch nimmt oder nicht.

In Anlehnung an die obigen vier Fragen hätte seine Entscheidung die folgenden Konsequenzen: »Ich werde lernen, Schlagzeug zu spielen, wenn ich Unterricht nehme« (Frage 1). »Ich muss nicht weiter davon träumen, Schlagzeug zu spielen, wenn ich Unterricht nehme« (Frage 2). »Ich muss weiter davon träumen, Schlagzeug zu spielen, wenn ich keinen Unterricht nehme« (Frage 3). »Ich werde nicht lernen, Schlagzeug zu spielen, wenn ich keinen Unterricht nehme« (Frage 4).

Zugegebenermaßen mag diese Frage-Antwort-Systematik im ersten Moment etwas komplex klingen, aber sie kann dir angewandt auf dein Angebot veranschaulichen, welche möglichen Motivationen deine Interessenten haben – und welche Ansätze du daher unbedingt in deinem Marketing aufgreifen solltest.

Denke doch einmal an einen deiner eigenen letzten großen Käufe der vergangenen vier Wochen. War es im Nachhinein betrachtet nicht auch so, dass du dir Gedanken über die möglichen

Folgen deiner Kaufentscheidung gemacht hast – bewusst oder unbewusst? Jeder von uns, auch dein potenzieller Kunde, denkt über die Konsequenzen nach, die ein Kauf für ihn hat (und damit sind nicht immer die finanziellen Folgen gemeint, sondern die persönlichen). Deswegen ist es deine Aufgabe, dein Angebot auf zweierlei Weise zu vermarkten: Erstens als das, was bei einem erfolgten Kauf positive Konsequenzen für deinen Interessenten hat, und zweitens als das, was bei einem nicht erfolgten Kauf negative Folgen für deinen Interessenten mit sich bringt. Denn genau so sprichst du die beiden großen Motivationssysteme des Menschen an.

## *Warum du dein Produkt als Lösung präsentieren musst*

Nehmen wir an, du möchtest einen Regenschirm kaufen, weil es in deiner Heimat seit Tagen ununterbrochen wie aus Kübeln schüttet. Du eilst (noch ohne Regenschirm) durch die Fußgängerzone und steuerst auf ein Geschäft zu, das Schirme verkauft. Im Schaufenster siehst du zweimal den gleichen Regenschirm, aber mit zwei komplett unterschiedlichen Produktbeschreibungen. Welche Produktbeschreibung würde dich in diesem Fall mehr ansprechen und zum Kauf animieren? A: »Dieser Regenschirm besticht durch seinen hochwertigen Polyester-Satin-Überzug und seinen stabilen Griff aus edlem und erlesenem Kastanienholz« oder B: »Mit diesem Regenschirm kommst du auch bei Starkregen trocken nach Hause und selbst bei heftigen Windböen rutscht er dir nicht aus der Hand«?

Sicherlich würdest du dich (sofern du nicht wirklich nach einem

Schirm mit Kastanienholz-Griff suchst) für Antwortmöglichkeit B entscheiden – aus einem einfachen Grund: In der zweiten Produktbeschreibung geht es um den Nutzen, von dem du beim Kauf des Regenschirms profitieren wirst. Der Regenschirm wird als das präsentiert, wonach du in Wirklichkeit suchst. Denn wenn du ehrlich bist, möchtest du nicht den Regenschirm an sich, sondern du möchtest nicht nass werden. Mit anderen Worten: Du möchtest eine Lösung für dein Problem. Und dies ist ein ganz entscheidender Punkt, der bei Angebotsdarstellungen im Marketing extrem häufig falsch gemacht wird (ich sehe diesen Fehler seit Jahren immer und immer wieder).

Eine Lösung ist nicht das, was dein Produkt *ist*. Eine Lösung ist das, was dein Produkt *tut*. Und mit dieser Unterscheidung gehen auch zwei völlig unterschiedliche Perspektiven einher. Wenn man beschreibt, was das eigene Produkt ist, dann geht man von seiner eigenen Perspektive aus. Man selbst kennt sein Produkt am besten und weiß daher auch genau, welche Eigenschaften, Merkmale und Ausstattungen es hat (im Englischen: *Features*). Meistens ist man auch so begeistert und überzeugt von seinem Produkt (man sollte es zumindest sein, wenn andere Menschen es kaufen sollen), dass man bei dessen Bewertung gerne die eigene Perspektive einnimmt. Das ist prinzipiell auch völlig in Ordnung und normal, aber … deinen Interessenten interessiert deine Ansicht nicht. Er geht nur von seiner eigenen, persönlichen Perspektive aus. Ihn interessiert nur eine einzige Sache: Welche Vorteile (im Englischen: *Benefits*) das Produkt für ihn hat und welche Ergebnisse es ihm bringt.

Deswegen hat dich im obigen Regenschirm-Beispiel die erste Beschreibung wahrscheinlich auch nicht wirklich angesprochen. Darin ging es ausschließlich um Features, also um das, was der Regenschirm ist und hat. In der zweiten Beschreibung standen im

Gegensatz dazu die Benefits im Vordergrund, also das, was der Regenschirm für seinen Benutzer tut und erzielt. Die wichtigste Frage, die du dir daher bei der Präsentation deines Angebotes immer stellen solltest, lautet:»Was habe ich davon?« Aber mit *ich* bist nicht du gemeint. Damit ist dein Interessent gemeint. Du musst also bei deiner Angebotsdarstellung unbedingt die Perspektive deines potenziellen Kunden einnehmen. Frage dich immer, wie er von deinem Angebot profitieren kann – und frage dich nicht, was du an deinem Angebot toll findest. Das mag trivial klingen, aber es wird so oft falsch gemacht, dass man diesen wichtigen Hinweis gar nicht oft genug wiederholen kann. Eigeninteresse ist immer noch einer der größten menschlichen Motivatoren. Und dies hat nichts mit ungesundem Egoismus zu tun, sondern basiert auf den im ersten Kapitel bereits dargestellten biologischen und angelernten menschlichen Bedürfnissen. Menschen kaufen in allererster Linie Produkte, die ihnen nutzen, die für sie persönlich von großem Vorteil sind und die ihnen dabei helfen, ein Ziel zu erreichen, eine Herausforderung zu meistern, ein Bedürfnis zu befriedigen oder einen Wunsch zu erfüllen. Mit anderen Worten: Interessenten werden dann zu Käufern, wenn sie davon überzeugt sind, dass ein bestimmtes Produkt ein bestimmtes Problem für sie löst. Sie wollen immer eine Lösung.

Die Aufgabe, die daraus für dich resultiert, dürfte klar sein: Du musst dein Angebot als Lösung darstellen – unabhängig davon, was genau du anbietest. Es gibt fünf wesentliche Möglichkeiten, diese Lösung zu präsentieren – und der Vorteil dieser Möglichkeiten liegt darin, dass du damit die Wirkung deines Angebotes als Lösung noch erhöhen kannst. Dabei handelt es sich um fünf Prinzipien, die als»Verstärker« deiner Lösung fungieren und die mit der inhaltlichen Ausrichtung deiner Angebotspräsentation tun haben. Wir werden nun alle fünf Möglichkeiten kurz durchgehen und dabei als nachvollziehbares Beispiel eine Zutat zur Fettverbrennung heranziehen.

**Neue** Lösung. In diesem Fall präsentierst du dein Angebot potenziellen Kunden als etwas komplett Neuartiges, das es bisher in dieser Form noch nicht gegeben hat und damit exklusiv ist. Beispiel: Eine erst kürzlich neu entwickelte Zutat, die die Fettverbrennung ankurbelt.

**Unbekannte** Lösung. Dieser Ansatz stellt eine Lösung dar, die es zwar schon gegeben hat, aber deinen Interessenten bisher nicht bekannt war. Beispiel: Eine schon länger existierende, aber jetzt erst bekannt gewordene Zutat, die die Fettverbrennung ankurbelt.

**Unverstandene** Lösung. Dabei geht es um ein Angebot, das zwar schon länger existiert und bekannt war, von deiner Zielgruppe aber bisher nicht als Lösung wahrgenommen wurde. Beispiel: Eine bereits vorgestellte Zutat, die die Fettverbrennung ankurbelt.

**Schnelle** Lösung. Bei diesem Prinzip steht die zeitnahe und beschleunigte Umsetzung deines Angebotes ohne großen Zeitaufwand im Mittelpunkt. Beispiel: Eine Zutat, die die Fettverbrennung schnell und sofort ankurbelt.

**Einfache** Lösung. Hierbei präsentierst du ein Angebot, das das Leben von Menschen ohne großen Aufwand, besondere Fähigkeiten oder spezielle Vorkenntnisse verändern kann. Beispiel: Eine Zutat, die die Fettverbrennung ohne anstrengende Übungen ankurbelt.

Welche dieser fünf Möglichkeiten der Angebotsdarstellung du wählst, bleibt prinzipiell dir überlassen und hängt natürlich auch von deinem konkreten Angebot ab. Es ist aber problemlos möglich, alle Möglichkeiten miteinander zu kombinieren. Dies solltest du sogar tun, denn ihr synergetischer Effekt auf deinen potenziellen Käufer ist umso stärker, je attraktiver dein Angebot durch diese zusätzlichen Attribute wirkt.

Eine bestimmte Sache ist allerdings bei allen fünf Möglichkeiten Voraussetzung: Dein Angebot muss immer eine Lösung sein und das Leben seiner Käufer zum Positiven verändern. Die fünf Möglichkeiten, dein Angebot zu präsentieren, können nur dann dessen Darstellung als Lösung verstärken, wenn es eine Basis dafür gibt. Damit sich dein Angebot maximal verkauft, ist es also notwendige Bedingung, dass es eine Lösung ist; und hinreichende Bedingung, dass es sich hierbei um eine neue, unbekannte, unverstandene, schnelle und/oder einfache Lösung handelt.

Es gibt aber neben dem Angebot als Lösung noch eine weitere Motivation, die Menschen zu einem Kauf antreibt – und diese ist etwas versteckt beziehungsweise liegt sehr tief in unserem Inneren. Sie hat etwas damit zu tun, wie wir uns selbst sehen und wie wir uns selbst gerne sehen würden. Sicherlich hast auch du viele Vorstellungen über dich selbst, die wahr sind. Vielleicht weißt du, dass du sehr ehrgeizig bist und große Ziele in deinem Leben erreichen kannst. Auf der anderen Seite hast du sicherlich auch Vorstellungen, die leider nicht der Realität entsprechen und von denen du dir wünschst, dass sie wahr sind. Dies ist zum Beispiel der Fall, wenn dir bewusst ist, dass dir oft das Durchhaltevermögen fehlt, ein Ziel umzusetzen.

Je größer der Unterschied zwischen diesen beiden Perspektiven, dem Ist und dem Soll, desto stärker suchen Menschen nach Möglichkeiten, die die vorhandene Diskrepanz ausgleichen und ihr Ego stärken (denn um nichts anderes geht es ihnen dabei – was nicht böse gemeint ist). Und ein Produkt, das genau die Eigenschaften reflektiert, die ein Mensch an sich selbst vermisst oder noch stärker repräsentieren möchte – zum Beispiel Macht,

Sexappeal oder Selbstbewusstsein – kann ebenfalls sehr verkaufsstark sein. Das gekaufte Produkt wird dann ein Stück weit zur eigenen Identität des Käufers und mit genau den Eigenschaften assoziiert, die ihm persönlich sehr wichtig sind.

Natürlich kaufen Menschen dein Produkt in erster Linie aufgrund der Vorteile, die es ihnen bietet. Aber sie kaufen es, zum Beispiel bei Luxusgütern, auf gewisse Weise ebenfalls für den Status, den es ihnen verleiht. Im Rahmen der Motivationspsychologie wurde unter anderem das Machtmotiv schwerpunktmäßig erforscht. Menschen mit einem hohen Machtmotiv streben demnach nach Besitz, Ansehen, Status und Führungspositionen. Psychologische Untersuchungen von David Winter (1973) konnten zeigen, dass machtmotivierte Menschen häufiger mehr Prestigegüter besitzen und sportlichere Autos fahren – und sich damit selbst einen gewissen Status verleihen. Wenn dein Angebot das Ego deines zukünftigen Käufers anspricht, kannst du ihn damit auf einem Level beeinflussen, das andere Angebote oft nicht erreichen. Denn dann spricht es nicht nur einen wahren Nutzen an, sondern auch einen psychologischen.

Natürlich gibt es Angebote, bei denen das schwer zu realisieren ist. Aber mit ein bisschen Fantasie kannst du auch den Angeboten eine Art Status verleihen, von denen du es intuitiv nicht sofort annehmen würdest. Und diese Beispiele begegnen dir überall: Das teure Feinschmecker-Restaurant, das trotz winziger Portionen jeden Abend bis auf den letzten Platz gefüllt ist. Der teure Kaffee, der in anderen Shops deutlich preiswerter ist, aber nicht den Namen einer bestimmten Kette auf den Bechern trägt.

Es geht darum, etwas zu erschaffen, mit dem sich Menschen identifizieren möchten, weil es ihrem eigenen Ego guttut (und das ist nicht negativ gemeint, sondern völlig neutral in Bezug auf natürliche psychische Prozesse). Es geht darum, die rechte »emotionale« Hirnhälfte anzusprechen, und nicht die linke »rationale«. Und dabei geht es nicht um den wirklichen Nutzen des Produkts. Es geht ausschließlich um den Wunsch danach – also den psychischen Nutzen. Und dieser Wunsch ist oft stärker und persönlicher als die Nützlichkeit eines Produktes.

Um dir diesen Ansatz zunutze zu machen, solltest du überlegen, ob dein Angebot einen Anreiz liefert oder liefern kann, der Wünsche wie Wichtigkeit, Überlegenheit, Eitelkeit oder Anerkennung anspricht. Mache dir dann die Eigenschaften bewusst, die dein Interessent gerne hätte. Diese Eigenschaften verbindest du dann in deinem Angebot direkt oder indirekt mit den ermittelten »Status-Anreizen«.

Eine sehr effektive Möglichkeit besteht in diesem Zusammenhang darin, Exklusivität herzustellen, indem du die konkrete Zielgruppe benennst, für die dein Angebot geeignet ist – und gleichzeitig sagst, für wen es sich nicht eignet. Noch effektiver wird dieses Vorgehen, wenn du die Zielgruppe anhand von positiven Eigenschaften, und die außerhalb dieser Zielgruppe befindlichen Menschen nicht ganz so positiv darstellst. Natürlich äußerst du dich nicht wirklich negativ über jemanden, denn das wäre ethisch und moralisch unangemessen. Und es wird sich auch niemand wirklich negativ angesprochen fühlen ... weil sich deine Interessenten fast schon automatisch mit der »guten« Gruppe identifizieren und sich innerlich gegen die »schlechten« Gruppen stellen. Was dabei auf psychischer Ebene entsteht, ist das Gefühl der Einheit; und Einheit ist das, was Robert Cialdini (2016), der »Begründer« der sechs Prinzipien der Überzeugung, einige Jahrzehnte nach Erscheinen seines Bestsellers »Die Psychologie des Überzeugens« als siebtes Prinzip der Überzeugung ermittelt hat.

Es gibt unzählige Studien der sozialpsychologischen Intergruppenforschung, die gezeigt haben, dass die Identifikation mit Gruppen die Aufwertung der Eigengruppe und die Abwertung der Fremdgruppe begünstigt. Und eine Zielgruppe, die im Rahmen eines Angebotes explizit genannt und mit positiven Eigenschaften versehen wird, ist in diesem Moment eine solche Eigengruppe. Es ist die Gruppe der Menschen, zu der man gehören möchte.

Seit 40 Jahren hat die *soziale Identitätstheorie* einen großen Einfluss darauf, wie Sozialpsychologen die Beziehung zwischen sozialen Kategorien (also beispielsweise Eigen- und Fremdgruppe) und dem Selbstkonzept verstehen. Dieser Ansatz hat seine Wurzeln in den Arbeiten des Psychologen Henri Tajfel (1971), der bei seinem Minimalgruppen-Paradigma zeigen konnte, dass bereits die reine Information, zur einen oder anderen Gruppe zu gehören, ausreichend war für die Bevorzugung der Eigengruppe und die Rivalität gegenüber der Fremdgruppe. Die Ergebnisse vieler weiterer Studien mit dem Minimalgruppen-Paradigma belegten die Annahme, dass für diese Einstellungen bezüglich der verschiedenen Gruppen alleine die Kategorisierung, Mitglied einer bestimmten Gruppe zu sein, ausreichen kann. Und genau eine solche Kategorisierung nimmst du vor, wenn du explizit die Zielgruppe für dein Angebot benennst. Sobald du einen Gegensatz zwischen zwei Gruppen aufbaust und deinen Interessenten selbst die Wahl lässt, welche Gruppe sie bevorzugen, werden sie sich unbewusst immer der Gruppe zuordnen, die ihr eigenes Ego aufwertet – und das ist in diesem Fall aus Sicht der Käufer die Gruppe, die fähig ist, den Wert des dargebotenen Angebotes zu erkennen und entsprechend zu handeln.

Sprich also mit deinem Angebot, sofern es dir möglich ist, sowohl die wirklichen Vorteile in Form von Benefits als auch die psychologischen Vorteile in Form von Exklusivität an. Dann erreichst du langfristig die Verkaufsraten, die du dir wünschst.

## Wie du den Wert deines Angebotes erhöhst

Lass uns mit einer kleinen Definition beginnen, was ein als wertvoll wahrgenommenes Angebot überhaupt ist. Es handelt sich dabei um ein Angebot, das in Form eines Produktes oder einer Dienstleistung zur Verfügung gestellt wird und dessen wahrgenommener Wert im Vergleich zur eigenen Investition so hoch erscheint, dass man es eigentlich gar nicht ablehnen kann. Ein solches Angebot ist der Kern eines jeden Unternehmens (oder sollte es zumindest sein). Es ist das, auf dem alle Marketing- und Verkaufsaktivitäten aufbauen.

Wenn es um die Darstellung des jeweiligen Angebotes geht, ist damit nicht nur das Produkt oder die Dienstleistung an sich gemeint. Vielmehr schließt die Angebotsdarstellung zum einen alles das ein, was verkauft wird (also das, was der Käufer bekommt), und zum anderen alles das, was notwendig ist, um das Verkaufte zu erhalten (also das, was der Käufer im Gegenzug gibt). Beide Komponenten – auf der einen Seite das Produkt oder die Dienstleistung und auf der anderen Seite der Preis – formen zusammen, wenn sie richtig umgesetzt werden, ein verkaufsstarkes Angebot. Aus diesem Grund werden wir in diesem Kapitel nacheinander auf beide Komponenten inklusive der dazugehörigen Elemente eingehen.

Dein Angebot sollte deinem Interessenten klarmachen, welche Vorteile es für ihn hat, welche seiner Wünsche dadurch erfüllt werden, wie er davon profitiert, und ihm außerdem die Informationen bereitstellen, die er für seine Kaufentscheidung benötigt. Ein großer Erfolgsfaktor bei der Präsentation des eigentlichen Produktes oder der Dienstleistung ist die Adressierung des größten Wunsches deiner Zielgruppe. Das ist einer der wesentlichen Gründe dafür, warum wir im zweiten Kapitel so intensiv darauf eingegangen sind. Dein Angebot muss genau diesen Wunsch beziehungsweise die damit verbundene Lösung ansprechen, wenn es eine Kaufhandlung auslösen soll.

Du kannst dies am besten umsetzen, indem du die Wünsche deiner Zielgruppe mit den Vorteilen deines Produktes verknüpfst. Wie du bereits gelernt hast, haben deine Interessenten normalerweise verschiedene Wünsche, von denen einige für sie wichtiger sind als andere – und die damit auch für dich und für dein Marketing wichtiger sein sollten als andere. Diese unterschiedlich ausgeprägte Relevanz von Wünschen kannst du berücksichtigen, indem du auch die in Bezug auf dein Angebot zu nennenden Vorteile unterschiedlich stark gewichtest.

Es gibt drei Arten von Vorteilen, die du in deinem Marketing bei der Darstellung deines Angebotes einsetzen kannst: Ich nenne sie Power-Vorteile, Basis-Vorteile und Zusatz-Vorteile. Power-Vorteile beziehen sich auf den allergrößten Wunsch deiner potenziellen Kunden. Basis-Vorteile richten sich an weitere Wünsche, die deine Zielgruppe neben ihrem größten Wunsch hat. Zusatz-Vorteile beziehen sich auf ergänzende Wünsche deiner Interessenten, die nichts mit dem Angebot an sich zu tun haben, sondern mit dessen Rahmenbedingungen.

Stellen wir uns vor, du verkaufst einen digitalen Fitness-Kurs für Männer im Alter zwischen 18 und 30 Jahren. Dann könntest du ihre Wünsche ansprechen, indem du die Vorteile deines Produktes folgendermaßen aufgreifst: Der Power-Vorteil für deine Ziel-gruppe besteht darin, mit ihrem neuen Sixpack auf Frauen attraktiv zu wirken. Die Basis-Vorteile sind Verlust von unerwünschtem Körperfett, Verbesserung der Gesundheit und Erhöhung der körpereigenen Fitness. Der Zusatz-Vorteil ist das direkte Zugreifen auf den Kurs und der damit verbundene zeitnahe Start des Programms.

Wenn du diese Vorgehensweise auf dein eigenes Angebot über-trägst und deinem Interessenten genau aufzeigst, welche Vorteile es anhand seiner Wünsche für ihn hat, bist du in einer sehr guten Ausgangslage. Denn so machst du dein Angebot für ihn wesentlich attraktiver. Du präsentierst es als Lösung, die verschiedene Ebenen adressiert. Und du hattest ja bereits im zweiten Kapitel erfahren, dass mit jeder angesprochenen Ebene auf Käuferseite die Wahr-scheinlichkeit für einen Kauf steigt.

Die verschiedenen Ebenen, auf denen Vorteile wirken und an-gesprochen werden können, spielen auch eine Rolle bei einer wei-teren Technik zur Beschreibung, Darstellung und damit Wertstei-gerung deines Angebotes. Nehmen wir an, jemand gibt dir zwei Seiten mit einer Angebotsbeschreibung, aber du dürftest nur eine der beiden Seiten lesen. Auf der ersten Seite ist das Angebot in Form eines langen Fließtextes mit vollständigen Sätzen dargestellt. Auf der zweiten Seite ist genau das gleiche Angebot noch einmal abgebildet, aber diesmal in Form einer Auflistung mit kürzeren Sätzen. Welche der beiden Seiten würdest du lesen? Wenn du wie die meisten Menschen bist (nicht viel Zeit hast und daher möglichst schnell möglichst viele Informationen aufnehmen willst), entschei-dest du dich für die kürzere und damit schneller zu lesende Auflistung.

Menschen in Verkaufsprozessen entscheiden sich meistens

nicht anders. Auch ihre Zeit ist knapp bemessen und sie wollen sie nicht länger als nötig mit der Entscheidung für einen Kauf verbringen (von einem lange geplanten Shopping-Trip an einem Samstag vielleicht einmal abgesehen). Diese Tatsache solltest du bei der Vorstellung deines eigenen Angebotes beachten und dessen Vorteile ebenfalls kurz und prägnant in Form einer Auflistung mit Aufzählungszeichen (im Englischen: *Bullet Points*) präsentieren. Diese sind für deine Käufer eine sehr gute Möglichkeit, die Vorteile deines Angebotes nachvollziehbar und in kurzer Zeit erfassen zu können. Mit anderen Worten: Du beschreibst dein Angebot nicht nur ausschließlich in einem langen Fließtext (was du auch tun solltest, sofern du die Möglichkeit dazu hast), sondern ebenfalls in Form einer Liste. Diese Aufzählungen sollten jeweils aus nicht mehr als ein bis zwei Sätzen bestehen sowie nützlich, einzigartig und spezifisch formuliert sein. Solche Bullet Points haben vier wesentliche Vorteile:

- Sie sind einfach und schnell zu lesen (merkst du es hier an diesem Beispiel?!).
- Sie heben sich durch ihre grafische Gestaltung und Struktur ab und erzeugen so Aufmerksamkeit und Interesse.
- Sie verdeutlichen deinem Interessenten schnell und einfach, was er bekommt.
- Sie wandeln, wenn du es richtig machst, die Eigenschaften (Features) deines Angebotes in Vorteile (Benefits) um.

Damit dir dieser letzte Punkt gelingt, solltest du ein paar einfache Prinzipien bei der Formulierung deiner Bullet Points beachten. Um attraktive Aufzählungen für dein Angebot zu formulieren, kannst du dich an drei Schritten orientieren. Zunächst solltest du alle

Eigenschaften und Ausstattungsmerkmale, also Features, deines Produktes aufschreiben. Weil Features für sich alleine gesehen aber nicht verkaufsstark sind, musst du sie danach in Vorteile, also Benefits, umwandeln. Dies machst du, indem du sie auf die drei Ebenen beziehst, die auch bei den menschlichen Wünschen eine wichtige Rolle spielen: die Ebene des Habens, die Ebene des Fühlens und die Ebene des Erlebens.

Schaue dir jedes Feature an, das du aufgeschrieben hast, und überlege, welche Vorteile dein Interessent dadurch hat (*haben*), welche Emotionen es in deinem Interessenten auslöst (*fühlen*) und welche Ergebnisse es für deinen Interessenten erzielt (*erleben*). Danach machst du anhand deiner Aufzeichnungen aus jedem Feature einen vorteilsorientierten Bullet Point, den du auf die drei Ebenen Haben, Fühlen und Erleben überträgst. Je mehr Bullet Points du nutzt, je vielfältiger diese sind und je stärker sie sich auf die verschiedenen Ebenen menschlicher Wünsche beziehen, desto attraktiver wirkt dein Angebot auf potenzielle Käufer.

Es gibt noch zwei weitere Elemente im Rahmen deines Angebotes, um dessen Wert zu erhöhen: zusätzliche Inhalte, die du kostenlos mit dazu gibst, und eine Garantie, die du deinen Käufern anbietest. Kostenlose Bonus-Geschenke können einen sehr verkaufssteigernden Effekt auf dein Angebot haben. Sie sollten thematisch mit diesem zusammenhängen oder eine sinnvolle Ergänzung dessen darstellen. Im Optimalfall sollten sie schon für sich alleine einen solch hohen wahrgenommenen Wert haben, dass dein Interessent dein Angebot nur ihretwegen kaufen würde (und oft passiert auch genau das). Damit dieser wahrgenommene Wert möglichst hoch ist, solltest du den Wert eines jeden einzelnen Bonus explizit nennen. Menschen mögen es, wenn sie Dinge geschenkt bekommen – vor allem dann, wenn diese Geschenke wertvoll sind. Im Optimalfall sollte der dargestellte Wert des kompletten Bonus-Paketes den Wert des Hauptproduktes oder der Hauptdienstleistung übersteigen oder zumindest an diesen heranreichen. Wenn Menschen sehen, dass sie zusätzlich zu dem eigentlich angebotenen Produkt noch etwas von gleichem oder höherem Wert kostenlos dazu bekommen, kann alleine das einen Kauf auslösen.

Um deine Verkaufswahrscheinlichkeit weiter zu erhöhen, solltest du unbedingt eine Garantie anbieten. Ein potenzieller Käufer hat prinzipiell immer Angst, mit seinem Kauf ein Risiko einzugehen, wie beispielsweise finanzieller oder zeitlicher Verlust, nicht zufriedenstellende Ergebnisse oder Enttäuschung über das eigene Scheitern. Eine Garantie kann zumindest einen Teil dieses Risikos abmildern und damit die Anzahl der Verkaufsabschlüsse steigern. Unternehmer fürchten oft, dass der Einsatz einer Garantie zu Umsatzeinbußen führt, wenn das Produkt im Rahmen der Garantie später zurückgegeben wird. Aus rationaler Sicht ist diese Befürchtung verständlich. Die Erfahrung zeigt aber, dass die durch eine Inanspruchnahme der Garantie entstehenden Verluste deutlich geringer sind als die durch das Anbieten einer Garantie generierten Einnahmen. Kein Unternehmer sollte daher auf eine Garantie verzichten, weil sie Menschen die Sicherheit gibt, die sie im Rahmen von Verkaufsprozessen brauchen.

Während die bisherigen Schilderungen sich auf das bezogen, was ein Käufer im Rahmen des jeweiligen Angebotes bekommt, geht es nun um das, was er im Gegenzug dafür geben muss – nämlich den Preis. Der Preis eines Produktes oder einer Dienstleistung ist mehr als einfach nur eine Abfolge von Zahlen. Der Preis ist das, was beide Seiten in einem Verkaufsprozess betrifft: dich als Verkäufer und deinen Kunden als Käufer. Oft ist es auch das, was vielen Unternehmern etwas Unbehagen bereitet. Sie wissen zwar, dass ihnen nur der Preis (sofern er gezahlt wird) letztendlich Umsätze bringt, befürchten aber gleichzeitig, ihren Interessenten am Punkt der Preisnennung zu verlieren.

Wenn es um Preise und deren Darstellung geht, ist es sehr faszinierend, was unsere Psyche mit uns Menschen macht. Denn Preispsychologie ist viel mehr, als einfach nur den Preis zu senken (und zu hoffen, dass ein Angebot dann mehr Abnehmer findet). Du solltest stattdessen auf einige einfache und gleichzeitig effektive Prinzipien aus der Verkaufspsychologie zurückgreifen, um den wahren Preis deines Angebotes unbewusst zu verringern und gleichzeitig den wahrgenommenen Wert deines Angebotes zu erhöhen. Denn ein als niedrig wahrgenommener Preis und ein als wertvoll wahrgenommenes Angebot steigern die Kaufwahrscheinlichkeit.

### Anker-Effekt

Eines der relevantesten verkaufspsychologischen Prinzipien ist die Berücksichtigung des Anker-Effektes. Der Anker-Effekt ist ein Begriff aus der Kognitionspsychologie und besagt, dass wir uns in einem numerischen Urteil von vorhandenen Umgebungsinformationen (»Anker«) beeinflussen lassen und uns an diesen orientieren, ohne dass uns dieser Einfluss bewusst wird. In einer Untersuchung an der Hochschule Harz (2002) zum Anker-Effekt wurde Versuchspersonen ein Malerkoffer präsentiert mit der Vorgabe, dessen Preis zu schätzen.

Vor der eigenen Bewertung wurden ihnen die angeblichen Schätzungen einer Vorgängergruppe präsentiert – entweder 36 Euro oder 560 Euro. Dieser »Anker« hatte einen enormen Einfluss auf die späteren Schätzungen: Bei niedrigem Anker wurde der Durchschnittspreis des Malerkoffers auf 73 Euro geschätzt, bei hohem Anker auf 410 Euro (der wirkliche Preis des Koffers lag damals übrigens bei etwa 300 Euro). Der Anker-Effekt wurde in zahlreichen weiteren Untersuchungen nachgewiesen, und das nicht nur bei Laien, sondern auch bei Experten auf einem bestimmten Fachgebiet, die eigentlich die genauen Preise kennen sollten. Zudem ist dieser Effekt sehr robust und tritt auch dann ein, wenn der ursprüngliche Anker eigentlich gar keinen wirklichen Informationswert hat und das den Betroffenen sogar bekannt ist.

Dieses psychologische Phänomen kannst auch du dir bei deiner Preisgestaltung zunutze machen – und zwar, indem du den Preis Schritt für Schritt herunterbrichst (im Englischen: *Price Stacking*). Dies bedeutet konkret, dass du zuerst einen relativ hohen Preis für dein Angebot nennst und diesen dann Schritt für Schritt reduzierst. Das könnte folgendermaßen aussehen: Du nennst 299 Euro als Ausgangswert und 99 Euro als Endpreis. Durch die Verankerung auf 299 Euro wirken die finalen 99 Euro direkt wesentlich geringer, weil hierbei durch den Anker-Effekt ein impliziter Vergleich beider Summen ausgelöst wurde.

## Kontrasteffekt

Du kannst zwei Produkte gleichzeitig anbieten, den Wert beider nennen, um diesen als Anker zu setzen, und sie anschließend zusammen für den Preis von einem anbieten. Oder du verkaufst zwei Produkte für beispielsweise jeweils 30 Euro und gibst ein drittes kostenlos mit dazu. Deine Verkaufsraten werden in diesem Fall deutlich höher sein, als wenn du drei Produkte zu jeweils 20 Euro anbieten würdest. Zwar wäre der Endpreis für beide Angebotsvarianten mit 60 Euro gleich, aber das erste Angebot wirkt auf potenzielle Käufer wesentlich attraktiver, weil die 0 Euro für das dritte Produkt durch die vorherige Verankerung auf 30 Euro wesentlich geringer wirken. In der Psychologie bezeichnet man dieses Phänomen auch als Kontrasteffekt. Dabei handelt es sich um eine kognitive Verzerrung, bei der eine Information intensiver wahrgenommen wird, wenn sie zusammen mit einer im Kontrast dazu stehenden Information dargeboten wird. Kontrasteffekte sind im Alltag sehr häufig und können auch in Verkaufsprozessen ein sehr einfaches, aber gleichzeitig sehr effektives Mittel sein, um den wahrgenommenen Preis zu senken.

## Endziffern

Die Strategie, Preise mit der Endzahl 9 enden zu lassen, scheint etwas altmodisch und ist mittlerweile jedem Käufer bekannt – aber nach wie vor extrem mächtig. Die Senkung eines Preises sorgt nicht automatisch für mehr Verkäufe, aber in vielen Fällen tut das ein Preis, der mit 9 endet. Die Kombination der richtigen Ziffern kann einen immensen Einfluss auf die Umsätze eines Unternehmens haben. Es hat mittlerweile unzählige Studien gegeben, die genau das bestätigt und nebenbei belegt haben, dass es auch noch eine andere Endziffer als 9 gibt, die für gesteigerte Verkaufsraten sorgt – nämlich die Zahl 7.

So konnte Mark Joyner (1968) zeigen, dass ein Preis von 97 Dollar mehr Verkäufe generierte als ein Preis von 99 Dollar. Nun könnte man annehmen, dass dies aufgrund des niedrigeren Preises zu erwarten war. Ironischerweise war die Anzahl der Verkäufe aber auch dann immer noch höher, als die 97 Dollar gegen das gleiche Angebot für 95 Dollar getestet wurden. Dieses Beispiel zeigt sehr eindrücklich, dass Marketing oftmals nicht rational-logisch ist und man daher auch Strategien testen sollte, die dem eigenen Verstand im ersten Moment widersprechen.

## Werterhöhung

Neben der psychologisch wahrgenommenen Verringerung des Preises kannst du gleichzeitig auch den wahrgenommenen Wert deines Angebotes erhöhen. Dazu hast du verschiedene Möglichkeiten. Du solltest die Preisnennung unmittelbar mit den wichtigsten Benefits deines Angebotes verknüpfen – auch wenn du diese bereits vorher genannt hast. An dieser Stelle sind die Vorteile deines Produktes noch einmal besonders wichtig, weil sie dadurch in den Vordergrund rücken und der Preis parallel dazu in den Hintergrund. Du betonst also nicht den monetären Wert deines Angebotes, sondern den wahren Wert für den Käufer.

## Prinzip der Relativität

Das bereits erwähnte Prinzip der Relativität, nämlich dass Menschen Sachverhalte immer in Bezug zu einem Vergleichswert interpretieren, kommt auch dann zum Tragen, wenn du deine eigene Investition in Bezug zur Investition deines Kunden setzt. Nehmen wir wieder an, du verkaufst ein Angebot für 299 Euro. Dann könntest du deinem potenziellen Kunden konkrete Angaben in Bezug auf Geld und Zeit nennen, die du selbst bereits zur Erstellung deines Angebotes investiert hast. Durch diese Darstellung werden ebenfalls implizite Vergleichsprozesse bei deinem Interessenten ausgelöst und der von ihm zu zahlende Preis wirkt unbewusst geringer.

Außerdem hat dieses Vorgehen noch zwei weitere Vorteile: Erstens verdeutlichst du noch einmal deinem Interessenten den Wert deines Angebotes und zweitens präsentierst du dich gleichzeitig als Experte in deinem Fach (schließlich hast du ja selbst im Vorfeld schon einiges an Geld und Zeit investiert, um zu diesem Experten zu werden).

Außerdem kannst du deinen Preis psychologisch niedriger wirken lassen, wenn du ihn in Bezug zu alltäglichen Ausgaben deiner Interessenten setzt. Diese Ausgaben sollten am besten mit ihnen bekannten Situationen zu tun haben, die idealerweise wiederum mit ihrem Problem zu tun haben. Wenn das von dir für 299 Euro verkaufte Produkt ein Fitnesskurs wäre, könntest du deinen potenziellen Kunden darauf hinweisen, dass ihn alleine die Jahresmitgliedschaft in einem Fitness-Studio das Doppelte dieses Preises kosten würde. Auch hier greift wieder das Prinzip der Relativität, was besonders dann gut funktioniert, wenn du es mit konkreten Schwierigkeiten und Begebenheiten verknüpfst, die deine Zielgruppe kennt.

### Sprache

Neben diesen psychologischen Prinzipien spielt natürlich auch die Sprache bei der Preisdarstellung eine nicht unwichtige Rolle. Viele Studien haben gezeigt, dass die Verkaufsraten höher sein können, wenn man auf das Eurozeichen € verzichtet (sofern möglich) oder stattdessen »Euro« schreibt. Ein wesentlicher Grund dafür liegt wahrscheinlich darin, dass das Symbol € mit dem Ausgeben von Geld assoziiert wird. Wenn es also darum geht, was dein Interessent für dein Angebot bezahlen muss, solltest du auf »Euro« ausweichen, um den wahrgenommenen Preis deines Angebotes zu verringern. Wenn es aber darum geht, was du bereits bezahlt hast, um dein Angebot zu ermöglichen (zum Beispiel Bücher, Seminare oder Coachings), solltest du das Euro-Zeichen oder das Zeichen deiner jeweiligen Landeswährung verwenden. An dieser Stelle möchtest du ja gerade den wahrgenommenen Wert deiner eigenen Investitionen aus Sicht deines potenziellen Kunden erhöhen.

Zudem gibt es bestimmte Worte, auf die du bei der Preisnennung verzichten solltest, um die Wahrnehmung dieses Preises unbewusst zu steuern. Worte, die du nicht nutzen solltest, sind zum Beispiel »Preis«, »Zahlung« oder »bezahlen«, da diese mit dem Verlust von Geld und damit negativ assoziiert sind. Nutze stattdessen Worte wie »Investition« oder »investieren«, da diese mit dem Gewinn von Wert und damit positiv behaftet sind.

Wie du bisher feststellen konntest, besteht ein gutes Angebot aus mehreren Bestandteilen, die es gemeinsam formen: Produkt oder Dienstleistung, Garantie, Bonus-Geschenke und Preis. Gerade dem ersten Bestandteil – also das, was du verkaufst – kommt dabei natürlich die größte Bedeutung zu. Bevor du dir also über die weiteren Elemente deines Angebotes Gedanken machst, solltest du zunächst dein Produkt oder deine Dienstleistung an sich überprüfen. Dazu kannst du den nachfolgenden »10-Stufen-Test« nutzen, der die wichtigsten Aspekte erfasst, die ein gutes Angebot ausmachen und demnach einen Einfluss auf die Verkaufsraten haben. Es geht bei diesem Test nicht darum, die höchste Punktzahl zu erreichen (wir sind nicht in der Schule oder Uni), sondern darum, dein Angebot zu analysieren, zu reflektieren und bei Bedarf zu optimieren.

Bitte beantworte dazu die folgenden sieben Fragen und gib jeweils deine Antwort auf einer Skala von 1 (sehr schwach) bis 10 (sehr stark) an:

1. *Wie offensichtlich ist das Bedürfnis/der Wunsch meiner Zielgruppe?* Wenn deiner Zielgruppe der Anreiz deines Angebotes bewusst ist, dann zahlt es sich aus, ihr das direkt mitzuteilen. Wenn es ihr nicht bewusst ist, dann solltest du das Bedürfnis/den Wunsch ansprechen, indem du erklärst, was dein Angebot ist, was es tut und was es im Gegenzug dafür kostet. In diesem Zusammenhang sind

auch die verschiedenen Interessenten-Ebenen zu berücksichtigen: Interessenten, die alles über dich, deinen Markt und dein Angebot wissen, benötigen lediglich Informationen zum Kaufvorgang an sich. Menschen, die sich jeweils nur des spezifischen Angebotes, der generellen Lösung oder ihres persönlichen Problems bewusst sind, brauchen detailliertere Informationen zu den ihnen nicht bekannten Aspekten.

Am schwierigsten ist es, Menschen als Käufer zu gewinnen, die sich weder ihres Problems noch der Lösung noch des Angebotes bewusst sind. Sie brauchen die umfangreichsten Informationen. Dies ist auch einer der wesentlichen Gründe dafür, warum lange Verkaufstexte generell kurzen vorzuziehen sind (auch wenn das mehr Arbeit und Zeitaufwand für den Verfasser bedeutet). Der Grund dafür ist offensichtlich: Jemanden mit breitem Vorwissen holst du auch mit einem langen Text ab, weil er die für sich wichtigen Informationen selektiert. Jemand, der bisher noch gar kein Wissen über dein Angebot hat, ist mit umfangreichen Informationen aber viel wahrscheinlicher zu überzeugen.

2. *Wie wichtig ist das Bedürfnis/der Wunsch meiner Zielgruppe?* Wenn das Bedürfnis/der Wunsch für deine Zielgruppe großen Nutzen hat, solltest du diesen Nutzen in deinem Angebot prominent platzieren. Wenn deine Zielgruppe dein Angebot nicht unbedingt braucht, solltest du dafür sorgen, dass sie es sich wünscht. Einige Marketer gehen sogar so weit zu sagen, dass man kein Geld verdient, wenn man Bedürfnisse mit Nutzen befriedigt, sondern nur dann, wenn man Wünsche mit Erfüllung befriedigt. Es ist deine Aufgabe, diese Wünsche zu finden, und deiner Fantasie sind hier keine Grenzen gesetzt. Am besten ermittelst du mögliche Wünsche immer noch durch die genaue Analyse deiner Zielgruppe. Das ist nicht unerheblich, denn wenn kein direkter Nutzen deines

Angebotes existiert, kannst du stattdessen Wünsche erzeugen (schaue dir dazu auch gerne noch einmal Kapitel 2 an). Umgekehrt sollte sich dein Angebot auf die Lösung von Problemen und die Befriedigung von Bedürfnissen – und damit den konkreten Nutzen – fokussieren, wenn du keine Wünsche erzeugen kannst.

3. *Wie einzigartig ist mein Angebot?* Wenn dein Angebot wenig Konkurrenz hat, macht es das automatisch einzigartig. Wenn es viel Konkurrenz hat, musst du Einzigartigkeit erzeugen. Daher solltest du zunächst überlegen, auf welchem Marktlevel du dich befindest, um daraus entsprechende Handlungsschritte zu deiner Positionierung abzuleiten.

Insgesamt gibt es fünf verschiedene Marktlevel, die von Eugene Schwartz (2004) als »Market Sophistication« beschrieben wurden und sich unter anderem auf die Anzahl an Mitbewerbern beziehen. Auf dem ersten Marktlevel ist das Angebot komplett neu und einzigartig, Mitbewerber gibt es keine. Im Laufe der weiteren Marktlevel steigt die Anzahl ähnlicher Produkte immer weiter an, sodass es nicht mehr ausreicht, das eigene Angebot dem Markt nur bekannt zu machen. Je mehr Konkurrenten du hast, desto stärker musst du verdeutlichen, dass dein Angebot besser, schneller oder effektiver als andere ist. Auf der letzten Stufe, bei der der Markt völlig überlaufen ist, sind Emotionen, Bindung und Identifikation das, was ein Angebot einzigartig macht und damit Käufer anzieht.

4. *Wie emotional ist mein Angebot?* Wenn dein Angebot von Natur aus in der Lage ist, Emotionen anzusprechen, hast du es einfach. Wenn das nicht so ist, weil du vielleicht ein eher sachliches Angebot hast, solltest du alles tun, um Emotionen zu erzeugen. Mache dir bewusst, wie zukünftige Käufer sich gerade im Moment fühlen und wie sie sich in Zukunft fühlen möchten. Spreche beide Emotionen und die mögliche Veränderung zwischen ihnen an. Auch

eine Geschichte, in die dein Angebot eingebunden ist, eignet sich hier als adäquates Mittel (Kapitel 4 erklärt dies ausführlich). *5. Wie stark ist der wahrgenommene Wert meines Angebotes?* Wenn du ein Angebot hast, dessen Wert ersichtlich und offensichtlich ist, sind das gute Voraussetzungen. Wenn dies nicht der Fall ist (und der Wert eines Angebotes ist für Interessenten oft versteckt), dann kommuniziere diesen Wert. Liste die größten Vorteile deines Angebotes auf, präsentiere mögliche Resultate, zeige erfolgreiche Kunden, gib Bonus-Geschenke mit dazu, biete eine Garantie an. Hier kannst du alles einsetzen, was für Käufer faktisch wertvoll ist und auch so wahrgenommen wird. *6. Wie angemessen ist der Preis meines Angebotes?* Wenn deine Adressaten den Preis deines Angebotes als dem Wert entsprechend wahrnehmen (oder den Wert sogar höher als den Preis), sollte Geld nicht das wirkliche Hindernis sein. Wenn aber der Preis deines Angebotes als zu teuer oder auch als zu niedrig wahrgenommen wird, kann es schwierig werden, diese Hürde im Rahmen des Verkaufsprozesses zu überwinden. Es reicht nicht einfach, den Preis zu verringern. Billige Produkte werden laut vielen Studien auch mit billigem Wert assoziiert, während teurere Produkte sich oft besser verkaufen, weil sie unbewusst als wertvoll bewertet werden. Je stärker du es schaffst, deinen potenziellen Kunden die Hochwertigkeit deines Angebotes zu verdeutlichen, desto höher kannst du auch deinen Preis ansetzen. Und an hochpreisigen Produkten verdienst du logischerweise deutlich mehr – zumal sie erfahrungsgemäß seltener zurückgegeben werden (weil ihr wahrgenommener Wert höher ist – hier schließt sich wieder der Kreis). Der angemessene Preis eines Produktes hängt also immer mit dessen wahrgenommenem Wert zusammen – und zwar unabhängig von der jeweiligen Summe.

7. *Wie dringend ist mein Angebot?* Wenn deine Interessenten dein Angebot sofort brauchen, weil sie so schnell wie möglich damit eines ihrer Probleme lösen müssen – perfekt. Wenn deinen Interessenten die Dringlichkeit nicht bewusst ist, musst du sie ihnen bewusst machen. Die beste Möglichkeit hierzu besteht darin, ein Angebot als begrenzt und limitiert darzustellen (wir werden dieses Thema im folgenden Kapitel 6 ausführlich behandeln). Denn wenn es als begrenzt wahrgenommen wird, handeln Käufer schneller und häufiger.

Alle mit diesen Fragen zusammenhängenden Faktoren beeinflussen maßgeblich den Verkaufserfolg deines Angebotes. Und sobald du alle Faktoren beachtest und richtig umsetzt, bietest du eine fünfte starke Kaufursache ...

# URSACHE 6
## Drang: Verknappung

Wir alle erleben in unserem Alltag Situationen, in denen wir aus einem Impuls heraus handeln und nur kurze Zeit später diese Handlung bereuen: Man sagt im Streit verletzende Dinge, die man direkt danach am liebsten zurücknehmen würde, oder kauft etwas Unnötiges im Sonderangebot, das man direkt danach am liebsten zurückgeben würde. Beides sind Beispiele für Ereignisse, in denen wir komplett gegensätzlich zu unserem Verstand oder unserem Gewissen handeln. Aristoteles bezeichnete genau solche Handlungen als *Drang*.

Eng verknüpft mit diesem Begriff ist der Instinkt (der sich wie in Kapitel 1 dargestellt als Bedürfnis in Kaufprozessen manifestiert). Trotzdem unterscheiden sich diese Konzepte. Während der Instinkt die Richtung der jeweiligen Handlungsweise vorgibt, ist der Drang das, wodurch sie sich vollzieht. Im übertragenen Sinn ist der Instinkt also das Auto, das in eine bestimmte Richtung gelenkt wird, und der Drang das Benzin, das dem Auto das Fahren erst ermöglicht.

Nicht nur die alten Griechen waren sich bewusst darüber, dass Menschen oftmals irrational und impulsiv – also in einem gewissen Sinn zwanghaft – handeln. Auch in der heutigen Zeit ist unter Marketern die Macht solcher Impulshandlungen für Verkaufsprozesse hinlänglich bekannt. Und dies ist auch nicht verwunderlich, denn letztendlich geht es im Marketing um nichts anderes, als Menschen so schnell und so einfach wie möglich zum Kauf zu bringen. Und einen Spannungszustand, der ein Drang im psychologischen Sinn ist, wollen Menschen im Normalfall schnell und einfach auflösen. Es geht also darum, eine gegenwärtige Situation durch den Abbau von Spannung zu ändern. Bei einem Streit ist das oft die Wut, bei einem Kauf kann es die Angst sein. Dies mag im ersten Moment etwas irritierend klingen, da man Käufe selten mit Angst assoziiert. Wenn du aber ein Sonderangebot aufgrund seiner nur begrenzten Gültigkeit aus einem Impuls heraus kaufst, dann war deine Angst der Antrieb dahinter. Du hattest Angst, das entsprechende Produkt später nicht mehr reduziert kaufen zu können und einen höheren Preis bezahlen zu müssen.

Solche Impulshandlungen können auch einer der Gründe dafür sein, warum wir unsere Kaufentscheidungen manchmal im Nachhinein bereuen. Wir sehen ein begrenztes Angebot und kaufen es nur um dieser Begrenztheit willen aus einem Impuls heraus – obwohl wir in unserem Inneren eigentlich wissen, dass diese Entscheidung unklug ist. Aufgrund dieses Zusammenhangs scheint es logisch und sinnvoll, die aristotelische Handlungsursache Drang als Gegenstück zur modernen Handlungsursache *Verknappung* zu betrachten. Und gerade verknappte Angebote, die aus der Angst vor dem möglichen Verlust – und damit aus einem Drang heraus – gekauft werden, verzeichnen oft die höchsten Verkaufszahlen.

## Welche 3 Gründe Limitierungen verkaufsstark machen

Bevor wir in den theoretischen Hintergrund und die psychologischen Mechanismen hinter dem Prinzip der Verknappung (im Englischen: *Scarcity*) einsteigen, ist es mir sehr wichtig, kurz meine persönliche Ansicht hinsichtlich der damit zusammenhängenden ethischen und moralischen Aspekte darzustellen. Ich weiß aus eigener Erfahrung, dass auch Marketer und Unternehmer dem Prinzip der Verknappung teilweise ambivalent gegenüberstehen: Auf der einen Seite möchten sie natürlich so viele Mittel wie möglich einsetzen, um Menschen zu einem Kauf zu bringen – und Verknappung ist ein solches Mittel. Auf der anderen Seite möchten sie das aber nicht um jeden Preis tun. Und das finde ich richtig.

(Verkaufs-)Psychologie sollte niemals dazu genutzt werden, um andere zu manipulieren. Sie dient dazu, die Wahrnehmung, das Erleben und das Handeln von Menschen bis hin zu einem Kauf zu leiten – auf eine an die menschliche Psyche adaptierte Weise. Sie dient aber nicht dazu (und darf auch niemals dazu dienen) Menschen dazu zu bringen, Dinge zu tun, die sie eigentlich überhaupt nicht tun wollen. Und genau an dieser Stelle zeigt sich oft ein falsches oder fehlinterpretiertes Verständnis des Verknappungsprinzips im Verkauf. Es wird manchmal als manipulatives Werkzeug oder als unmoralische Strategie betrachtet, mit der man Menschen Schaden zufügt. Aber tut es das wirklich? Ist ein Sonderangebot, das nur eine Woche lang gilt, wirklich schädlich? Ist ein

Winterschlussverkauf, der logischerweise nur am Ende der Wintersaison stattfindet, etwas Unethisches? Nein, natürlich nicht. Wenn im Marketing das Prinzip der Verknappung eingesetzt wird, geht es nicht darum, Menschen zu beunruhigen. Es geht auch nicht darum, ihnen wirklich Angst oder etwas vorzumachen. Es geht lediglich darum, ihnen die Begrenztheit eines bestimmten Angebotes zu verdeutlichen. Nicht mehr, aber auch nicht weniger. Das Einzige, was du dabei sein musst: ehrlich. Fast nichts ist im Verkauf schlimmer, als Menschen bezüglich der Limitierung eines Angebotes anzulügen. Wenn du dir selbst bewusst machst, dass das Prinzip der Verknappung lediglich die eingeschränkte Verfügbarkeit deines Angebotes wahrheitsgetreu abbildet, dann spricht überhaupt nichts dagegen, es in deinen Marketingprozessen einzusetzen und damit deine Verkaufszahlen zu erhöhen.

Das Konzept, das hinter dem Prinzip der Verknappung steht (nicht nur in Verkaufssituationen, sondern in vielen Begebenheiten unseres alltäglichen Lebens), ist die psychologische *Reaktanztheorie* von Sharon Brehm und Jack Brehm (1981). Diese erklärt das Verhalten von Menschen in deren bedrohter oder eingeschränkter Handlungs- und Entscheidungsfreiheit. Im psychologischen Sinne handelt es sich bei Reaktanz um eine motivationale Erregung mit dem Ziel, diese beschränkte Freiheit wiederherzustellen. Es geht also darum, sich frei zwischen verschiedenen Alternativen entscheiden oder eine bestimmte Handlung ausführen zu können. Und das ist für uns Menschen enorm wichtig.

Freiheit ist eines unserer höchsten Güter, und den Verlust dieses Guts empfinden wir als extrem belastend und negativ. Nicht umsonst werden überall auf der Welt *Freiheit*sstrafen bei der Nichtbeachtung von Gesetzen eingesetzt. Die Vorstellung, etwas zu verlieren, spielt eine riesige Rolle in menschlichen Entscheidungssituationen. Wie du bereits gelernt hast, sind Menschen motivierter, einen Verlust wie die Einschränkung von Freiheit zu verhindern, als etwas anderes von gleichem Wert zu gewinnen. Deswegen kann Reaktanz auch einen so enormen Einfluss in Verkaufssituationen haben.

Wie stark die Reaktanz – also die psychische Abwehrreaktion als Widerstand gegen innere und äußere Einschränkungen – für einen Menschen ist und wie sehr das Prinzip der Verknappung damit in Verkaufsprozessen wirkt, hängt von verschiedenen Faktoren ab: von der Wichtigkeit, dem Umfang und der Stärke der eingeengten Freiheit. Wenn du also in deinem Marketing ein Produkt präsentierst, das für den potenziellen Käufer sehr wichtig ist, es für nur kurze Zeit mit Rabatt verfügbar ist, und dieser Rabatt einen erheblichen Preisunterschied zum originalen Preis darstellt, ist die Reaktanz sehr stark – und damit auch die empfundene Verknappung auf Seiten deines möglichen Käufers.

Unabhängig von der spezifischen Wirkung der Reaktanz versuchen Menschen, diesen Spannungszustand eingeschränkter Handlungs- und Entscheidungsfreiheit auch in Verkaufsprozessen aufzulösen. Sie unternehmen Versuche, ihre Freiheit wiederherzustellen, indem sie die eingeschränkte Möglichkeit (in diesem Fall das begrenzte Angebot) kontrollieren. Die beste Kontrolle in Anbetracht der Situation ist aus Sicht des Kunden ein Kauf. Denn nur, wenn er kauft, kann er eigenständig kontrollieren, auf das eingeschränkte Angebot doch noch zuzugreifen.

Solche Prozesse gehen oft mit Attraktivitätsveränderungen einher: Die eingeschränkte Alternative (das begrenzte Angebot) wird als attraktiver wahrgenommen, die nicht eingeschränkte Alternative (das dauerhaft verfügbare Angebot) als weniger attraktiv, was auch in vielen Laborexperimenten gezeigt werden konnte.

Der psychologische Mechanismus hinter der Reaktanztheorie besteht also aus drei Schritten, die gleichzeitig auch die drei Gründe für die Verkaufsstärke des Prinzips Verknappung ausmachen. Zunächst nehmen wir wahr, dass unsere Entscheidungen und Handlungen eingeschränkt sind, was psychische und auch körperliche Veränderungen auslöst. Wenn wir feststellen, dass eine uns erstrebenswert scheinende Sache limitiert ist, setzt eine innere Unruhe auf verschiedenen Ebenen ein: Unser Blutdruck steigt, unser Herz schlägt schneller, unsere Aufmerksamkeit verengt sich und wir werden emotional empfänglich. Hervorgerufen durch diesen psychischen und physischen Zustand wird der Wunsch nach dem Erhalt unserer Freiheit in einem zweiten Schritt verstärkt, denn wir möchten nicht das verlieren, was uns wichtig ist und durch die Verknappung gleichzeitig wertvoll erscheint.

Aufgrund dieser beiden Wahrnehmungen – die verstärkte Einschränkung und den verstärkten Wert – haben wir in der Folge ein verstärktes Verlangen nach der einen Sache, über die wir aufgrund ihrer Limitierung nicht oder nur beschränkt verfügen können. Und wenn wir etwas unbedingt haben wollen – egal, durch was dieser Wille ausgelöst wurde – dann tun wir auch (fast) alles, um es zu bekommen.

## Warum Begrenztheit im Marketing so wichtig ist

Menschen wollen bevorzugt das haben, was sie nicht haben können. Was zunächst wie ein Widerspruch scheint, beruht auf den zwei aus der Reaktanztheorie resultierenden Wahrnehmungs- und Einschätzungsverzerrungen. Dinge, die schwieriger zu besitzen sind, erscheinen uns wertvoller; Gelegenheiten, die seltener sind, erscheinen uns attraktiver. Gerade diese beiden psychologischen Mechanismen machen das Prinzip der Verknappung so stark – wenn nicht sogar zum allerstärksten Prinzip in Marketing- und Verkaufsprozessen.

In gewisser Weise widerspricht diese Tatsache der klassischen Wirtschaftstheorie hinsichtlich des Zusammenhangs von Angebot und Nachfrage. Diese besagt, dass die Nachfrage für ein Angebot steigt, wenn der Preis sinkt, und dass die Nachfrage für ein Angebot sinkt, wenn der Preis steigt. Dieser Fall muss aber nicht immer eintreten. Manchmal passiert in Verkaufssituationen nämlich genau das Gegenteil.

Stelle dir vor, du gehst in ein Geschäft und siehst dort ein Sweatshirt, das dir sofort gefällt. Du bist dir aber nicht sicher, ob du es direkt kaufen oder nicht besser noch einmal eine Nacht darüber schlafen solltest, weil dir der Preis von 99 Euro etwas hoch erscheint. Deswegen fragst du die Verkäuferin, ob sie dir den Pullover für einen Tag zurücklegen kann.

In Geschäft A bekommst du folgende Antwort: »Klar, kein Problem. Wir haben von diesem Sweatshirt noch genug von deiner Größe auf Lager.« In Geschäft B sagt dir die Verkäuferin Folgendes: »Ich kann das natürlich gerne machen, aber wir haben von diesem Sweatshirt nur noch dieses eine in deiner Größe.« In welchem Geschäft ist die Wahrscheinlichkeit höher, dass du das Sweatshirt direkt mitnimmst – ungeachtet des hohen Preises? Natürlich in Geschäft B. Denn durch die Antwort der Verkäuferin und die damit einhergehende Verknappung passieren zwei Dinge: Du wünschst dir das Sweatshirt mehr als vorher. Du bewertest den Wert des Sweatshirts höher als vorher.

Zahlreiche Untersuchungen und Studien haben die Effektivität des Verknappungsprinzips unter Beweis gestellt. Robert Cialdini (1984), für mich persönlich und einige andere in meinem Umfeld einer der besten Sozialpsychologen aller Zeiten, konnte zeigen, wie sehr sich bei Dauerwerbesendungen die Reaktionen der Zuschauer unterschieden – in Abhängigkeit von dem, was ihnen während der Werbung über den telefonischen Bestellprozess mitgeteilt wurde. Wenn ihnen gesagt wurde, dass sie es auch bei besetzten Telefonleitungen weiterversuchen sollten, waren die Anrufzahlen höher, als wenn die sofortige Verfügbarkeit der Telefonisten angekündigt wurde. Das mag sich widersprüchlich anhören, aber genauso funktioniert Verknappung. Die besetzten Telefonleitungen wurden als Hinweis auf die Begrenztheit der Bestellmöglichkeit gedeutet – und erschienen dadurch erstrebenswerter.

Diese Ergebnisse zeigen aber auch noch etwas anderes – nämlich die Wichtigkeit von Konkurrenz im Streben um eine begrenzte Ressource. Sobald wir mit anderen Menschen im Wettbewerb um ein limitiertes Angebot stehen, erscheint uns dieses noch einmal viel wichtiger und wertvoller. Die anderen fungieren in diesem Zusammenhang für uns selbst auf zweierlei Weise: Zum Ersten sind sie ein sozialer Beweis für uns. Unsere Interpretation der verstärkten Konkurrenz lautet: Wenn andere das Produkt auch haben wollen, dann muss es gut sein. Zum Zweiten sind diejenigen, die uns indirekt in unserer Meinung über die Wertigkeit des begrenzten Produktes bestätigen, gleichzeitig unsere größten Mitbewerber. Und das wiederum erhöht noch einmal den wahrgenommenen Wert des verknappten Angebotes. Hier finden also viele psychische Prozesse gleichzeitig statt, die Limitierungen in Verkaufsprozessen so effektiv machen.

Das Prinzip der Verknappung kann übrigens noch weiter verstärkt werden, wenn gleichzeitig die Information darüber selbst verknapp wird. Auch hier greift wieder eine psychische Wahrnehmungs- und Einschätzungsverzerrung: Informationen, die für weniger Menschen erhältlich sind, erscheinen uns exklusiver, wie der Unternehmer Amram Knishinsky (1982) zeigen konnte.

Er führte in seiner eigenen Firma für Fleischwaren ein Experiment durch, bei dem seine Vertriebsmitarbeiter bestehenden Kunden ein Angebot auf drei verschiedene Weisen präsentierten. In der ersten Experimentalbedingung wurde das standardmäßige Verkaufsgespräch geführt. In der zweiten Variante bekamen die Kunden zusätzlich die Information, dass der Warenbestand sich in den kommenden Monaten wahrscheinlich verringern würde. In der dritten Versuchsbedingung erfuhren die Kunden nicht nur das, sondern auch, dass diese Information exklusiv war und nur wenigen, ganz bestimmten Kunden mitgeteilt wurde.

Die Ergebnisse des Experimentes waren eindeutig: Die Kunden aus Bedingung 2 mit der Information über die Verknappung kauften doppelt so viel wie diejenigen, die nur ein normales Verkaufsgespräch geführt hatten. Noch stärker fiel allerdings der Unterschied zwischen Bedingung 2 und Bedingung 3 aus: Kunden, die nicht nur über die Verknappung in Kenntnis gesetzt worden waren, sondern auch über die Verknappung dieser Information, kauften sechsmal mehr. Doppelte Verknappung sorgte also in diesem Fall für die höchsten Umsätze.

Die Ergebnisse dieser und anderer Studien zeigen: Unabhängig davon, was du verkaufst oder wie du es verkaufst – es wäre ein Fehler, deinen Interessenten und Kunden den Eindruck zu vermitteln, dass dein Angebot immer und endlos verfügbar ist. Es ist aber kein Fehler, es als limitiert und begrenzt darzustellen.

Erfahrungsgemäß entstehen an dieser Stelle immer zwei Fragen bei denjenigen, die Verknappung in ihrem Marketing einsetzen möchten. Frage 1: Bleibe ich dabei glaubwürdig? Frage 2: Funktioniert es auch, obwohl Konsumenten diese Strategie doch mittlerweile hinlänglich bekannt sein müsste? Glücklicherweise lautet die Antwort auf beide Fragen Ja.

Glaubwürdigkeit ist, wie bereits erläutert, im Marketing von enormer Bedeutung. Wenn deine Interessenten dir nicht glauben, was du sagst und tust, nützt dir die beste Verknappung nichts. Umgekehrt kann eine schlechte Verknappung eine bereits mit viel Mühe erzeugte Glaubwürdigkeit schnell wieder zunichtemachen. Schlecht sind Verknappungen, wenn sie nicht punktuell im Marketingprozess eingesetzt werden, sondern permanent. Denn in diesem Fall wirken und sind sie gleichzeitig auch unehrlich. Deswegen gilt: Verknappung ist dann am effektivsten und glaubwürdigsten, wenn sie an ausgewählten Stellen in Verkaufsaktivitäten angewandt wird.

Dein Interessent muss das Gefühl und die Sicherheit bekommen, dass es sich hierbei wirklich um eine begrenzte Aktion, und nicht um einen Marketing-Gag handelt. Wenn du also ein Angebot nur sieben Tage lang mit 50 Prozent Rabatt anbietest und das auch so kommunizierst, dann halte dich daran. Fast nichts ist schlimmer, als wenn ein Käufer nachher feststellt, dass das gleiche Angebot entgegen der ursprünglichen Ankündigung vierzehn Tage später immer noch gilt.

Zum Abschluss dieses Unterkapitels noch eine Nachricht, die dich sicherlich freuen wird (und gleichzeitig Frage 2 von oben beantwortet): Verknappung funktioniert auch dann, wenn man das Prinzip kennt. Sei einmal ehrlich zu dir selbst: Wie oft hast du nur in den vergangenen zwölf Monaten ein limitiertes Angebot gekauft, von dem du genau wusstest, dass du es deswegen kaufst, weil es limitiert war? (Mir persönlich geht es übrigens seit vielen Jahren so, wenn ich in meinem Lieblings-Drogeriemarkt ein neues »Limited Edition«-Duschgel meiner Lieblingsmarke sehe. Es landet unweigerlich in meinem Einkaufskorb ... obwohl ich das Prinzip der Verknappung sowohl aus praktischer als auch wissenschaftlicher Perspektive mittlerweile mehr als gut kenne).

Es sind genetisch veranlagte, psychische Prozesse, die sich während Käufen in Menschen abspielen. Und auch wenn man sie rational betrachtet kennt, kommt man in den meisten Fällen nicht vollständig gegen sie an. Es spielt dann für uns Menschen keine Rolle, warum wir etwas haben wollen. In dem Moment zählt nur, *dass* wir es haben wollen.

## Wie du mit Aufforderungen Kaufhandlungen auslöst

Dass und warum du in deinem Marketing Verknappung anwenden solltest, dürfte aus den bisherigen Ausführungen sicherlich verständlich geworden sein. Nun geht es darum, wie und wo du dieses verkaufsstarke Prinzip umsetzt.

Zur Darstellung der Begrenztheit eines Angebotes gibt es viele verschiedene Möglichkeiten. Zu unterscheiden ist bei allen Möglichkeiten zwischen »harter« und »weicher« Verknappung. Bei der ersten Variante wird die Limitierung eines Produktes oder einer Dienstleistung konkret festgelegt. Es werden also spezifische Angaben über Dauer, Gültigkeit oder Voraussetzungen der begrenzten Verfügbarkeit gemacht. Diese Art der Verknappung ist definitiv verkaufsstärker als die abgemilderte Variante der »weichen« Verknappung. Viele Unternehmer fühlen sich aber wohler, wenn sie nur allgemein darauf hinweisen, dass ihr Angebot eingeschränkt verfügbar ist, ohne auf weitere Details dazu einzugehen. Generell hast du folgende Möglichkeiten, das Prinzip der Verknappung in deinem Marketing einzusetzen:

- Lege einen festen Zeitpunkt fest, bis zu dem dein Rabatt gilt (»harte« Verknappung).
- Kündige die Limitierung des Angebotes ohne die Nennung eines konkreten Enddatums an (»weiche« Verknappung).
- Mache dein Angebot nur zwischen bestimmten Uhrzeiten oder an bestimmten Tagen zu einem Sonderpreis verfügbar.
- Stelle dein Produkt nur einer bestimmten Anzahl an Käufern zur Verfügung, zum Beispiel den ersten hundert.
- Stelle dein Angebot nur einer bestimmten Art von Käufern zur Verfügung, zum Beispiel Neukunden.
- Begrenze die Anzahl der Käufer, die dein Angebot erwerben können.
- Begrenze die Anzahl der Stückzahl, die erworben werden kann.
- Mache die Verfügbarkeit deiner Dienstleistung von der Auftragslage abhängig.

Wie du selbst dein Angebot verknappst, bleibt dir überlassen und hängt von deinen eigenen Präferenzen und Zielen ab. Es gibt an dieser Stelle kein Richtig oder Falsch. Du solltest das tun, was deinen persönlichen Einstellungen und Umsatzzielen am ehesten entspricht.

Wie jedes Marketingelement sollte Verknappung natürlich nicht einfach wahllos, sondern strategisch eingesetzt und positioniert werden. Die beste Möglichkeit besteht darin, sie mit der Handlungsaufforderung (im Englischen: *Call to Action*) zum Kauf deines Angebotes zu verknüpfen. Die Handlungsaufforderung sollte in Verkaufsprozessen niemals unterschätzt werden. Wie ihre Bezeichnung bereits impliziert, geht es dabei um die Aufforderung zur Handlung innerhalb einer Marketingkampagne – also um den konkreten Kauf. Viele Unternehmen verzichten in ihrem Marketing leider auf dieses Element – und damit auf Umsätze. Denn es reicht nicht einfach, davon auszugehen und zu hoffen, dass deine Interessenten wissen, was sie zu tun haben, um dein Angebot zu erhalten. Du musst es ihnen sagen und erklären – und zwar so genau und verständlich wie möglich. Du musst sie konkret zum Kauf auffordern. Optimalerweise erläuterst du ihnen auch, was unmittelbar nach dem Kauf passiert. Denn dies ist das letzte Hindernis, das überwunden werden muss, um eine Kaufhandlung auszulösen.

Der Grund, warum vielen Marketing- und Verkaufsprozessen die Handlungsaufforderung fehlt, liegt meistens darin, dass sie an diesem Punkt nicht aus Sicht der potenziellen Kunden erstellt werden. Für dich selbst ist es absolut klar, wie sich der Kauf- und Bestellprozess deines Produktes oder deiner Dienstleistung vollzieht und dass er sich vollziehen soll – für jemanden, der dein Angebot in Anspruch nehmen möchte, ist es das aber möglicherweise nicht. Auch hier gilt wieder: Das Interesse deines Kunden muss bei allen Marketingaktivitäten im Mittelpunkt stehen – und damit auch seine Perspektive.

Es mag sich trivial anhören, aber die Aufgabe deiner Handlungsaufforderung besteht ganz simpel heruntergebrochen darin, deinem Kunden zu sagen, dass er kaufen soll. Nichts anderes ist und tut eine Aufforderung zum Handeln in Verkaufsprozessen.

Aufforderung erzeugt Handlung. Sie ist der letzte Schritt in einer Abfolge von vielen Schritten, und es wäre mehr als ärgerlich und unnötig, wenn kaufbereite Menschen an dieser Stelle aus dem Verkaufsprozess aussteigen – nur, weil ihnen nicht klar ist, was sie jetzt tun sollen. Es ist in deinem eigenen Interesse, die Handlungsaufforderung ernst zu nehmen. Du hast es geschafft, deine Interessenten bis an den Punkt zu bringen, an dem sie prinzipiell kaufen möchten. Das spricht für dich. Das spricht für dein Marketing. Vernachlässige also diesen allerletzten Schritt nicht.

Die Handlungsaufforderung ist im übertragenen Sinne die Treppe zwischen der Kaufabsicht und der Kaufhandlung. Es ist deine Aufgabe, diese Treppe aufzubauen, auf der deine zukünftigen Kunden symbolisch von der unteren Etage (ihrer Absicht) auf die obere Etage (den Kauf) gelangen. Damit das funktioniert, müssen sie wie im richtigen Leben verschiedene Stufen hinaufgehen. Im Falle einer Handlungsaufforderung sind es idealerweise fünf Stufen, die jeweils einen bestimmten Buchstaben tragen: AIDCA. Diese Buchstaben sind natürlich kein Zufall, sondern stehen für ein Werbewirkungsprinzip, das verschiedene Phasen impliziert, die der Interessent optimalerweise durchlaufen soll, damit es danach zu einer Kaufhandlung kommt.

Das Modell wird auf Elmo Lewis zurückgeführt, der bereits an der Schwelle zum 20. Jahrhundert drei grundlegende Prinzipien beschrieben hat, die als Grundlage dafür gelten. Seit den 1950er-Jahren wird die Formel mit einigen Abwandlungen und Ergänzungen auch heute noch in vielen Marketingstrategien, Werbeaktivitäten und Verkaufsgesprächen angewandt. Die fünf Buchstaben AIDCA stehen für die englischen Anfangsbuchstaben der verschiedenen Modellelemente: A = Attention (Aufmerksamkeit), I = Interest (Interesse), D = Desire (Wunsch), C = Conviction

(Überzeugung) und A = Action (Handlung). Und ja, es ist kein Zufall, dass wir diese Elemente bisher in diesem Buch schon behandelt haben. Denn die AIDCA-Formel kann sowohl auf die Makrostruktur eines gesamten Marketingprozesses als auch auf die Mikrostruktur und damit einzelne Elemente einer Marketingkampagne angewandt werden. Besonders beim Element der Handlungsaufforderung bietet sich ihre Nutzung an.

Wir gehen nun alle fünf Stufen der AIDCA-Formel einmal kurz durch:

## A = Attention (Aufmerksamkeit)

Bevor du überhaupt jemanden dazu bringen kannst, auf deinen Bestellbutton zu klicken oder deinen Kaufvertrag zu unterschreiben, sind verschiedene Voraussetzungen nötig. In einem ersten Schritt musst du die Aufmerksamkeit deines potenziellen Käufers erzeugen. Wenn jemand deine Marketingbotschaft wahrnehmen soll, muss er sich in diesem Moment darauf fokussieren. Dies ist die Basis für alle weiteren folgenden Prozesse. In Handlungsaufforderungen eignen sich hierfür die Prinzipien der Neugier und Exklusivität.

## I = Interest (Interesse)

Sobald du die Aufmerksamkeit deines potenziellen Käufers bekommen hast, geht es in einem zweiten Schritt darum, sein Interesse zu wecken – und zwar nicht für dein Angebot an sich, sondern für das, was dein Angebot für ihn tut. Dein Interessent hat ein Problem und das möchte er lösen. Also gehst du in deiner Handlungsaufforderung noch einmal auf den größten Benefit deines Angebotes ein.

## D = Desire (Wunsch)

Sofern dein potenzieller Kunde aufmerksam und interessiert ist, besteht deine Aufgabe in einem dritten Schritt darin, den Wunsch nach deinem Angebot in ihm auszulösen. In deiner Handlungsaufforderung solltest du daher an dieser Stelle auf Emotionen setzen. Das alleine reicht aber meistens nicht aus.

## C = Conviction (Überzeugung)

Dein möglicher Kunde zeigt zwar Aufmerksamkeit, Interesse und einen Wunsch, aber trotzdem kauft er (noch) nicht. Er will überzeugt werden und seine letzten Zweifel ausräumen. In deiner Handlungsaufforderung solltest du daher die Prinzipien der Spezifität sowie der schnellen und einfachen Umsetzung integrieren.

## A = Action (Handlung)

Im letzten Schritt folgt nach dem AIDCA-Modell die Aktion. An dieser Stelle geht es darum, Aufmerksamkeit, Interesse, Wunsch und Überzeugung gemeinsam in eine Handlung – also die Ausführung des Kaufs – zu überführen. Um Menschen dazu zu bringen, diese letzte Stufe hinaufzugehen (wenn wir wieder das symbolische Beispiel der Treppe aufgreifen), solltest du auf Verknappung setzen. Gerade an dieser Stelle, an der Interessenten zu Kunden werden (können), bietet sich der Einsatz eines der erfolgreichsten Marketingprinzipien unbedingt an.

Im Folgenden findest du ein Beispiel für eine Handlungsaufforderung, in der alle gerade dargestellten Prinzipien Schritt für Schritt eingesetzt und demonstriert werden, um dir zu zeigen, wie du nach der AIDCA-Formel Aufmerksamkeit, Interesse, Wunsch,

Überzeugung und Handlung erzeugen kannst. Das fiktive, aber anschauliche Beispiel richtet sich an Hundebesitzer, die sehr an ihren vierbeinigen Freunden hängen und daher nur das beste Hundefutter für ihr Tier kaufen möchten. Wie du anhand des Beispiels sehen wirst, wird die Handlungsaufforderung mit jedem hinzugefügten Prinzip aussagekräftiger und damit handlungsstärker:

- Basisversion:»Erwirb jetzt dieses Hundefutter.«
- Plus *Neugier:*»Erwirb jetzt dieses *ungewöhnliche* Hundefutter.«
- Plus *Exklusivität:*»Erwirb jetzt dieses *neue* ungewöhnliche Hundefutter.«
- Plus *Benefits:*»Erwirb jetzt dieses neue ungewöhnliche Hundefutter, *das deinem Tier nicht nur schmeckt, sondern auch mit den wichtigsten Nährstoffen versorgt.*«
- Plus *Emotionen:*»Erwirb jetzt dieses neue ungewöhnliche Hundefutter, das deinem Tier nicht nur schmeckt, sondern auch mit den wichtigsten Nährstoffen versorgt *– und für das dich dein Vierbeiner lieben wird.*«
- Plus *Spezifität:*»Erwirb jetzt dieses neue ungewöhnliche Hundefutter, das deinem Tier nicht nur schmeckt, sondern auch *mit 98 Prozent* der wichtigsten Nährstoffe versorgt – und für das dich dein Vierbeiner lieben wird.«
- Plus *schnelle und einfache Umsetzung:*»Erwirb jetzt dieses neue ungewöhnliche Hundefutter, das deinem Tier nicht nur schmeckt, sondern auch *in nur einer Portion* mit 98 Prozent der wichtigsten Nährstoffe versorgt – und für das dich dein Vierbeiner lieben wird.«
- Plus *Verknappung:»50 Prozent Rabatt nur noch kurze Zeit:* Erwirb jetzt dieses neue ungewöhnliche Hundefutter, das

deinem Tier nicht nur schmeckt, sondern auch in nur einer Portion mit 98 Prozent der wichtigsten Nährstoffe versorgt – und für das dich dein Vierbeiner lieben wird.«

Um eine passende Handlungsaufforderung für dein Produkt oder deine Dienstleistung zu formulieren, kannst du dich an diesem Beispiel orientieren und es auf dein Angebot übertragen und entsprechend anpassen. Da wir uns in den vergangenen Kapiteln bereits intensiver mit der Berücksichtigung der ersten vier AIDCA-Elemente – Aufmerksamkeit, Interesse, Wunsch und Überzeugung – beschäftigt haben, solltest du an dieser Stelle dein besonderes Augenmerk auf das fünfte Element und damit die Verknappung legen. Dazu kannst du dich an den folgenden fünf Schritten orientieren:

1. Überlege dir, welche Arten der Verknappung für dich beziehungsweise dein Angebot infrage kommen.
2. Entscheide dich, ob du lieber eine harte oder eine weiche Verknappung einsetzen möchtest.
3. Arbeite die Details wie Dauer, Gültigkeit und Preisstruktur zu jeder einzelnen Verknappung aus.
4. Plane für dich, wann und an welchen Stellen in deinem Marketingprozess du Elemente der Verknappung einsetzen wirst.
5. Schreibe eine entsprechende Handlungsaufforderung und wende dabei die oben im Beispiel dargestellten Prinzipien an.

Marketing ist immer ein Prozess, nicht einfach ein Produkt. Es ist ein Prozess, der Menschen über verschiedene Stufen hinweg zu einem Kauf führt, indem stattfindende psychische und physische Abläufe berücksichtigt werden und anhand der damit verbundenen Wahrnehmungen und Entscheidungen letztendlich die Kaufhandlung ausgelöst wird. Diesen Prozess kannst du gerade im letzten Stadium durch das Prinzip der Verknappung in Verbindung mit deiner Handlungsaufforderung signifikant verstärken. Beides zusammen ist oft der entscheidende»Schubs«, den Menschen brauchen, um vom Interessenten zum Kunden zu werden – und damit die sechste starke Kaufursache ...

# URSACHE 7
## Gewohnheit: Konsistenz

Der Mensch ist ein Gewohnheitstier. Diese Redewendung, die sicherlich jeder von uns kennt, fasst in kurzen Worten zusammen, dass der menschliche Alltag in weiten Teilen von immer wiederkehrenden Handlungen und Ritualen bestimmt wird. Auch Aristoteles verstand unter *Gewohnheit* die Handlungen, die Menschen deswegen tun, weil sie sie schon immer getan haben.

Dieses antike Verständnis entspricht im Kern auch dem, was die heutige Psychologie darunter versteht: Eine Gewohnheit bezeichnet die erlernte Tendenz eines Menschen, in einer bestimmten Situation eine bestimmte automatische Reaktion oder Handlung zu zeigen. Das Erlernen dieser Situations-Reaktions-Verknüpfung entsteht durch wiederholtes Ausführen der jeweiligen Handlung unter den spezifischen Situationsbedingungen.

Gewohnheiten sind vor allem dann im Marketing relevant, wenn es darum geht, bestehende Kunden an das eigene Unternehmen, die eigene Marke oder die eigenen Angebote zu binden – und damit im Idealfall zu Stammkunden zu machen. Deswegen findet sich die Ursache der Gewohnheit auch an dieser siebten und damit letzten Stelle im Ablauf der dargestellten Kaufursachen wieder. Während Bedürfnis, Wunsch, Emotion, Logik, Angebot und Verknappung vornehmlich dazu genutzt werden sollten, Menschen zu einem ersten Kauf zu bringen, ist es die Gewohnheit, die vorrangig danach wichtig wird. Denn es kann nur dann eine Handlung – der Kauf – zur Gewohnheit werden, wenn sie bereits vorher erfolgt ist … und anschließend wiederholt wird.

Sobald du jemanden als Kunden generiert hast, solltest du die Art und Weise deines Marketings nicht mehr wesentlich verändern, wenn du ihn als Kunden behalten und ihm weitere deiner Angebote verkaufen möchtest. Das ist ein enorm wichtiger Aspekt, denn es ist viel einfacher, einen bereits bestehenden Kunden zum zweiten, fünften oder zehnten Kauf zu bringen, anstatt einen neuen Kunden zum ersten Kauf. An genau dieser Stelle ist das Prinzip der Konsistenz enorm wichtig. *Konsistenz* bezeichnet in der Psychologie die Widerspruchsfreiheit im persönlichen Verhalten eines Menschen, die auch zu verschiedenen Zeitpunkten und in verschiedenen Situationen weitestgehend erhalten bleibt.

Wir Menschen streben nach genau dieser Widerspruchsfreiheit in unserem Wahrnehmen und Erleben – und zwar in Bezug auf uns selbst als auch in Bezug auf unsere Umwelt – und damit ebenfalls in Verkaufsprozessen. Konsistenz bestimmt zu einem großen Teil darüber, ob du deine Kunden zu deinen Gewohnheitskäufern machen wirst oder nicht. Aus diesem Grund verstehen wir Aristoteles Handlungsursache Gewohnheit als Gegenstück zum Prinzip der Konsistenz in Marketingkampagnen, denn im Kern besagt beides das Gleiche: Wenn Menschen eine Sache bis heute auf die gleiche Weise gemacht haben, dann machen sie sie auch morgen noch so.

## Welche 4 Phasen jeder Verkaufsprozess enthalten sollte

Nur die wenigsten Menschen kaufen direkt bei ihrem ersten Kontakt mit einem Unternehmen, das sie bis dato nicht kannten. Vielmehr haben verschiedene Studien weltweit ergeben, dass nur zwei Prozent aller Verkäufe direkt im ersten Anlauf generiert werden. Die überwiegende Mehrheit wird stattdessen erst zwischen dem fünften und zwölften Kontakt generiert. Vielleicht kennst du dieses Verhalten auch von dir selbst. Wenn du eine Webseite öffnest, die dir bisher unbekannt war, bist du zunächst einmal vorsichtig und klickst nicht direkt auf den Bestellbutton. Wenn du dann aber im Laufe der Zeit immer öfters auf dieser Seite bist, weitere Informationen einholst und dir das Produktsortiment anschaust, nimmt deine Skepsis von Mal zu Mal ab ... bis du irgendwann ein neuer Kunde wirst.

Für Unternehmer bedeutet das, dass nur die regelmäßige Interaktion mit potenziellen Kunden langfristig und nachhaltig zum Verkaufserfolg führt. Die gute Nachricht daraus: Beharrlichkeit zahlt sich aus und es gibt keinen Grund, direkt nach dem ersten nicht erfolgten Verkauf aufzugeben. Menschen müssen sich zunächst an dich gewöhnen, bevor sie dir ihr Vertrauen und ihr Geld geben.

Es gibt verschiedene Aussagen darüber, wie lange Menschen brauchen, um eine Gewohnheit auszubilden. Der Chirurg Maxwell Maltz (1960) stellte nach verschiedenen durchgeführten

Operationen ein immer wiederkehrendes Muster fest: Egal, ob er jemandem ein Bein amputiere oder die Nase richtete, es dauerte im Schnitt mindestens 21 Tage, bis sich der Patient an die neue Situation gewöhnt hatte. Die Psychologin Philippa Lally und einige weitere Wissenschaftler (2009) ermittelten in ihrer Studie einen Durchschnitt von 66 Tagen, die ihre Versuchspersonen zum Aufbau einer neuen Gewohnheit brauchten (die Varianz zwischen den Teilnehmern war mit Werten von 18 bis 254 Tagen allerdings relativ hoch).

Sich auf eine konkrete, allgemeingültige Dauer zur Ausbildung einer Gewohnheit festzulegen, ist aufgrund verschiedener einwirkender Faktoren schwierig – aber für Verkaufsprozesse auch nicht zwingend erforderlich. Es geht stattdessen um die wesentlichen Parallelen zwischen der Entstehung einer Gewohnheit im Alltag und dem Wiederholungsverhalten von Menschen in Verkaufsprozessen. Und die größte Parallele ist: Konsistenz.

So, wie sich eine Gewohnheit ausbildet, weil Menschen die gleiche Sache in der gleichen Situation konsistent immer wieder tun, so werden sie zu Kunden und Stammkunden, weil du ihnen ein konsistentes Verkaufserlebnis bietest. Letztendlich ist es deine Aufgabe, Menschen einen Kauf so einfach wie möglich zu machen und alle möglichen Hindernisse auf ihrem Weg dorthin auszuräumen. Und indem du konsistent auf den verschiedenen Ebenen des Verkaufsprozesses bist, tust du genau das. Durch Konsistenz wird das menschliche Gehirn deutlich entlastet, weil ein angewöhntes Verhalten keine ausgeprägten bewussten Aufmerksamkeits- und Handlungssteuerungen mehr erfordert. Die neuronale Aktivität unseres Gehirns wird also dadurch verringert.

Nach der *Konsistenztheorie* von Klaus Grawe (2004) strebt der menschliche Organismus nach Übereinstimmung und Vereinbarkeit der gleichzeitig ablaufenden psychischen und neuronalen Prozesse. Sind Prozesse, die in diesen Systemen parallel ablaufen, gut miteinander vereinbar oder fördern sich sogar gegenseitig, spricht man von Konsistenz. Wenn das nicht der Fall ist und sie sich gegenseitig behindern oder hemmen, spricht man von Inkonsistenz (in anderen Theorien auch Inkongruenz genannt). Beides hat Einfluss darauf, wie Menschen die Passung zwischen ihrer Umgebung sowie sich selbst und ihren Zielen bewerten.

Dieses Konzept kann auch auf Verkaufssituationen übertragen werden: Die Umgebung, die Menschen dabei wahrnehmen, sind deine Marketing- und Verkaufsprozesse. Das Ziel, das sie mehr oder weniger haben, ist der Kauf. Und nur wenn beide Elemente stimmig sind, wird Konsistenz seitens des potenziellen Käufers erlebt.

Du kannst dir das an einem einfachen Beispiel verdeutlichen: Stelle dir vor, du siehst auf einer Angebotsseite im Internet ein Paar Turnschuhe, das dir gefällt. Die Seite ist in hellen Grau-Tönen gehalten und Grafiken und Schriften sind im klassischen Stil. Ein Bild der Schuhe ist in der rechten oberen Ecke abgebildet. Du legst die Schuhe in deinen Warenkorb und möchtest noch ein anderes ähnliches Paar bestellen. Dazu klickst du dich weiter durch das Produktsortiment und dann auf eine Seite mit einem weiteren Angebot – von der du unbewusst erwartest, dass sie genauso oder zumindest ähnlich aussieht wie die erste. Aber das ist unerwarteterweise nicht der Fall. Sie ist in einem kräftigen Rot gehalten, die Schriften sind modern und das Bild der Schuhe suchst du in der rechten oberen Ecke vergeblich, weil es sich unten links befindet. Die Folge: Dein Gehirn ist irritiert. Das passiert ganz automatisch, weil es davon ausgegangen ist, auf der zweiten Seite genau die gleichen Reize wie vorher vorzufinden (bis auf die unterschiedlichen Paar Schuhe). Trotzdem legst du auch das zweite Paar in deinen Warenkorb.

Als du den Bestellvorgang abschließen willst, stellst du fest, dass die Bezeichnungen der Turnschuhe in deiner Bestellübersicht nicht mehr denjenigen auf den jeweiligen Produktseiten entsprechen. Du bist verunsichert und möchtest sichergehen, dass du auch wirklich die beiden richtigen Paare in deinen Warenkorb gelegt hast. Deswegen klickst du dich noch einmal durch die Angebotsseiten, um dies zu überprüfen. Plötzlich klingelt dein Smartphone. Ein guter Freund ist am Apparat und verwickelt dich in ein Gespräch über seinen neuen Job. Deine Schuhbestellung ist erst einmal vergessen. Als du später wieder an den Rechner zurückkommst, hast du keine Zeit und auch keine Lust mehr, deine Bestellung erneut zu überprüfen … und entschließt dich, stattdessen die Turnschuhe im Geschäft um die Ecke zu kaufen.

Dieses (zugegebenermaßen etwas überspitzt dargestellte) Beispiel zeigt, dass Inkonsistenzen im schlimmsten Fall einen Kauf verhindern können. Menschen erwarten eine Widerspruchsfreiheit zwischen den einzelnen wahrgenommenen Elementen in einem Verkaufsprozess. Je höher diese Übereinstimmung ist, desto stärker kann das Menschen motivieren, die eigentliche Zielhandlung – die Kaufhandlung – durchzuführen. Oder anders formuliert: Je geringer diese Übereinstimmung ist, desto schwächer kann das Menschen motivieren, den Kauf auszuführen. Bleibe also sowohl inhaltlich als auch strukturell in deinem Marketing konsistent. Menschen möchten nicht (negativ) überrascht werden. Sie möchten das, was sie erwarten.

Bei der Umsetzung von Konsistenz solltest du immer die verschiedenen Ebenen berücksichtigen, auf denen Verkaufsprozesse – gerade, wenn sie mehrere Stufen beinhalten – ablaufen. Stelle dir einen Verkaufsprozess wie eine mathematische Kurve vor, die von links nach rechts verläuft, und wie du frontal vor dieser Kurve stehst (ich weiß, dass es abstrakt klingt, aber es ist wichtig, dass du dir diese Situation vorstellen kannst). Auf der Kurve siehst du vier verschiedene Säulen. Diese Säulen stehen für die einzelnen Phasen eines Verkaufsprozesses. Es ist das, was du vertikal siehst, also wenn du von unten nach oben schaust. Alle Säulen zusammen bilden den gesamten Verkaufsprozess ab. Es ist das, was du horizontal siehst, wenn du von links nach rechts schaust. Und Konsistenz besteht optimalerweise auf beiden Ebenen: Vertikale Konsistenz bedeutet, dass eine bestimmte einzelne Phase des Verkaufsprozesses zu unterschiedlichen Zeitpunkten konsistent wahrgenommen wird. Horizontale Konsistenz bedeutet, dass mehrere Phasen des Verkaufsprozesses als Sequenz hintereinander konsistent wahrgenommen werden. Gerade diese horizontale Perspektive ist aus Marketingsicht bedeutsam, da hier die verschiedenen Phasen des Verkaufsprozesses so ineinander überführt werden sollten, dass maximale Konsistenz gewahrt bleibt.

Insgesamt gibt es vier Phasen, die jeder konsistente und umsatzstarke Verkaufsprozess enthalten sollte – und diese vier E-Phasen entsprechen den vier Säulen, die du dir im obigen Beispiel vorstellen solltest:

- Phase 1: Eröffnung
- Phase 2: Erkennung
- Phase 3: Erfassung
- Phase 4: Erweiterung

Alle vier Phasen bilden zusammen den optimalen Ablauf des Beziehungsaufbaus zwischen einem Käufer und einem Verkäufer ab. Sie sind nicht streng voneinander abgrenzbar, sondern bauen aufeinander auf und können sich in Teilen auch überschneiden. Dieser Ablauf resultiert in maximalen Umsätzen, wenn er richtig umgesetzt wird.

In der ersten Phase der *Eröffnung* geht es zunächst darum, aus der Menge deiner Zielgruppe diejenigen Menschen zu ermitteln, die ein generelles Interesse an deinen Angeboten haben. Es findet also eine erste Selektierung statt. Danach identifizierst du in der zweiten Phase der *Erkennung* diejenigen, die nicht nur interessiert sind, sondern auch ihren ersten Kauf bei dir tätigen. Intensiviert wird die Käufer-Verkäufer-Beziehung in Phase 3 der *Erfassung*, indem deine neuen Kunden einen weiteren größeren Kauf ausführen. Dies sind auch in der vierten und damit letzten Phase der *Erweiterung* die Menschen, bei denen du die Kundenbindung reaktivieren solltest, um sie zu Stammkunden zu machen. Wie du das tust, erkläre ich dir gleich noch.

Mit jeder dieser vier Phasen steigt sowohl die Dauer, die eine Person sich in deinem Verkaufsprozess befindet, als auch der Wert, den sie für diesen Prozess und damit für dich hat. Die Sequenz der vier E-Phasen hat damit sowohl quantitative als auch qualitative Konsequenzen für einen Unternehmer, denn letztendlich entscheiden Verweildauer und Kundenwert nicht unerheblich über die Höhe der generierten Umsätze. Verständnis und Umsetzung der vier Verkaufsphasen sind elementar für deinen Verkaufserfolg.

Um Menschen erfolgreich durch diesen Prozess zu den entsprechenden Kaufhandlungen zu führen, solltest du dafür sorgen, dass sie in jeder Phase deines Verkaufsprozesses eine positive und mit anderen Phasen konsistente Erfahrung machen. Denn jede Erfahrung der vorherigen Phase prägt die Wahrnehmung der nachfolgenden Phase.

Es ist wichtig, dass Menschen eine Konsistenz ihrer Umwelt – in diesem Fall Verkaufsprozesse – erfahren, um zum Handeln geleitet zu werden. Dabei geht es um die externe Konsistenz der Umgebung. Genauso notwendig ist für Menschen aber auch eine interne Konsistenz von sich selbst. So, wie sie Widerspruchsfreiheit in Verkaufsprozessen erwarten, möchten sie sich auch selbst in solchen Prozessen als widerspruchsfrei erleben. Dieses menschliche Bedürfnis nach persönlicher Konsistenz kannst und solltest du dir in deinem Marketing zunutze machen. Wenn Menschen nämlich einmal eine Entscheidung getroffen und diese bereits vorher direkt oder indirekt bestätigt haben, weichen sie nur selten und ungern davon ab. Und das kann besonders dann von Vorteil für dich sein, wenn sie schon weit vor ihrer eigentlichen Kaufhandlung unbewusst eine Entscheidung für dein Angebot getroffen haben.

## *Warum Widerspruchsfreiheit für Käufer zählt*

Wir Menschen streben nach Konsistenz und Beständigkeit. Wenn unsere eigenen Verhaltensweisen nicht im gegenseitigen Widerspruch zueinanderstehen, gibt uns das ein Gefühl der Verlässlichkeit und Kontrollierbarkeit. Und diesen Eindruck brauchen wir, denn die Veränderung einer bereits eingenommenen Position setzen wir mit Inkonsistenz und damit Willkür gleich. Wir möchten die Verpflichtungen einhalten, die wir gegenüber uns selbst gemacht haben (im Englischen: *Commitment)*.

Das ist auch einer der Gründe dafür, warum wir widersprüchliche Handlungen möglichst vermeiden. Sobald wir eine bestimmte Aussage gemacht oder eine bestimmte Entscheidung getroffen haben, tun wir vieles, um uns auch später konsistent zu dieser Aussage beziehungsweise Entscheidung zu verhalten. Denn wenn wir das nicht tun, hat das Konsequenzen auf unser persönliches Wohlbefinden.

Inkonsistenzen wie beispielsweise widersprüchliche Handlungen können mit negativen Erregungs- und Gefühlszuständen einhergehen. Leon Festinger (1957) beschreibt in seiner *Theorie der kognitiven Dissonanz* diese als einen als negativ empfundenen emotionalen Zustand. Dieser entsteht dann, wenn ein Mensch mehrere nicht miteinander vereinbare Wahrnehmungen, Meinungen, Absichten, Wünsche oder Einstellungen hat.

Aufgrund dieser Inkonsistenzen wird ein Spannungszustand erzeugt, den das Individuum in ein konsistentes Gleichgewicht umwandeln möchte. Das Erleben von Inkonsistenzen kann demnach als eine Art von Stress angesehen werden, der negative Auswirkungen auf neuronale, hormonale und psychische Prozesse hat. Alexander Fries und Klaus Grawe (2006) stellten bei der Auswertung ihrer wissenschaftlichen Metaanalyse unter anderem fest, dass Inkonsistenz die Leistungsfähigkeit in der Auseinandersetzung mit den jeweiligen Umweltanforderungen deutlich beeinträchtigen kann.

Neben diesen Begleiterscheinungen passiert aber noch etwas anderes, wenn wir uns widersprüchlich verhalten: Unser Gehirn wird zusätzlich beansprucht. Jede Entscheidung, die wir treffen, und jedes Commitment, das wir eingehen, bedeutet für unser Gehirn kognitiven Aufwand. Haben wir einmal eine bestimmte Position eingenommen und uns dieser gegenüber verpflichtet, fällt es unserem Hirn sehr schwer, diese wieder aufzugeben, zu verändern oder durch eine andere zu ersetzen. Dies erfordert nämlich zusätzliche Arbeit. Die menschliche Psyche sorgt also mit diesem Vorgehen dafür, dass unser Gehirn durch eine zu überdenkende Entscheidung keiner neuen kognitiven Belastung ausgesetzt ist. Deswegen streben wir so nach Konsistenz. Weil wir innere Spannungen und Widersprüche in unserem eigenen Interesse vermeiden möchten.

Solche Spannungen und Widersprüche können allerdings relativ schnell entstehen, denn sobald wir ein Commitment abgeben, wird unser Selbstbild von zwei Seiten einem gewissen Druck ausgesetzt: von unserem eigenen Inneren, weil das Bild, das wir von uns selbst haben, mit den Handlungen übereinstimmen soll, die wir tun – und von unserer äußeren Umwelt, weil wir wollen, dass andere Menschen uns genauso wahrnehmen. Wir möchten nicht, dass andere uns für wankelmütig und inkonsequent halten. Denn Inkonsistenz wird üblicherweise als negative Persönlichkeitseigenschaft bewertet. Gleichzeitig wird ein hohes Maß an Konsistenz oft mit persönlicher und mentaler Stärke gleichgesetzt – und genauso möchten viele Menschen verständlicherweise wahrgenommen werden.

Das ist auch eine der Hauptursachen dafür, warum wir auch dann bei einer Entscheidung bleiben, wenn die ursprünglichen Gründe dafür wegfallen und es unter rationalen Gesichtspunkten besser wäre, die zuvor getroffene Entscheidung zu überdenken. Sobald wir uns einmal auf eine bestimmte Meinung festgelegt haben, finden wir immer Gründe, um diese zu rechtfertigen – unabhängig davon, ob wir mittlerweile innerlich eingesehen haben, dass sie falsch war. Wir überzeugen uns quasi selbst davon, dass unsere Entscheidung richtig war und auch weiterhin ist.

Angewandt auf deine Marketingaktivitäten bedeutet dies für dich, dass du eine Verkaufssituation erzeugen musst, in der dein Interessent eine positive und zustimmende Position gegenüber deinem Angebot bildet – und du ihm anschließend eine Kaufentscheidung präsentierst, die konsistent zu seiner bereits eingenommenen (und möglicherweise schon geäußerten) Position ist. Denn wenn er vorher Ja gesagt hat, dann muss er, um Inkonsistenz zu vermeiden, auch später Ja dazu sagen.

Das Prinzip der Konsistenz machen sich auch viele Wohltätigkeitsorganisationen im Rahmen ihrer Spendenakquisen zunutze. Vielleicht kennst du diese Situation selbst: Du wirst in der Fußgängerzone vom Vertreter eines gemeinnützigen Vereins angesprochen mit der Bitte, ihm nur ein paar Fragen zu beantworten.

»Finden Sie nicht auch, dass mehr für den Tierschutz getan werden müsste?« – »Ja.«
»Sind Sie auch der Meinung, dass Tiere unter besseren Bedingungen leben sollten?« – »Ja.«
»Sollten Organisationen, die sich für den Schutz von Tieren einsetzen, unterstützt werden?« – »Ja.«
»Dann sind Sie doch sicher auch bereit, uns eine kleine Spende zu geben?«

Was ist in dieser Situation passiert? Der Vertreter der Tierschutzorganisation hat dich erst dazu gebracht, dich in Bezug auf deine Meinung mehrfach zu positionieren. Anschließend hat er diese Position einer Prüfung unterzogen, indem er dich um eine Spende gebeten hat, die mit deiner vorher mitgeteilten Meinung komplett übereinstimmte – also konsistent war. Wenn du auf die ersten drei Fragen des Tierschutzvertreters mit Nein geantwortet hättest, wäre es kein großes Problem gewesen, die finale Bitte nach der Spende abzuschlagen. Aber weil du bereits vorher ein öffentliches Statement vor dem Mitarbeiter der Organisation abgegeben hast, hättest du dich extrem unwohl gefühlt, nach dreimal Ja auf die entscheidende Frage mit Nein zu antworten.

Warum? Weil du mit deinen Ja-Antworten bereits im Vorfeld einige Mikro-Commitments gegeben hast – also kleinere Commitments auf Teilfragen, die aber im Moment der Entscheidung zu einem Makro-Commitment werden können. Der Tierschutzvertreter hatte im sprichwörtlichen Sinne bereits den Fuß bei dir in der Tür – und du konntest deswegen die Tür nicht mehr schließen (dies ist übrigens keinesfalls abwertend gemeint, ich bin selbst Mitglied verschiedener Tierschutzorganisationen).

Es geht in deinem Verkaufsprozess darum, von deinem Interessenten verschiedene Commitments hinsichtlich einer bestimmten Position zu bekommen – und daran anschließend bei der Kaufentscheidung die entscheidende Frage zu stellen, die er dann ohne große Denkvorgänge mit Ja beantworten kann.

Am ehesten lässt sich das umsetzen, indem du an verschiedenen Stellen deines Marketings verschiedene Fragen stellst, die dein potenzieller Kunde innerlich mit Ja beantwortet – und damit vor sich selbst und auch vor dir mehrere Mikro-Commitments abgibt. Wenn dann der Moment der Kaufentscheidung kommt, ist es viel wahrscheinlicher, dass dein Interessent die Kaufhandlung vollzieht, als wenn er sich vorher noch nicht positioniert hat. Denn wer A sagt, muss auch B sagen – oder auf Verkaufsprozesse bezogen: Wer Ja sagt, muss auch Ja sagen.

## Wie du Interessenten zu (Stamm-)Kunden machst

Wenn Menschen sich dafür entscheiden sollen, dein Angebot zu kaufen, musst du sie Schritt für Schritt zu dieser Entscheidung hinleiten – und das möglichst konsistent. Menschen nehmen Konsistenz auf zwei Ebenen wahr: erstens extern in Bezug auf ihre Umwelt und zweitens intern in Bezug auf sich selbst. Das bedeutet, dass sie nicht nur durch die Konsistenz deines Verkaufsprozesses an sich beeinflusst werden, sondern auch dadurch, wie konsistent sie sich selbst innerhalb dieses Prozesses erleben. Interne und externe Konsistenz sollten also in Verkaufsprozessen ineinander überführt und gleichermaßen berücksichtigt werden. Dies kannst du dann am besten gewährleisten, wenn du deinen Verkaufsprozess wie eine menschliche Beziehung betrachtest und behandelst.

Der britische Zoologe und Publizist Desmond Morris (1997) analysierte zwölf Stufen zur Entwicklung menschlicher Intimität, die auf einige zentrale Eckpunkte heruntergebrochen werden können: Am Anfang steht das Kennenlernen, bei dem man entweder gegenseitige Sympathie empfindet oder nicht. Das darauffolgende erste Treffen dient dazu, den gewonnenen positiven Eindruck zu intensivieren und zu prüfen, ob das Gegenüber sich für ein weiteres näheres Kennenlernen eignet. Wenn dies auf beiden Seiten der Fall ist, trifft man sich erneut und baut weitere Anziehung zueinander auf, die dann möglicherweise in der Paarbindung mündet. Dieser (ideal-)typische Verlauf einer menschlichen Beziehung enthält genau die vier Phasen, die sich auch in der Beziehung zwischen Käufer und Verkäufer entwickeln (können) – und die nicht unerheblich beeinflussen, wie konsistent der komplette Verkaufsprozess auf Käuferseite wahrgenommen wird und wie hoch die Umsätze auf Verkäuferseite sein können.

Auch für die vier verschiedenen Phasen deines Verkaufsprozesses – Eröffnung, Erkennung, Erfassung und Erweiterung – kannst du das Beispiel der Entwicklung menschlicher Beziehungen heranziehen. Würdest du jemanden heiraten, den du gerade erst kennengelernt hast? Natürlich würdest du das nicht. Genauso geht es auch deinem potenziellen Kunden. Er möchte erst eine Beziehung zu dir entwickeln, bevor er sie eingeht – also kauft. Letztendlich muss es deswegen dein Ziel sein, deinen Interessenten im übertragenen Sinne in eine Beziehung mit dir zu bringen. Das gelingt dir aber nur, wenn er vorher etwas von dir erfährt und eine positive Bindung dir gegenüber aufgebaut hat.

Nehmen wir an, du triffst jemanden, findest ihn toll und verabredest dich mit ihm. Dann ist die erste Phase der Eröffnung gelungen. Aber was ist, wenn deine Verabredung sich bei eurem Treffen völlig danebenbenimmt und dein erster guter Eindruck binnen weniger als einer Stunde verschwindet? Dann wird es niemals zu den weiteren Phasen der Anziehung und der Beziehung kommen. Genauso ist es auch im Marketing. Jede Phase in deinem Verkaufsprozess beeinflusst die Wahrnehmung der nächsten Phase. Je besser also die Erfahrung deines Besuchers in der vorangehenden Phase ist, desto höher ist die Wahrscheinlichkeit, dass er die nachfolgende Phase ebenfalls als positiv und damit konsistent wahrnimmt.

Zugrunde liegt diesen psychischen Abläufen das psychologische Konzept des *Priming*. Damit ist die Veränderung oder Beeinflussung des Denkens, Fühlens und Handelns durch die Voraktivierung bereits vorhandener Gedächtnisinhalte gemeint.

Ein Reiz oder ein Ereignis hat eine bestimmte Wirkung auf die Verarbeitung eines nachfolgenden Reizes oder Ereignisses – und genau das passiert auch in deinem Verkaufsprozess über die verschiedenen Phasen Eröffnung, Erkennung, Erfassung und Erweiterung hinweg.

Der Priming-Effekt wurde in unzähligen Studien in den unterschiedlichsten Varianten nachgewiesen. So zeigten Katrin Linser und Thomas Goschke (2007) in einem Experiment zur Willensfreiheit, wie sehr menschliche Handlungen durch Priming gesteuert werden (können). Die Versuchspersonen sollten nach eigener freier Wahl auf ein Startsignal folgend eine linke oder rechte Taste drücken. Vor dem Tastendruck wurde 50 Millisekunden lang ein Priming-Reiz präsentiert – entweder das Wort »gelb« oder »blau«. Anschließend wurde eine zufällige Reaktion auf dem Bildschirm in Form eines blauen oder gelben Kreises dargeboten. Wenn dieser sprachliche Reiz und die farbliche Zufallsreaktion konsistent waren (also beispielsweise das Wort »blau« vor dem Tastendruck und ein blauer Kreis nach dem Tastendruck), hielten sich die Versuchspersonen signifikant häufiger verantwortlich für das Ergebnis – bei Inkonsistenz zwischen Wort und Farbe jedoch nicht. Der Priming-Reiz hatte also wesentliche Auswirkungen auf die Einschätzungen und Wahrnehmungen der beteiligten Personen.

Bezogen auf deine Verkaufsprozesse bedeutet das, dass du die vier Phasen nicht als einzelne Elemente separiert betrachten und behandeln solltest, sondern als ein zusammenhängendes großes Ganzes. Jede Phase sollte deinen Interessenten auf die nächste Phase »primen«, um so seine weiteren Kaufentscheidungen konsistent zu beeinflussen. Denn mit jeder Phase, die ein Kunde in deinem Verkaufsprozess durchläuft, steigt aus deiner Sicht Schritt für Schritt sein monetärer Wert für dein Unternehmen. Umgekehrt nimmt aber auch dein wahrgenommener Wert aus Sicht deines Kunden zu, denn je mehr Zeit und Geld jemand in etwas investiert – und damit Mikro-Commitments vor sich selbst und anderen abgibt – desto konsistenter ist auch sein zukünftiges Verhalten in dieser Sache.

Dieser Prozess, den ich »wechselseitige Wertsteigerung« nenne, ist das, was einen Verkaufsprozess erfolgreich und somit profitabel macht. Denn letztendlich ist ein Verkaufsprozess nichts anderes als ein Aufbau von Wert anhand der verschiedenen Phasen, die eine Person durchläuft. Und dieser Werteaufbau gilt für beide Seiten, für deinen Kunden und für dich selbst. Mit zunehmendem Durchlaufen der verschiedenen Phasen entwickelt der Kunde eine immer engere Bindung zu dir beziehungsweise zu deinem Unternehmen. Du steigst also in dem Wert, den du für ihn hast. Umgekehrt steigt auch dein Kunde in dem Wert, den er für dich hat. Denn je mehr Phasen er durchläuft und je enger seine Beziehung dadurch zu dir wird, desto wertvollere (und teurere) Angebote kannst du ihm machen – und desto höher werden am Ende deine Umsätze sein.

Die vier verschiedenen Phasen deines Verkaufsprozesses steigern sich also nicht nur durch die zunehmende Bindung zwischen deinen Kunden und dir, sondern auch durch Angebote zunehmenden Wertes – von kostenlos über niedrig- und mittelpreisig bis hochpreisig. Dieses Konzept ist enorm wichtig, weil du innerhalb des Verkaufsprozesses Vertrauen und Bindung aufbauen musst. Jemand, der dich noch nicht kennt, wird nicht direkt ein fünfstelliges Angebot bei dir kaufen, weil du für ihn noch keinen Wert hast. Diesen benötigten Wert baust du anhand der verschiedenen Stufen deines Verkaufsprozesses auf.

Im symbolischen Sinne ist ein Verkaufsprozess wie eine Sanduhr. Die Sanduhr besteht im Kern aus drei Elementen: dem oberen

Teil, aus dem der Sand herausläuft, der Verengung in der Mitte, durch die der Sand hindurch läuft, und dem unteren Teil, in den der Sand hineinläuft. Der Sand im oberen Teil der Sanduhr symbolisiert deine Kunden, der untere Teil repräsentiert deine Umsätze und die Form der Sanduhr mit der mittigen Verengung bildet deinen Verkaufsprozess ab. Was ist damit gemeint?

Wenn du eine Sanduhr umdrehst, dann läuft zunächst viel Sand von oben nach unten – so wie in der Phase der Eröffnung zunächst einmal verhältnismäßig viele Interessenten in deinem Verkaufsprozess sind. Je mehr Sand nach unten läuft, desto weniger gelangt durch die Verengung in der Mitte – so wie in den späteren Phasen der Erkennung und der Erfassung einige Menschen aus deinem Verkaufsprozess herausfallen. Diejenigen aber, die dir bis zur letzten Phase der Erweiterung erhalten bleiben, sorgen für die höchsten Umsätze. Das entspricht dem Sand, der nach einer bestimmten Zeit den unteren Teil der Sanduhr wieder komplett füllt. Und damit auch du im symbolischen Sinn am Ende eine komplett gefüllte Sanduhr hast, solltest du in jeder der vier Phasen deines Verkaufsprozesses – Eröffnung, Erkennung, Erfassung und Erweiterung – ein Angebot mit jeweils steigendem Wert integrieren.

## Phase 1: Eröffnung

Jede zwischenmenschliche Beziehung beginnt mit dem ersten Kennenlernen – auch die Beziehung zwischen Käufer und Verkäufer. Wie im richtigen Leben kann sich diese Beziehung nur dann entwickeln, wenn beim ersten Kontakt ein gegenseitiges Interesse vorhanden ist. Dass du als Verkäufer Interesse an deinem potenziellen Kunden hast, liegt in der (wirtschaftlichen) Natur der Sache. Aber auch auf Seiten deines zukünftigen Käufers muss Interesse vorhanden sein, damit er sich auf einen weiteren Prozess mit dir einlässt.

Die beste Möglichkeit, dieses Interesse zu erzeugen, besteht darin, dich wie beim ersten Kennenlernen mit einem potenziellen Partner direkt von deiner besten Seite zu zeigen – und deinem potenziellen Kunden etwas Kostenloses zu schenken. Dies mag im ersten Moment widersprüchlich zu deinen Umsatzzielen stehen, aber damit eine Person eine Bindung zu dir aufbaut, musst du zunächst etwas von dir geben, bevor du etwas von ihr bekommst. Es geht also darum, einem möglichen Kunden nützlichen Mehrwert bereitzustellen – und das komplett umsonst. Umsonst darf in diesem Fall aber nicht mit billig oder minderwertig gleichgesetzt werden. Du möchtest einen guten ersten Eindruck auf der Gegenseite hinterlassen. Und diesen guten Eindruck machst du nur, wenn du Qualität lieferst und dich als vertrauenswürdig präsentierst.

Die Phase der Eröffnung ist gleichzeitig der erste Kontaktpunkt zwischen deinem potenziellen Käufer und dir. Wenn er dein kostenloses Geschenk in Anspruch nimmt, dann solltest du das zunächst einmal wertschätzen. Denn er investiert in diesem Moment nicht nur Aufmerksamkeit und Interesse in dich, sondern auch seine Zeit. Und gerade die Investition von Zeit ist manchmal für Menschen noch viel mehr wert als die Investition von Geld. Deswegen sollte das kostenlose Angebot auch etwas Wertvolles sein. Damit dein Geschenk den Verkaufsprozess auch wirklich eröffnet und dieser danach nicht ins Stocken gerät, sollte es etwas sein, das für deine Zielgruppe Wert hat – und nicht etwas, das für alle Wert hat. Dies ist ein nicht zu unterschätzender Punkt. Du möchtest Menschen in deinen Verkaufsprozess ziehen, für die deine späteren (kostenpflichtigen) Angebote in den nachfolgenden Phasen von Relevanz sind. Deswegen solltest du auch direkt dafür sorgen, dass genau das passiert, und dir ein kostenloses Angebot überlegen, das von Anfang an die passenden Personen herausselektiert. Dies ist gerade zu Beginn besonders wichtig, um die passende (und kaufstarke) Interessentenbasis für deinen Verkaufsprozess aufzubauen.

Führe immer das Gespräch, das in den Köpfen deiner Adressaten stattfindet – nicht das Gespräch, das du mit deinen Mitarbeitern, mit deinen Geschäftspartnern oder mit dir selbst führst. Den Menschen in deiner Zielgruppe geht es um eine Lösung für ihr spezifisches Problem. Deswegen ist es deine Aufgabe, direkt von Anfang an zu zeigen, dass du in der Lage bist, ihnen dabei zu helfen, es zu lösen. Dein kostenloses Angebot muss immer ein spezifisches Problem deiner spezifischen Zielgruppe mit einer spezifischen Lösung adressieren.

Das wichtigste Prinzip, um ein solches Angebot für die Eröffnungsphase deines Verkaufsprozesses zu finden und zu erstellen, ist Segmentierung, also die Zerlegung eines Ganzen in einzelne Teile. Es empfiehlt sich, diese Segmentierung anhand von vier verschiedenen Stufen vorzunehmen: Auf der obersten Stufe steht das wichtigste Ziel deines potenziellen Kunden. Von diesem Oberziel ausgehend leitest du einen Teilaspekt des Ziels ab, das die zweite Stufe ausmacht. Aus diesem Teilaspekt wiederum segmentierst du einen bestimmten Weg, der zur Erreichung des Teilziels notwendig ist. Davon ableitend überlegst du dir abschließend einen einzelnen Aspekt, der dann dein kostenloses Angebot abbildet.

Zum besseren Verständnis des Segmentierungsprozesses hier zwei Beispiele. 1. Oberziel: Traumfigur erreichen. Aspekt des Ziels: bessere Fitness. Weg zur Teilzielerreichung: mehr Bewegung. Aspekt der Zielerreichung (und kostenloses Angebot): spezielle Übungen. 2. Oberziel: Online Business aufbauen. Aspekt des Ziels:

Markt finden. Weg zur Teilzielerreichung: Nische eingrenzen. Aspekt der Zielerreichung (und kostenloses Angebot): die profitabelsten Nischen. Wie diese Beispiele zeigen, deckt ein kostenloses Angebot also immer einen winzigen Ausschnitt deines Themas ab (was es aber nicht weniger wichtig macht) – denn genau das sollte es auch tun.

Um diesen Themenausschnitt zu finden, kannst du dich an den folgenden vier Leitfragen orientieren, die auch die Struktur für die beiden obigen Beispiele gebildet haben: Welches Hauptziel hat meine Zielgruppe? Was ist ein Aspekt dieses Ziels? Was ist ein Weg zur Zielerreichung dieses Aspekts? Was ist ein Aspekt dieses Weges (= kostenloses Angebot)? Die Vorteile eines Geschenkes am Anfang des Verkaufsprozesses sind nicht zu unterschätzen: Damit generierst du spätere mögliche Kunden, baust Vertrauen auf, positionierst dich als Experte und vermittelst Professionalität und Hilfe.

Es gibt aber noch einen weiteren Vorteil, den ein kostenloses Angebot mit sich bringt – und dieser basiert auf dem Prinzip der Reziprozität. Darunter versteht man ganz allgemein einen gegenseitigen sozialen Austausch, indem man positive oder negative Handlungen einer anderen Person in gleicher oder ähnlicher Weise erwidert. Der Reziprozitätseffekt wurde in zahlreichen Studien bewiesen, so unter anderem bei einem klassischen sozialpsychologischen Experiment von Dennis Regan (1971). Er konnte zeigen, dass Menschen viel eher bereit waren, Lose von einer Person zu kaufen, wenn diese ihnen vorher eine klare Aufmerksamkeit in Form eines Softdrinks hatte zukommen lassen. Dieser Effekt ist unter anderem durch soziale Normen erklärbar, die die Stabilität in sozialen Systemen erhöhen. Und diese soziale Norm kann auch die Beziehung zwischen deinem Interessenten und dir stabilisieren.

Einer der besten Wege, jemanden zum Kauf zu animieren, besteht darin, ihm zuerst etwas zu geben, weil das menschliche Gehirn aufgrund sozialer Erwartungen darauf gepolt ist, im Gegenzug etwas zurückzugeben. Damit der Reziprozitätseffekt eintritt, ist es übrigens nicht notwendig, dass die Sache, die wir bekommen, besonders wertvoll oder teuer ist. Es reicht schon, dass wir etwas bekommen. Dieses Verhalten haben wir durch unsere Sozialisierung gelernt – nach dem Motto: So wie du mir, so ich dir.

Sicherlich kannst du dich selbst an Situationen in deinem Leben erinnern, in denen dir jemand einen Gefallen getan hat und du dich im Anschluss verpflichtet gefühlt hast, das Gleiche zu tun, oder? Genau in diesen Momenten ist der Reziprozitätseffekt bei dir eingetreten. Und du kannst und solltest dafür sorgen, dass er auch bei deinen potenziellen Kunden eintritt ... ausgelöst durch dein kostenloses Angebot.

Wenn du anderen Menschen am Anfang deines Verkaufsprozesses etwas schenkst, passieren nämlich drei wichtige Dinge. Erstens machst du etwas, das Aufmerksamkeit erzeugt. Dein potenzieller Kunde ist, wie wir alle, jeden Tag unzähligen Reizen und Anforderungen ausgesetzt. Und indem du ihm einfach so etwas schenkst, bekommst du nicht nur seine Aufmerksamkeit, sondern löst auch positive Gefühle in ihm aus (denn wer bekommt nicht gerne unerwartet etwas geschenkt?).

Zweitens bringst du deinen Interessenten dazu, unterschwellig über dich nachzudenken. Du verankerst dich sozusagen in seinem Kopf – und das positiv. Denn die wenigsten Menschen würden sich darüber beschweren, ein Geschenk zu erhalten. Drittens setzt du mit einem kostenlosen Angebot den Reziprozitätsmechanismus in Gang – und damit bei deinem Interessenten die Bereitschaft, dir weiterhin seine Zeit zu schenken und möglicherweise etwas zurückzugeben. Mit einem kostenlosen Angebot machst du also Menschen viel empfänglicher und unbewusst verpflichteter für deine weiteren Phasen im Verkaufsprozess.

Auch wenn du mit einem kostenlosen Angebot nicht unmittelbar Umsätze generierst, wird sich dieser Einsatz langfristig und nachhaltig für dich auszahlen. Denn dieses Angebot ist nicht dazu da, Geld damit zu verdienen, sondern Interessenten zu segmentieren und zu gewinnen. Und nur Interessenten werden später zu Kunden. Es gibt also keinen Grund, auf ein kostenloses Angebot zu verzichten, aber viele Gründe, es einzusetzen – und damit die zweite Phase deines Verkaufsprozesses einzuleiten.

### Phase 2: Erkennung

Nehmen wir an, das erste zufällige Kennenlernen zwischen zwei Menschen war erfolgreich. Sie haben auf Anhieb eine gewisse Sympathie füreinander empfunden, sich »beschnuppert« und entschlossen, sich zu zweit alleine zu treffen. Der Entschluss für dieses Date geht von beiden ganz bewusst aus, und sie investieren willentlich Zeit und Geld für den gemeinsamen ersten Abend. Der gleiche Effekt tritt in deinem Verkaufsprozess auf, wenn ein bisheriger Interessent sich dazu entschließt, zum ersten Mal nicht nur Zeit, sondern auch Geld in dich zu investieren.

Um ihm diese Entscheidung so einfach wie möglich zu machen, solltest du in dieser Phase des Verkaufsprozesses ein niedrigpreisiges Angebot ansetzen. Die Frage, was genau »niedrigpreisig« bedeutet, ist dabei nicht eindeutig in Zahlen zu beantworten, weil dies unter anderem vom jeweiligen Markt, der jeweiligen Zielgruppe und dem jeweiligen Angebot abhängt. Definitiv sollte es etwas sein, was deutlich unter dem Preis des eigentlichen Hauptproduktes liegt. Auch hierbei geht es wie in der ersten Phase der Eröffnung nicht vornehmlich darum, Geld zu verdienen, sondern diejenigen zu erkennen, die bereit sind, ihre Beziehung zu dir zu verändern – durch eine Investition von Geld. Genauso, wie ein bewusst vereinbartes Date die Beziehung zwischen zwei Menschen wandelt, die sich vorher nur zufällig begegnet sind, wandelt der erste Kauf eines Menschen die Beziehung zwischen ihm und dir. Er ist von diesem Moment an nicht mehr nur dein Interessent, sondern dein Kunde.

Dies mag sich im ersten Moment etwas unspektakulär anhören, aber in Wahrheit ist es ein entscheidender Wendepunkt, der die Weichen für weitere Umsätze legt. Denn es ist viel einfacher, einem Kunden etwas Weiteres zu verkaufen (egal, wie hoch seine erste Investition war), als einem Interessenten etwas Neues zu verkaufen. Der Moment, in dem dein Interessent zu deinem Kunden wird, ist entscheidend. Und je mehr Interessenten in diesem Moment dein niedrigpreisiges Angebot in Anspruch nehmen, desto mehr Kunden gewinnst du für die nachfolgenden Schritte im Verkaufsprozess.

Ein niedrigpreisiges Angebot erfüllt also zwei Funktionen: Es macht einen Interessenten zum Kunden und es vereinfacht die Überleitung in die beiden weiteren Phasen des Verkaufsprozesses – und das aus einem einfachen Grund, der wiederum mit Konsistenz zu tun hat. Jemand, der sowohl dein kostenloses als auch dein niedrigpreisiges Angebot in Anspruch nimmt, zeigt Commitment. Er bezieht Position – vor sich selbst, aber auch vor dir.

Bei der ersten Art von Angebot investiert er kein Geld, aber Zeit. Bei der zweiten Art von Angebot investiert er zusätzlich zu seiner Zeit auch Geld. Und das sind gleichzeitig auch die beiden Arten von Commitment, die für Menschen die größte Bedeutung und auf sie den größten Effekt haben. Wenn jemand Zeit und Geld in dich investiert, dann möchte er auch weiterhin in diesem Verhalten konsistent bleiben. Und dabei spielt es übrigens keine Rolle, ob er für dein niedrigpreisiges Angebot 1 Euro oder 10 Euro investiert hat. Es geht einzig und allein um die Tatsache, dass er Geld investiert hat. Denn dieser Akt ändert seinen Status vom Interessenten zum Kunden.

Die beste Art, ein niedrigpreisiges Angebot zu erstellen, besteht wieder in der Segmentierung. Wenn du einmal über dein Hauptprodukt oder deine Hauptdienstleistung nachdenkst, wird dir klar, dass alles aus verschiedenen Bestandteilen besteht. Mehrere Komponenten zusammen formen das Kernangebot. Und du kannst jede einzelne dieser Komponenten als separates Angebot zu einem relativ niedrigen Preis verkaufen, was das Ganze für dein Marketing verständlich, erklärbar und nachvollziehbar in der Darstellung macht.

Es passiert aber noch etwas anderes, wenn Menschen dein niedrigpreisiges Produkt kaufen, nutzen und damit erste kleine Ergebnisse sehen: Sie fangen an, dir zu glauben, weil sie konkrete Resultate erleben. Selbst wenn diese noch so klein sind, werten Menschen sie als Indikatoren für deine Glaubwürdigkeit. Und sie werten sie gleichzeitig als Beweise für ihre eigenen Fähigkeiten. Denn oft hält nicht Geld Menschen von einem Kauf ab, sondern ihr Selbstzweifel.

Ein Angebot in der zweiten Verkaufsphase, das noch so kleine Veränderungen im Leben seiner Käufer hervorruft und damit einen hohen wahrgenommenen Wert hat, stärkt ihren Glauben an sich selbst und an dich – und ist damit die perfekte Basis für die dritte Phase deines Verkaufsprozesses.

## Phase 3: Erfassung

Das erste Date war erfolgreich. Man hat einen schönen Abend miteinander verbracht, an dessen Ende feststeht: Es war nicht das letzte Treffen. In den Wochen danach verbringen beide Menschen immer mehr Zeit zusammen und es entsteht eine immer stärkere Anziehung, die neben dem ersten Kuss auch mit einer steigenden Investition von Zeit und Gefühlen einhergeht.

Nichts anderes passiert, wenn du nach einem kostenlosen und einem niedrigpreisigen Angebot in der dritten Phase deines Verkaufsprozesses ein Angebot im mittleren Preissegment machst. Hierbei handelt es sich meistens um das Kernprodukt oder die Kerndienstleistung eines Unternehmens, und es unterscheidet sich preislich deutlich vom vorherigen günstigen Angebot. Der Fehler, den viele Unternehmer an dieser Stelle allerdings machen, liegt darin, dass sie ihr Hauptangebot bereits in der Eröffnungsphase des Verkaufsprozesses verkaufen. Und dadurch wird in vielen Fällen eine Menge Umsatzpotenzial vergeben. Jemand, der bereits vorher die ersten beiden Phasen deines Verkaufsprozesses erfolgreich durchlaufen hat, ist viel eher bereit, auch dein Hauptangebot zu kaufen, als jemand, der dies nicht hat – zum einen, weil hier der oben beschriebene Priming-Effekt zum Tragen kommt, und zum anderen, weil wie bei einer sich anbahnenden Beziehung bereits Sympathie und Vertrauen entstanden sind. Denn du würdest ja sicherlich auch nicht einfach einer Person vertrauen, die du gerade erst wenige Minuten kennst (geschweige denn, sie heiraten).

Das ist auch der Grund, warum die beiden vorherigen Phasen der Eröffnung und der Erkennung so wichtig sind – auch wenn du dabei noch kein oder kaum Geld verdienst. Stattdessen baust du eine Beziehung zu deinem potenziellen Kunden auf. Und erst diese Beziehung wird sich wie im richtigen Leben positiv auf dich und dein Unternehmen auswirken – und in der (vorerst) letzten Phase ihren krönenden Abschluss finden.

## Phase 4: Erweiterung

Es ist so weit: Nach dem ersten Kennenlernen, dem ersten Date und dem ersten Kuss sind sich beide Partner einig: Sie möchten zusammen sein und werden ein Paar. Das, was für die beiden betroffenen Menschen ein einschneidendes und einflussreiches Erlebnis ist, kann es im symbolischen Sinn auch für einen Unternehmer werden.

Viele erfolgreiche Unternehmen weltweit verdanken den Großteil ihrer Umsätze nämlich nicht ihrem Hauptangebot, sondern den hochpreisigen Angeboten, die sie danach verkaufen. Das bedeutet für dich: Sobald ein Kunde dein Hauptangebot gekauft hat, solltest du ihm direkt noch ein weiteres Angebot machen. Erfahrungsgemäß gibt es nämlich keinen besseren Zeitpunkt, einem Menschen etwas zu verkaufen, unmittelbar nachdem er bereits gekauft hat. Verantwortlich dafür ist unter anderem der bereits an früherer Stelle erwähnte Erregungstransfer (die empfundene Emotion einer vorangegangenen Situation klingt nicht ab, sondern übt Einfluss auf die nachfolgende Situation aus). Dieser Schritt ist enorm wichtig. Die Kosten zur Akquise eines Kunden sind nicht zu unterschätzen. Warum also solltest du mit dem Verkauf aufhören und nicht die (psychologische) Gunst der Stunde nutzen?

Hochpreisige Angebote können einen enormen Einfluss auf deine Umsätze haben, unter anderem deswegen, weil sie die Kosten zur Akquise eines Kunden meistens weit übersteigen. Sie werden zwar nur einen Bruchteil deiner anfänglichen Zielgruppe ansprechen, aber dafür einen Großteil deiner Gesamteinnahmen ausmachen. (Erinnere dich an die Sanduhr, bei der anfangs im oberen Teil ganz viel Sand vorhanden ist, nur wenig durch die Verengung in der Mitte nachläuft, und am Ende des Prozesses im unteren Teil wieder viel Sand angekommen ist.)

Nach dem Angebot und Verkauf in der vierten Phase musst und solltest du deine Marketingaktivitäten aber nicht stoppen, sondern kontinuierlich erweitern. Auch dieser Punkt kann das Wachstum eines Unternehmens enorm beeinflussen und entspricht wieder dem Verlauf einer Beziehung: Diese kann noch so wundervoll beginnen – wenn du nicht kommunizierst, dich nicht öffnest und nichts von dir gibst, wird sie irgendwann auseinanderbrechen. Bezogen auf deine Verkaufsprozesse bedeutet das: Du solltest den Menschen, die in einer bestimmten Phase des Prozesses abgesprungen sind, wiederholte oder neue Angebote machen. Du kannst weitere niedrig-, mittel- und hochpreisige Angebote vermarkten, die deine Interessenten beim ersten Mal nicht gekauft haben … Ein umsatzstarker Kreislauf setzt sich in Gang. Und er fällt und steht mit der Umsetzung der vier Phasen Eröffnung, Erkennung, Erfassung und Erweiterung.

Es ist deine Aufgabe, diese einzelnen Teile zu einem großen Ganzen – deinem Verkaufsprozess – zusammenzufügen. Ein Puzzle wird auch nur dann komplett, wenn alle Teile passend ineinandergesteckt sind. Und die einzelnen Puzzleteile, die du brauchst, liegen im übertragenen Sinne alle schon ausgebreitet vor dir auf dem Tisch. Mit jedem dieser Puzzleteile wächst dein Unternehmen. Du musst sie nur noch zusammenbauen. Und das kannst du und wirst du:

1. Überlege dir, mit welchem kostenlosen Angebot in Phase 1 du deinen Verkaufsprozess eröffnen und die Mitglieder deiner Zielgruppe zu Interessenten machen kannst.

2. Überlege dir, mit welchem niedrigpreisigen Angebot in Phase 2 du unter deinen Interessenten deine Erstkäufer erkennen kannst.

3. Überlege dir, mit welchem mittelpreisigen Angebot in Phase 3 du unter deinen Erstkäufern deine Zweitkäufer erfassen kannst.

4. Überlege dir, mit welchen hochpreisigen und neuen Angeboten in Phase 4 du die Anzahl deiner Stammkunden erweitern kannst.

Zur besseren Übersicht solltest du dir deinen gesamten Verkaufsprozess grob oder auch detailliert skizzieren, um dir die Struktur, die Abfolge und die Zusammenhänge der einzelnen Phasen zu verdeutlichen. Bedenke dabei immer, dass die Preise (und damit der Wert) der einzelnen Angebote sich von Phase zu Phase erhöhen sollten und jede Phase das Kundenverhalten in der darauffolgenden Phase entscheidend mit beeinflusst. Wenn du alle Phasen konsistent umsetzt und Menschen daran gewöhnst, deine Interessenten, Kunden und Stammkunden zu werden, lieferst du ihnen eine siebte starke Kaufursache ...

# Die 7 Kaufursachen
# in der Zusammenfassung und Praxis

Nachdem du nun alle sieben Ursachen menschlichen Handelns kennengelernt hast, ist dir eine – sehr wichtige – Tatsache sicherlich klar (geworden): Menschen kaufen nur dann, wenn sie einen Grund oder mehrere dafür haben. Als Unternehmer oder Marketer ist es deine Aufgabe, ihnen genau diese Gründe zu liefern. Je mehr Gründe du auslöst und je öfters du das tust, desto besser wird sich das letztendlich auf deine Verkaufsraten und damit auf deine Umsätze auswirken. Denn die sieben Gründe, warum Menschen kaufen, sind tief in unserer menschlichen Psyche verwurzelt und haben damit einen großen Einfluss auf menschliche Kaufentscheidungen und -handlungen.

An dieser Stelle schließt sich zum besseren Verständnis und Überblick noch einmal eine kurze Zusammenfassung aller sieben psychologischen Kaufursachen an. Zusätzlich stelle ich dir zur praktischen Nachvollziehbarkeit für jede Ursache ein konkretes Beispiel aus der Praxis vor. Die Beispiele stammen aus meinem eigenen Brand *CopyBrain*, das sich auf die Erstellung von Verkaufstexten spezialisiert hat, die unter anderem auf den sieben Kaufursachen und speziellen sprachlichen Prinzipien basieren. Dafür habe ich mich ganz bewusst entschieden; zum einen, weil ich genau weiß, dass die sieben Ursachen dabei sehr gut funktionieren, und zum anderen, weil ich dir nur Praxiswissen vermitteln möchte, das getestet und bewährt ist. Das Beispiel folgt jeweils auf die zusammenfassende Kurzbeschreibung der entsprechenden Kaufursache.

### Ursache #1: Bedürfnis

Bei Bedürfnissen handelt sich es um angeborene Mechanismen der Verhaltenssteuerung, die grundsätzlich mit dem Erleben oder Zustand eines Mangels verbunden sind. Über die Anzahl und Art von Bedürfnissen herrscht in der Forschung nach wie vor keine Einigkeit. Es gibt verschiedene Modelle, die versucht haben, menschliche Bedürfnisse zu kategorisieren. Das prominenteste dieser Modelle ist die Maslow'sche Bedürfnispyramide, die die fünf aufeinanderfolgenden Stufen körperliche Bedürfnisse, Sicherheitsbedürfnisse, soziale Bedürfnisse, Individualbedürfnisse und Selbstverwirklichungsbedürfnisse annimmt. Bedürfnisse haben deswegen eine große Bedeutung für Verkaufsprozesse, weil sie Menschen genetisch bedingt zum Handeln motivieren. Deswegen ist es auch kein Zufall, dass die wichtigsten menschlichen Bedürfnisse gleichzeitig die größten Verkaufsmärkte abbilden.

*Beispiel.* Verkaufstexte haben die Aufgabe zu verkaufen – also Umsätze zu generieren. Die Bedürfnisse, die durch *CopyBrain* angesprochen werden, entsprechen daher generell den Sicherheitsbedürfnissen, die beispielsweise persönliche, berufliche und finanzielle Absicherung beinhalten.

### Ursache #2: Wunsch

Unter einem Wunsch versteht man das Herbeisehnen eines bestimmten Zustandes. Man will also eine bestimmte Sache haben oder eine bestimmte Situation erleben. Als Ursache von Wünschen werden Anreize angesehen, die ein bestimmtes Verhalten auslösen oder verstärken. Diese Anreize können für jeden Menschen in

Bedeutung und Ausmaß völlig unterschiedlich sein. Relevant sind in diesem Zusammenhang die Wahrscheinlichkeit, mit der ein Mensch seine Wunscherfüllung einschätzt, und die Wichtigkeit, die der zu erfüllende Wunsch für ihn hat. Wünsche basieren zwar auf den menschlichen Bedürfnissen, unterscheiden sich aber dennoch von ihnen: Sie sind generell viel persönlicher und individueller, und damit für den einzelnen Menschen meistens auch viel relevanter – was gleichzeitig bedeutet, dass sie auch in Marketing- und Verkaufsprozessen besonders wirkungsvoll sind.

*Beispiel.* Basierend auf den Sicherheitsbedürfnissen können bei *CopyBrain* folgende, bei der Zielgruppe existierenden unterschiedlichen Wünsche während der Vermarktung von Verkaufstexten angesprochen werden: mehr Geld verdienen, mehr Geld ansparen, ein Unternehmen aufbauen oder komfortabel leben.

## Ursache #3: Emotion

Wenn es etwas gibt, das verkauft, dann sind es Emotionen. Dabei handelt es sich um aktuelle psychische Zustände, die mit einer bestimmten Intensität, Dauer und Qualität erlebt werden, sich auf ein bestimmtes Objekt beziehen und mit spezifischen Veränderungen im Wahrnehmen, Verhalten und Körper verbunden sind. »Sitz« der Emotionen ist das limbische System im menschlichen Gehirn. Es gibt viele verschiedene Emotionstheorien, die die Entstehung und Wirkung von Emotionen erklärt haben. Als Basis- oder Primäremotionen gelten mittlerweile diejenigen, die in verschiedenen Kulturen gezeigt und verstanden werden: Freude, Traurigkeit, Furcht, Ekel und Überraschung. Emotionen sind unter anderem deswegen so verkaufsstark, weil sie drei wichtige Funktionen erfüllen, die auch in Kaufprozessen wesentlich sind: Kommunikation, Motivation und Verhaltensvorbereitung.

*Beispiel.* Zur Erzeugung von Emotionen bei *CopyBrain* erzähle ich meine eigene Geschichte, wie ich das Schreiben von Verkaufstexten eher durch Zufall entdeckt, dadurch meine persönliche Bestimmung gefunden und damit positive Ergebnisse sowohl für mich selbst als auch für andere Menschen erreicht habe.

## Ursache #4: Logik

Mit Logik ist vernünftiges Schlussfolgern gemeint – also die rationale Ableitung von Regeln und Begründungen. Für derartige Prozesse ist im menschlichen Gehirn unter anderem der präfrontale Kortex zuständig, der allerdings an Kaufentscheidungen kaum oder gar nicht beteiligt ist. Erst nach dem Kauf wird er zu dessen Rechtfertigung aktiviert. Dennoch sind die meisten Menschen überzeugt davon, in Kaufsituationen rein rationale Entscheidungen treffen zu können und logisch zu handeln. Vielmehr ist es aber so, dass sie sich bei der Entscheidungsfindung oft vereinfachender Heuristiken bedienen, die ihnen zwar logisch erscheinen, aber unbemerkt zahlreichen Erlebens- und Wahrnehmungsverzerrungen unterliegen können. Da Rationalität Menschen ein Gefühl der Sicherheit vermittelt und ihnen bereits während des Kaufes die späteren Argumente dafür liefert, sollte trotzdem kein Verkaufsprozess auf Logik in Form von Beweisen verzichten.

*Beispiel.* Als Beweise für die Ausführungen werden bei *CopyBrain* unter anderem meine Studienabschlüsse in Kommunikationswissenschaft und Psychologie, die durch mich für andere Unternehmer erreichten Umsätze und verschiedene logisch nachvollziehbare Argumente für die Wichtigkeit von Verkaufstexten genannt.

## Ursache #5: Angebot

Das konkrete Angebot bildet den Kern eines jeden Marketing- und Verkaufsprozesses. Menschen werden dann motiviert, es zu kaufen, wenn sie damit einen positiven Zustand herstellen oder einen negativen Zustand überwinden können. Deswegen sollte ein Angebot auch immer als Lösung präsentiert werden. Es geht dabei nicht um das, was das Angebot ist, sondern darum, was es für seinen Käufer letztendlich tut – in Form von konkreten Vorteilen. Eine weitere Möglichkeit liegt darin, mit dem Angebot Exklusivität herzustellen und das Ego von Menschen anzusprechen. Ein Angebot besteht immer aus dem, was verkauft wird, und dem Preis, der dafür investiert wird. Die beste Option, den Preis möglichst niedrig wirken zu lassen, liegt darin, den wahrgenommenen Wert des Angebotes zu erhöhen. Kaufanreize in Verbindung mit dem Angebot können auch Garantien und kostenlose Bonus-Geschenke liefern.

*Beispiel.* Das Angebot *CopyBrainIng* ist eine Dienstleistung, die das Erstellen von Verkaufstexten beinhaltet und Unternehmern eine Lösung in Form höherer Umsätze liefert. Der »Preis« besteht aus einer kostenlosen Bewerbung, an die sich ein Telefonat zwecks Besprechung der möglichen Zusammenarbeit anschließt.

## Ursache #6: Verknappung

Menschen wollen grundsätzlich die Dinge haben, die sie gerade nicht haben können. Wenn sie feststellen, dass etwas nur begrenzt verfügbar ist, sind sie viel mehr gewillt, zu handeln und zu kaufen, als wenn dies nicht der Fall ist. Dieses Verhalten ist auf psychologischer Ebene dadurch zu erklären, dass Menschen in Situationen mit eingeschränkter Handlungs- und Entscheidungsfreiheit viel dafür tun würden, diese Freiheit wiederherzustellen. Zudem nehmen sie limitierte Angebote als wesentlich wertvoller wahr. Das Prinzip der Verknappung ist daher einer der stärksten Verkaufshebel überhaupt. Dieser Effekt wird noch verstärkt, wenn auch die Information über die Verknappung an sich verknappt ist. Eingesetzt werden sollten verknappende Elemente vor allem in der Handlungsaufforderung, weil diese oft der entscheidende und finale Schritt ist, der Menschen zu einem Kauf bringt.

*Beispiel.* Da es sich beim Angebot von *CopyBrain* vorrangig um eine Dienstleistung handelt, die mit gewissen zeitlichen und personellen Ressourcen verbunden ist, sind dafür jeweils immer nur fünf Plätze verfügbar, um jedem Teilnehmer auch entsprechend gerecht werden zu können.

## Ursache #7: Konsistenz

Menschen tun oft nur deswegen Dinge, weil sie sie bereits wiederholt getan haben und nach Widerspruchsfreiheit in ihrem Wahrnehmen und Erleben streben – und zwar bei sich selbst als auch in ihrer Umwelt. Deswegen sollten Verkaufsprozesse sogenannte Commitments einfordern und auf allen Ebenen konsistent sein, um bei potenziellen Käufern keine unnötigen Dissonanzen zu erzeugen. Die beste Möglichkeit, ein konsistentes Verkaufserlebnis zu bieten, besteht in der Implementierung verschiedener, aufeinander aufbauender Verkaufsphasen, innerhalb derer man Wert für seinen Interessenten erzeugt und im Gegenzug für seinen Interessenten an Wert gewinnt. Diese Phasen sollten dem typischen Verlauf menschlicher Beziehungen folgen und demnach den Preis erst von Phase zu Phase steigern, damit potenzielle Käufer Bindung und Vertrauen aufbauen und eine gegenseitige Wertsteigerung erfolgt.

*Beispiel.* Die angebotene Dienstleistung von *CopyBrain* ist in einen mehrschrittigen Prozess eingebunden. Bevor jemand sich darauf bewirbt, hat er in der Regel die Marke bereits kennengelernt und verstanden, dass gerade Verkaufstexte oft über den Erfolg oder Misserfolg einer Marketingkampagne entscheiden.

Die Entscheidung, welche Kaufursache(n) du selbst anwendest und bei deinen potenziellen Kunden auslöst, um deine Verkaufsraten zu erhöhen, liegt nun bei dir. Die sieben psychologischen Gründe, warum Menschen kaufen, bieten dir jedenfalls eine solide und fundierte Basis, um ursächliche Kaufhebel auszulösen.

# Der Rückblick, der ein Ausblick ist

Herzlichen Glückwunsch! Du bist nun (fast) am Ende dieses Buches angelangt, und ich könnte mir vorstellen, dass du dich möglicherweise gerade ein wenig überwältigt fühlst. Das kann ich verstehen. Du hast die sieben Ursachen menschlichen Handelns kennengelernt. Du hast erfahren, wie du sie auf Verkaufsprozesse überträgst. Du hast gelernt, wie das menschliche Gehirn vor und bei Kaufhandlungen funktioniert. Und wenn man all die psychologischen Konzepte, die dem menschlichen Erleben und Verhalten zugrunde liegen, zum ersten Mal liest, kann dies im ersten Moment auch etwas beeindruckend sein. Aber wenn es dir gerade so geht, dann ist das ein gutes Zeichen, denn es bedeutet auch, dass dein Gehirn bereits unbewusst damit angefangen hat, das Gelesene zu verarbeiten. Und du hast ja an vielen Stellen in *Verkaufsgehirn* erfahren, dass gerade unbewusste Prozesse das menschliche Verhalten maßgeblich leiten – im Alltag, aber gerade auch in Kaufsituationen.

Wie kannst du nun anfangen, die Inhalte dieses Buches in deinen eigenen Marketing- und Verkaufsaktivitäten anzuwenden? Ich würde dir empfehlen, die Übungen, die ich dir jeweils am Ende der sieben Hauptkapitel gegeben habe, nicht einfach nur zu lesen, sondern aktiv umzusetzen. Ergebnisse entstehen immer durch Denken und Handeln. Und die richtigen Ergebnisse, die du dir wünschst, entstehen durch das richtige Denken in deinem Kopf und das richtige Handeln in deinem Marketing. Für beides kannst und solltest du *Verkaufsgehirn* nutzen. Ich habe dir die entsprechenden Inhalte geliefert, aber umsetzen kannst du sie nur selbst. Daher empfehle ich dir, so viele Ideen aus diesem Buch wie möglich auszuprobieren. Du hast es bis hierhin gelesen. Warum also solltest du im übertragenen Sinne nicht alle Verkaufsknöpfe drücken, die dir zur Verfügung stehen?!

Um es dir so einfach wie möglich zu machen, findest du im Anhang ab Seite 242 alle Arbeitsaufgaben aus den sieben Hauptkapiteln dieses Buches noch einmal übersichtlich aufgelistet in Form einer 7-Schritte-Anleitung. So kannst du sicherstellen, nichts überlesen zu haben, und musst nicht zwischen den einzelnen Kapiteln hin- und herblättern, wenn du eine bestimmte Kaufursache bearbeiten und aktiv umsetzen möchtest.

Du musst das natürlich auch nicht mit allen sieben Kaufursachen gleichzeitig tun. Beginne mit einer und wenn du feststellst, dass sie funktioniert (und das wird sie), dann widme dich Schritt für Schritt den anderen. Wende sie an und dann teste und analysiere, welche Ursache dir persönlich die besten Resultate bringt. Diese Möglichkeit ist auch einer der Gründe, warum ich die Inhalte, die du in diesem Buch gelernt hast, so sehr mag und schätze. Es handelt sich dabei im Kern um prüfbare und simple Konzepte, die aber eine enorm große Wirkung haben können.

Ich selbst habe in den acht Wochen von März bis Mai 2018, in denen ich dieses Buch abends, nachts und an den Wochenenden geschrieben habe, die Inhalte sehr oft reflektiert (und dabei selbst auch noch einmal eine Menge gelernt). Und ich habe mich dabei oft gefragt, ob die sieben Ursachen, die Aristoteles bereits vor fast 2.500 Jahren als Gründe menschlichen Handelns genannt hat, wirklich allumfassend und erschöpfend sind. Und egal, wann und wie oft ich auch darüber nachgedacht habe, ich bin immer zu der gleichen Antwort gekommen: Ja, sie sind es.

Wenn du selbst einmal dein eigenes Kaufverhalten aus der Vogelperspektive betrachtest und dich fragst, warum du in den vergangenen Monaten oder erst letzte Woche eine bestimmte Sache gekauft hast, dann wirst du immer feststellen, dass eine oder mehrere der sieben von Aristoteles genannten Ursachen der Auslöser dafür waren. Wenn du gerade noch skeptisch bist (was völlig normal und in Ordnung ist), dann beobachte doch einfach in der kommenden Zeit einmal dein eigenes Handeln in Kaufsituationen – und frage dich danach, warum du gekauft hast und was dich zum Kauf gebracht hat. Ich bin mir sehr sicher, dass du auf mindestens eine der sieben Kaufursachen stoßen wirst, die du in diesem Buch kennengelernt hast.

Beim Schreiben von *Verkaufsgehirn* habe ich mich aber manchmal (zugegebenermaßen etwas amüsiert) auch noch etwas anderes gefragt: Was würde Aristoteles denken, wenn er heute noch leben und seine antiken Erkenntnisse in einem Buch über Verkaufspsychologie im 21. Jahrhundert nachlesen würde? Was würde er davon halten, dass sein damaliges Konzept in dieser Form zum allerersten Mal (meines Wissens nach) auf eine Welt übertragen worden ist, die er zu seinen eigenen Lebzeiten noch nicht einmal ansatzweise erahnen konnte? Die Antworten auf diese Fragen werden wir nie erfahren. Aber fest steht, dass Aristoteles bereits schon damals erkannt und verstanden hat, was notwendig ist, um Menschen zum Handeln zu bringen. Seine *7 Ursachen menschlichen Handeln* sind über 2.000 Jahre alt – und trotzdem oder vielleicht gerade deswegen gültiger denn je.

Und das Schöne an diesen Ursachen ist, dass du kein Psychologe sein musst, um sie anzuwenden. Sie sind, sobald du darüber nachgedacht hast, einfach zu verstehen und umzusetzen. Du musst einfach nur wissen, warum und wie du sie nutzt. Und sie funktionieren völlig unabhängig davon, was du verkaufst. Denn es geht um den Kontext, in dem du sie einsetzt, und nicht um den Inhalt. Natürlich wirst du menschliches Handeln nie zu 100 Prozent steuern und kontrollieren können. Und das ist auch gut so, weil es sonst bedeuten würde, dass wir alle willenlose Wesen sind und nicht in der Lage, eigenverantwortliche Entscheidungen zu treffen und Handlungen auszuführen. Aber solange du mit Interessenten und Kunden als Menschen zu tun hast, liefert die Anwendung der sieben psychologischen Kaufursachen dir einen entscheidenden Vorteil gegenüber denen, die auf sie verzichten.

Diejenigen, die die Prinzipien der menschlichen Psychologie verstehen und auf Marketing- und Verkaufsprozesse anwenden, werden letztendlich die besseren Verkäufer sein und die höheren Umsätze erzielen – weil sie das wichtigste und gleichzeitig komplexeste Gebilde nutzen, das wir Menschen haben: unser Gehirn. Das Positive daran ist aber, dass trotz der Komplexität unseres Gehirns verkaufspsychologische Prinzipien nicht annähernd so komplex sind. Sie sind das Ergebnis jahrhundertelanger Arbeit engagierter Wissenschaftler und anerkannter Psychologen. Und dass diese Prinzipien erprobt und bewährt sind, beweisen nicht nur zahlreiche empirische Studien, sondern auch die Ergebnisse, die unzählige Menschen damit in der Praxis in den unterschiedlichsten Märkten seit langem erzielen.

Du kannst jetzt die oder der Nächste sein. Und die Gelegenheit war noch nie so günstig wie gerade, denn das Zeitalter der Digitalisierung bietet uns Möglichkeiten, die die Generationen vor uns nicht hatten – und die auch ein Aristoteles nicht hatte. Trotzdem hat er, völlig unwissend und völlig ungeachtet der damaligen Möglichkeiten im alten Griechenland, mit seinem Konzept der sieben Ursachen menschlichen Handelns eine fundierte Basis für erfolgreiches Marketing geliefert. Die Forschung der vergangenen Jahrhunderte hat sein Konzept erweitert und optimiert. Es liegt nun an dir, dieses Konzept für dich selbst umzusetzen …

Herzlichen Dank für dein Interesse an diesem Buch und für die Zeit, die du in *Verkaufsgehirn* investierst hast. Ich wünsche dir nur das Beste und dass du damit die Ergebnisse erzielst, die du dir wünschst! Falls du Fragen oder Feedback zu den Inhalten hast oder ich dir sonst in irgendeiner Weise helfen kann, dann schreibe mir einfach an desiree@verkaufsgehirn.com. Ich würde mich freuen, von dir zu hören.

Abschließend bleibt mir – angelehnt an Aristoteles Zitat – nur noch eines zu sagen:

»Alle menschlichen Kaufhandlungen haben eine oder mehrere dieser sieben Ursachen: Bedürfnis, Wunsch, Emotion, Logik, Angebot, Verknappung, Konsistenz.«

**Désirée Meuthen
Berlin, im Dezember 2018**

# Bonus:
# Wie du die 7 Kaufursachen sprachlich umsetzt

Du hast nun die sieben psychologischen Ursachen menschlicher Kaufhandlungen kennengelernt. Du hast erfahren, welche Ursachen es gibt, warum diese wichtig sind und wie du sie verkaufspsychologisch umsetzt. Und eigentlich sollte dieses Buch an dieser Stelle auch enden – zumindest ursprünglich. Denn das Schlusswort von *Verkaufsgehirn* sollte auch wirklich der Schluss sein. Aber ich habe meinen Plan geändert und mich dazu entschieden, noch ein weiteres Kapitel zu schreiben – eine Art Bonus als Geschenk für dich. Und das hat einen guten Grund.

Ganz am Anfang dieses Buches hatte ich dir erklärt, dass erfolgreiche Marketing- und Verkaufsaktivitäten auf zwei wesentlichen Säulen basieren: auf Psychologie und auf Sprache. Die Verkaufspsychologie bildet (ganz beabsichtigt und gewollt) den Schwerpunkt von *Verkaufsgehirn*. Sie setzt den Rahmen für alles das, was du in deinem Marketing tust. Ohne Psychologie kommt kein Kauf zustande. Unsere Psyche ist immer und in jedem Verkaufsprozess beteiligt – bewusst und unbewusst, offen oder verdeckt. Aber weil es mir wichtig ist, dass du alle sieben psychologischen Kaufursachen so schnell und so einfach wie möglich zu den Kaufursachen DEINER Interessenten und Kunden machst, zeige ich dir nun abschließend Schritt für Schritt, wie du sie sprachlich umsetzt.

Unsere Sprache ist die beste Möglichkeit, die wir Menschen haben, um zu kommunizieren, uns auszudrücken, andere von etwas zu überzeugen und sie letztendlich zum Handeln zu bringen. Ohne Sprache – ohne die Möglichkeit, dich und deine Marketingbotschaft mitzuteilen – kannst du keine der sieben Kaufursachen auslösen. Deine Sprache transportiert die mächtigen psychologischen Verkaufshebel. Und genau deswegen bekommst du nun als sprachliches Beispiel einen ausgewählten und sehr erfolgreichen Verkaufstext von mir, den ich selbst in meiner Funktion als Copywriterin geschrieben habe und der alle sieben Ursachen aus diesem Buch sprachlich komplett umsetzt.

Es handelt sich dabei um einen Original-Text aus meinem eigenen Brand *CopyBrain*, von dem ich weiß, dass er sehr gut konvertiert (in Marketingsprache: Menschen zum Handeln bringt – und nichts anderes wollen wir ja). Dieses Beispielskript kann nicht nur in schriftlicher Form umgesetzt als Vorlage dienen, sondern auch mündlich wie beispielsweise in Videos oder persönlichen Gesprächen.

Inhaltlich bezieht sich das Skript auf das in diesem Buch ab Seite 208 dargestellte Praxisbeispiel, sodass du direkt siehst, wie du die Ausarbeitungen der sieben Kaufursachen für dein eigenes Marketing und deine Verkaufstexte nutzen kannst.

Damit du verstehst und nachvollziehen kannst, wie der folgende Text die sieben Kaufursachen sprachlich umsetzt, findest du unter den jeweiligen Textpassagen die verkaufspsychologische Erklärung *[kursiv in eckigen Klammern – Ursache: Erklärung]* – und sicherlich erkennst du die ein oder andere Ursache aus diesem Buch auch direkt wieder.

## Lass mich DEINE Verkaufstexte für dich schreiben ...

... und profitiere damit von den exakten verkaufspsychologischen Techniken und sprachlichen Skripten, mit denen ich auch für andere Unternehmen in zahlreichen Märkten mehr als 7-stellige Umsätze generierte
*[Wunsch: Geld verdienen + Unternehmen aufbauen]*

Liebe Leserin, lieber Leser,

nach vielen Jahren praktischer Erfahrung im Marketing und in der Verkaufspsychologie habe ich ein sehr interessantes Muster festgestellt (und du erfährst in wenigen Momenten, welches es ist und warum es auch für dich wichtig ist).
*[Emotion: Neugier]*

Diejenigen, die wissen, wie Marketing WIRKLICH funktioniert, generieren mehr Umsätze. Das ist eine Tatsache, die niemand bestreiten kann. Und damit meine ich nicht nur ein paar Umsätze mehr. Ich spreche von ziemlich vielen Umsätzen mehr.
*[Emotion: Freude]*

Wie du diese Umsätze auch für dich und dein Unternehmen generieren kannst, werde ich dir in weniger als 2 Minuten verraten.
*[Bedürfnis: finanzielle Sicherheit]*

Vorher möchte ich dir aber noch kurz meine eigene persönliche Geschichte erzählen – und danach wirst du auch verstehen, warum es für erfolgreiches Marketing (und damit für mehr Umsätze) auf nur zwei ganz bestimmte Dinge ankommt.

Aber ich gebe zu, auch ich kannte das wahre Potenzial dieser beiden Dinge viele Jahre lang nicht. Ich selbst habe einen klassisch journalistisch-redaktionellen Hintergrund. Ich habe einen Hochschulabschluss in Kommunikationswissenschaft. Ich habe immer gerne geschrieben.

Aber letztendlich hatte ich tief in meinem Inneren nie wirklich das Gefühl, damit etwas zu erreichen – weder für mich noch für andere.

*[Emotion: Traurigkeit]*

Das sollte sich ändern, als ich mich dazu entschieden habe, mein altes Leben hinter mir zu lassen und nach Berlin zu gehen …

## Meine persönliche Geschichte

Bis noch vor ein paar Jahren habe ich in einer mittelgroßen Stadt im Westen von Deutschland gelebt.

*[Emotion: Storytelling – Hauptperson]*

Ich wusste damals zwar, was Marketing ist (das dachte ich zumindest), aber das war auch schon alles. Was es allerdings wirklich bedeutet – und welche Auswirkung Marketing nicht nur für mich persönlich, sondern auch für viele andere Menschen haben kann – habe ich erst verstanden, als ich in der Hauptstadt mein persönliches Aha-Erlebnis hatte – und ehrlich gesagt hätte ich mir gewünscht, es schon früher begriffen zu haben.

*[Emotion: Storytelling – Wunsch]*

Es war im April 2014 und durch einen lustigen Zufall habe ich Kris Stelljes kennengelernt (ich glaube eigentlich nicht an Zufälle, sondern bin davon überzeugt, dass alle seinen Sinn hat, und diese Begebenheit beweist das mal wieder). Kris ist Online-Unternehmer und suchte damals eine Copywriterin. Und ganz ehrlich: Ich hatte zum damaligen Zeitpunkt überhaupt keine Ahnung, was das eigentlich ist – ließ mir das aber natürlich nicht anmerken. :-)

Ich konnte anhand der Bezeichnung nur ableiten, dass es etwas mit Schreiben zu tun hatte – und das fand ich natürlich gut. Kris erklärte mir, dass man darunter im Deutschen eine Werbetexterin versteht. (Aber ganz ehrlich: Ich mag dieses Wort bis heute nicht, weil es nicht annähernd das verkörpert, was Copywriting wirklich macht: nicht nur werben, sondern vor allem verkaufen).

Was allerdings nach dem ersten Zusammentreffen mit Kris passieren sollte, konnte ich damals noch nicht einmal ansatzweise ahnen …

*[Emotion: Neugier]*

Als ich meinen ersten Text als Copywriterin schrieb, fand ich das komisch. Plötzlich ging es nicht mehr darum, Sachverhalte neutral darzustellen (wie ich das als freie Journalistin mehr als zehn Jahre lang getan habe), sondern mit Texten Dinge zu bewerben, zu vermarkten und zu verkaufen (was man nun nicht mehr unbedingt als »neutral« bezeichnen kann). Es war eine ganz »eigene« Sprache und ich musste mich erst an sie gewöhnen. Aber es war auch eine Sprache, die ich irgendwann anfing zu lieben.

… weil sie mit dem korrespondierte, was mich seit meinem 14. Lebensjahr brennend interessierte: die Lehre vom menschlichen Erleben und Verhalten.

Als ich anfing, mit Kris zusammenzuarbeiten, befand ich mich gerade im zweiten Semester meines Fernstudiums der Psychologie (und ich glaube im Nachhinein, dass Kris mich unter anderem deswegen sofort eingestellt hat). Ich stellte relativ schnell fest, dass Copywriting genau die beiden Dinge kombinierte, für die ich zum damaligen Zeitpunkt seit langem brannte und die mich immer begeistert hatten (und das bis heute tun): Sprache und Psychologie.
*[Emotion: Überraschung]*

Es war das, was ich immer hatte machen wollen und was mich tief erfüllt. Ich habe es nur viele Jahre nicht gewusst. Meine Bestimmung lag die ganze Zeit vor mir. Aber erst in Berlin habe ich sie gefunden.
*[Emotion: Storytelling – Veränderung]*

Mittlerweile – einige Jahre später – ist sehr viel Schönes passiert ...
*[Emotion: Freude]*

Aus dem damaligen Psychologie-Fernstudium ist ein Bachelor-Abschluss mit »exzellent« geworden (und das Master-Studium schließt sich gerade an).
*[Logik: Beweis durch Wissen]*

Aus der damaligen Texterin ist »eine der besten Copywriterinnen im deutschsprachigen Raum« geworden (und das sind nicht meine eigenen Worte, sondern so werde ich von vielen derjenigen bezeichnet, für die ich mittlerweile geschrieben habe – wie beispielsweise René Renk oder Detlef Soost).
*[Logik: Beweis durch Wissen/Beweis durch andere]*

Aus meiner ersten Copy (die englische Bezeichnung für Werbetexte) sind tausende Marketing- und Verkaufstexte geworden, die insgesamt mehr als 7-stellige Umsätze für Unternehmer im In- und Ausland erwirtschaftet haben.
*[Logik: Beweis durch andere]*

Und deswegen kann ich die Macht von Marketing im Zusammenhang mit Sprache und Psychologie wirklich nur bestätigen. Genau diese beiden Dinge sind es, die Marketing erfolgreich und profitabel machen.

Fakt ist:

**Wenn du weißt, wie Marketing funktioniert, bist du in der Lage, die Höhe deiner Verkäufe und deiner Einnahmen selbst zu kontrollieren.**

Wenn du nicht weißt, wie Marketing funktioniert, wirst du immer gestresst und verunsichert sein, weil du nicht weißt, wie und wann du den nächsten Verkauf generierst.
*[Emotion: Furcht]*

Und wenn du die Wahl hättest, würdest du dich sicherlich immer für die Option entscheiden, es zu wissen, oder?
*[Konsistenz: Mikro-Commitment]*

Marketing ist eine der wichtigsten Fähigkeiten, die du lernen musst, wenn es um (d)ein Unternehmen geht. Denn wenn man es ganz genau betrachtet, geht es beim Marketing um nur eine einzige Sache: Um die Gewinnung von Kunden (und damit Verkäufe und Umsätze) für dein Unternehmen.

Es gibt natürlich viele verschiedene Faktoren, die ein Unternehmen erfolgreich machen, aber Marketing ist einer der wenigen Faktoren, der dir wirklich Umsätze einbringt. Wenn du einmal genauer darüber nachdenkst, dann kosten dich die meisten Dinge in deinem Unternehmen Geld – anstatt dir welches einzubringen.

Aber Marketing ist letztendlich das, was Verkäufe und Umsätze für dein Unternehmen generiert (und den Erfolg und Einfluss, den du dir sicherlich wünschst). Ich weiß nicht, wie du persönlich darüber denkst, aber ich denke, die meisten Unternehmer würden mir sicherlich direkt zustimmen, oder?

*[Konsistenz: Mikro-Commitment]*

Trotzdem gibt es dabei ein großes Problem (und ein Großteil aller Unternehmer macht beim Marketing 3 unnötige Fehler, die ich dir gleich verrate) …

*[Emotion: Furcht]*

8 von 10 Menschen setzen Marketing völlig falsch um (aber das machen sie natürlich nicht mit Absicht, sondern völlig unwissend, weil es da draußen so viele unvollständige und widersprüchliche Informationen gibt).

*[Logik: Beweis durch Zahlen]*

Die meisten Menschen denken bei Marketing in der heutigen Welt an Facebook, YouTube oder Instagram. Und das ist auch nicht komplett falsch – gerade in unserem digitalen Zeitalter.

Aber was passiert den meisten Unternehmern, die sich ausschließlich auf diese neuen, scheinbar so verlockenden Marketing-Möglichkeiten einlassen?

Sie scheitern …

… und zwar aus 3 Gründen (es sind die 3 Fehler, von denen ich oben sprach – und besonders Fehler #3 ist extrem entscheidend):
*[Emotion: Wut/Überraschung]*

### Fehler #1:
### Viele Unternehmer verfolgen die falsche Marketing-Strategie.

Zahlreiche Unternehmen betreiben ihr Marketing, indem sie willkürlich verschiedene Taktiken ausprobieren und dann schauen, ob und was am besten funktioniert. Sie haben keinen Plan, nach dem sie die einzelnen Teile so zusammenfügen können, dass sie am Ende durch das große Ganze auch größtmögliche Umsätze erzielen.

Aber diese Vorgehensweise ist ziemlich ineffektiv und auch extrem ineffizient. Natürlich kannst du durch ein solches Vorgehen auch einmal Glück haben – aber auf Glück sollte man sich als Unternehmer sicherlich nicht verlassen, oder? Und außerdem verschwendest du so einen Großteil deiner Zeit damit, von einer Taktik zur nächsten zu »springen«, ohne dass du dadurch die Resultate erzielst, die du dir wirklich wünschst.
*[Emotion: Furcht]*

Wenn es darum geht, Marketing umzusetzen, das wirklich funktioniert (und verkauft), dann brauchst du eine systematische Vorgehensweise, damit all deine Aktivitäten in eine einzige Richtung gehen: mehr Umsatz durch weniger Zeit, Aufwand und Kosten.

**Fehler #2:**
**Viele Unternehmer kennen die Kernprinzipien der Verkaufs-**
**psychologie für wirklichen Marketing-Erfolg nicht.**

Es ist unbestreitbar, dass die Formate für Marketing sich grundlegend geändert haben. Während noch bis vor einigen Jahrzehnten Marketing hauptsächlich über Anzeigen in Zeitungen und verschickte Verkaufsbriefe betrieben wurde, haben E-Mails, Social Media und Online-Banner diese klassischen Werbeformate mittlerweile zum größten Teil abgelöst.

Aber eine Sache hat sich – völlig unabhängig von den genutzten Medien – nicht geändert: Die verkaufspsychologischen Prinzipien, die Marketing wirklich erfolgreich machen, sind nach wie vor dieselben.

Mit anderen Worten: Die zugrundeliegenden treibenden Kräfte hinter Marketing, die Interessenten und Kunden dazu bringen, eine Kaufentscheidung zu treffen, sind unverändert geblieben.

(Traurige) Tatsache ist aber auch, dass die meisten Menschen diese Prinzipien der Verkaufspsychologie nicht kennen, und nicht verstehen, dass sie der Grund dafür sind, warum sie mit ihrem Marketing nicht die Ergebnisse erzielen, die sie eigentlich haben wollen.

*[Emotion: Traurigkeit]*

Umgekehrt bedeutet das aber auch: Wenn du diese Prinzipien umsetzt, wenn du verstehst, wie du bestimmte Worte, Sätze und Texte einsetzt, um jemanden davon zu überzeugen, dass dein Angebot genau das Richtige ist, dann spielt das Format deines Marketings überhaupt keine Rolle.

Noch besser: Wenn du die Prinzipien der Verkaufspsychologie nutzt, dann kannst du sie in jedem Medium anwenden – egal, ob du dein Marketing über Videos, Suchmaschinen-Anzeigen oder Zeitschriftenwerbung betreibst.

Und das nicht nur jetzt, sondern (noch viel besser) auch für immer in der Zukunft.

*[Emotion: Freude]*

### Fehler #3:
### Viele Unternehmer unterschätzen die Macht, die Verkaufstexte auf ihre Umsätze haben.

Manche Menschen denken, dass Texte nur für Journalisten oder Autoren wichtig sind. Aber …

Es gibt tausende Unternehmer und Marketer da draußen, die noch nicht einmal ansatzweise ahnen, wie sehr sie ihr Umsatzpotenzial (unwissend) einschränken, indem sie die falschen Verkaufstexte einsetzen – und damit auf falsches Copywriting setzen.

*[Emotion: Furcht]*

Copywriting ist Kunst und Wissenschaft zugleich, genau die Worte, Sätze und Texte zu formulieren, die Aufmerksamkeit gewinnen, Interesse erzeugen, einen Wunsch auslösen, Überzeugung schaffen und letztendlich zur Handlung – dem Kauf – führen.

Es gibt nicht ein erfolgreiches Unternehmen da draußen, das auf Verkaufstexte verzichtet, um genau damit Umsätze zu generieren. Bitte mache dir das einmal bewusst (denn es ist wichtig).

Copy (das bedeutet übersetzt übrigens nicht »Kopie«, sondern ist der englische Begriff für »Verkaufstext«) begegnet dir überall in deinem Unternehmen und ist das Kernelement einer jeden Marketingmaßnahme – egal, ob online oder offline, und egal, ob in Print, Audio oder Video.

... Artikel, Anzeigen, E-Mails, Verkaufsseiten, Videoskripte, Webinare, Produktbeschreibungen, Gespräche und noch vieles mehr – überall spielt die Sprache die entscheidende Rolle.

Deine Copy ist im symbolische Sinne so etwas wie der Klebstoff, der alle deine Marketingelemente zusammenhält ... und das Erfolgsgeheimnis eines jeden profitablen Marketings.

**Ohne die richtige verkaufspsychologische Copy wird dein Marketing niemals wirklich funktionieren, weil ihm die Substanz fehlt, die letztendlich anspricht, überzeugt und verkauft.**
*[Logik: Beweis durch Argumente]*

Durch die richtige Copy baust du Reichweite, Vertrauen und Autorität auf – und machst damit Interessenten zu Kunden und Kunden zu Stammkunden.
*[Bedürfnis: finanzielle Sicherheit]*

Genau deswegen braucht jedes Unternehmen auch gute Copy, und zwar völlig unabhängig vom Markt oder Angebot.

Und falls du jemals eine »bewährte« Marketingstrategie ausprobiert hast und sie nicht funktioniert hat, ist es nicht unwahrscheinlich, dass es an deiner Copy lag (denn diese findest du ÜBERALL in deinem Marketing).

Zusammengefasst:

**Gute verkaufspsychologische Copy kann einen solch positiven Effekt auf dein Unternehmen haben, dass ich sie auch gerne als »Game Changer« bezeichne.** *[Emotion: Überraschung]*

Und das gilt ganz besonders in der digitalen Welt, in der wir heute leben und in der sich der Großteil unserer Kommunikation durch geschriebene Sprache vollzieht.
*[Logik: Beweis durch Argumente]*

Das mag jetzt vielleicht hart klingen, aber …

Wenn du keine gute Copy schreibst und einsetzt, dann schöpfst du mit deinem Marketing nur einen winzigen Bruchteil deines Potenzials aus.
*[Emotion: Furcht]*

Es gibt nämlich einen deutlichen Unterschied zwischen Texten und *Verkaufs*texten – und genau dieser Unterschied entscheidet über deine Umsätze.

Ich bin mir sicher, dass du spätestens jetzt verstanden hast, welchen Effekt die richtigen Verkaufstexte auch auf dein Unternehmen und deine Einnahmen haben können. Und bitte denke einmal darüber nach, was es auch für dich bedeuten würde, wenn du in deinem kompletten Marketing über die Texte verfügst, die dir ein Stück der Arbeit abnehmen und für dich verkaufen ...

*[Wunsch: Geld verdienen + Unternehmen aufbauen]*

Du verfügst damit über ein verkaufspsychologisches und sprachliches Instrument, das deine Marketingkampagnen erfolgreich macht.

*[Wunsch: Ebene »haben«]*

Du musst nicht mehr befürchten, dass deine Umsätze trotz deiner Investition von Kosten und Zeit ausbleiben.

*[Wunsch: Ebene »fühlen«]*

Du siehst bei der Analyse deiner Verkaufszahlen, dass du die Einnahmen generierst, die für den nachhaltigen Erfolg deines Unternehmens notwendig sind.

*[Wunsch: Ebene »erleben«]*

Möglicherweise würdest du am liebsten jetzt direkt damit anfangen wollen, profitable Verkaufstexte zu schreiben und in deinem Unternehmen einzusetzen (was ich verstehen kann). Aber vielleicht befürchtest du gerade auch, dass du dazu nicht in der Lage bist oder dass dir die Zeit fehlt, Copywriting selbst umzusetzen (was ich ebenfalls verstehen kann).

*[Wunsch: Glaubenssatz intern]*

Zugegeben, es kann sehr herausfordernd und zeitintensiv sein, wirklich profitable Verkaufstexte zu schreiben, die am Ende auch das tun, was ihr Name eigentlich aussagt: verkaufen.

Gerade, wenn du noch nicht viel oder gar keine Erfahrung damit hast, kann es schwierig sein, die verschiedenen Ebenen profitabler Copy alle gleichzeitig zu berücksichtigen und anzuwenden: Sprache, Psychologie, Struktur, Inhalt, Länge, Orthographie, Grammatik ...

*[Emotion: Furcht]*

Aus diesem Grund biete ich nun ein neues und exklusives Programm für wenige ausgewählte Unternehmer in Form einer Dienstleistung an:

## CopyBrainIng

Es handelt sich dabei um ein brandneues (und begrenztes) Angebot, mit dem du an den entscheidenden Stellschrauben in deinem Marketing drehst, indem ich die Copy für dich aufsetze, mit der du dein Produkt oder deine Dienstleistung maximal verkaufst.

*[Angebot: schnelle, einfache und neue Lösung]*

Was also wäre, wenn ich DEINE Verkaufstexte für dich schreibe – und du damit von den exakten verkaufspsychologischen Techniken und sprachlichen Skripten profitierst, mit denen ich auch für andere Unternehmen in zahlreichen Märkten 7+-stellige Umsätze generiert habe?

*[Wunsch: Geld verdienen + Unternehmen aufbauen]*

*CopyBrainIng* besteht aus verschiedenen Bausteinen, die wir in der Umsetzung deiner Verkaufstexte nutzen können und die ich aufgrund meiner langjährigen Erfahrung im Copywriting und in der Verkaufspsychologie als maximal verkaufsstark kennengelernt habe.

Alle Elemente sind nach deinen Wünschen flexibel kombinierbar und erweiterbar und können individuell nach deinen Vorstellungen angepasst werden, um das bestmögliche Resultat für dich und dein Unternehmen zu erzielen.

## Element #1:
### Erstellung eines Video Sales Letter/Text Sales Letter

Gerade, wenn du niedrig- bis mittelpreisige Produkte anbietest, sind Video Sales Letter (VSL) beziehungsweise Text Sales Letter (TSL) immer noch »State of the Art« im Marketing. In den USA und seit einigen Jahren auch im deutschsprachigen Raum erzielen VSLs und TSLs einen Verkaufsrekord nach dem anderen.

## Element #2:
### Erstellung eines Upsells

Folgeverkäufe nach einem Video Sales Letter oder Text Sales Letter sind die beste Möglichkeit, deine Umsätze maximal zu skalieren. Deswegen sollte kein Unternehmer auf einen Upsell verzichten. Ein Upsell ist dann am umsatzstärksten, wenn er auf den vorherigen VSL oder TSL genau abgestimmt ist.

## Element #3:
### Erstellung eines Webinars

Webinare sind eines der besten Verkaufsinstrumente, und wir selbst sind damit in all unseren Nischen extrem erfolgreich. Besonders, wenn du hochpreisige Angebote wie Consulting, Dienstleistungen oder Coachings vermarktest, sind Webinare extrem mächtig. Ein Webinar aufzubereiten, kann sehr komplex sein, da dabei zahlreiche verkaufspsychologische Hebel beachtet werden müssen – gerade deswegen ist es aber auch so extrem verkaufsstark.

## Element #4:
### Erstellung einer E-Mail-Kampagne

Kein erfolgreicher Unternehmer sollte auf E-Mails als Marketinginstrument verzichten. Newsletter bieten eine fantastische Möglichkeit, Vertrauen zu deinen Interessenten und Kunden aufzubauen, die Bindung zu ihnen zu stärken und deine Angebote bei hunderten oder tausenden Empfängern gleichzeitig auf Knopfdruck und mit wenig Aufwand und geringen Kosten zu bewerben.

## Element #5:
### Analyse deines Verkaufsprozesses

Oft sind es Kleinigkeiten, die große Auswirkungen auf deine Verkaufsraten haben. Gerade dann, wenn dein Verkaufsprozess aus mehreren Phasen besteht, erhöht sich die Anzahl potenzieller Faktoren, die deine Umsätze erhöhen, aber auch verringern können. Die eingesetzte Copy und Verkaufspsychologie sollte deswegen unbedingt besondere Beachtung finden und auf weiteres Umsatzpotenzial hin analysiert werden.

## Bei allen Elementen:
## Strategie-Session

Am Anfang einer jeden Zusammenarbeit steht eine gemeinsame 4-stündige Strategie-Session, damit ich deine genauen Vorstellungen und Wünsche verstehen, erarbeiten und berücksichtigen kann. Du sprichst dabei mit mir über genau die Dinge, die wichtig für dein Unternehmen, dein Marketing und deine Verkaufstexte sind. Denn nur so können wir sicherstellen, dass wir hinsichtlich deiner Verkaufstexte zusammen auch genau das erarbeiten, das dich und dein Unternehmen weiterbringt.

*[Angebot: Auflistung]*

## Bist du bei CopyBrainIng dabei?

Es ist mir aber sehr wichtig, dass du weißt, für wen dieses Programm geeignet ist und für wen nicht. Und deswegen möchte ich auch so fair sein, dir das vorher zu sagen ...

## Für wen CopyBrainIng nicht geeignet ist:

- Für Menschen, die »nur« Consulting wollen (dieses Programm ist eine Dienstleistung).
- Für Menschen, die mir nicht die nötigen Informationen geben, damit ich ihre Verkaufstexte passgenau gestalten kann.
- Für Menschen, die nicht bereit sind, zeitlich und finanziell etwas zu investieren.

## Für wen CopyBrainIng geeignet ist:

- Für Menschen, die bereits über ein Produkt und/oder eine Dienstleistung verfügen und dies bestmöglich vermarkten und verkaufen wollen.
- Für Menschen, die sich freuen, mit mir zusammenzuarbeiten, und bereit sind, gemeinsam mit mir Synergien für ihr Unternehmen zu entwickeln.
- Für Menschen, die dieses Angebot als einmaliges und nachhaltiges Investment sehen und dafür langfristig und dauerhaft Umsätze generieren.

*[Angebot: Exklusivität]*

Sobald du am *CopyBrainIng*-Programm teilnimmst, bekommst du auch noch ein persönliches Geschenk von mir …

## Besonderer Bonus:
## Premium-VIP-Support

Manche Dinge lassen sich am besten persönlich besprechen – gerade, wenn es um wichtige Themen für dein Unternehmen wie Marketing, Copywriting oder Verkaufspsychologie geht.

Daher bekommst du als Teilnehmer des *CopyBrainIng*-Programms für die Dauer der Umsetzungsarbeiten unseren Premium-Support mit persönlicher telefonischer Betreuung und der Möglichkeit, mich direkt per E-Mail zu kontaktieren und offene Fragen oder Anregungen sofort zu klären.

*[Angebot: Bonus]*

## Falls du dich nun angesprochen fühlst,
## ist das dein nächster Schritt …

Da *CopyBrainIng* eine Dienstleistung ist und – wie du dir sicherlich vorstellen kannst – große zeitliche und personelle Ressourcen in Anspruch nimmt, kann ich vorerst nur 5 Plätze zur Verfügung stellen. Denn nur so gehe ich sicher, jedem Teilnehmer auch wirklich gerecht zu werden (und das ist mir persönlich sehr wichtig). *[Verknappung: begrenzte Plätze]*

Deswegen läuft das Ganze auch über einen Bewerbungsprozess, weil ich im Gegenzug nur mit Menschen zusammenarbeiten möchte, denen es wirklich ernst damit ist, ihr Marketing mit den passenden Verkaufstexten und der richtigen Verkaufspsychologie auf ein neues Level zu heben.

**Sobald du dich bewirbst, startet folgender Prozess:**

1. Du suchst dir einen Telefontermin aus, an dem du Zeit hast.
2. Zu diesem Termin rufe ich dich persönlich an.
3. Wir gehen zusammen die wichtigsten Informationen zu deinem Unternehmen und deinen Zielen hinsichtlich Marketing und Copy durch.
4. Während dieses Telefonats entscheiden wir gemeinsam, ob und wie wir zukünftig zusammenarbeiten.
5. Nach dieser Entscheidung werde ich in zeitlicher Planung mit dir mit der Umsetzung deiner Verkaufstexte beginnen.

Wenn du also wirklich an diesem Programm und einem der 5 verfügbaren Plätze interessiert bist, dann fülle jetzt ganz unverbindlich das Bewerbungsformular unter dem Link, den ich dir weiter unten zeigen werde, so sorgfältig wie möglich aus.

Der Bewerbungsprozess ist selbstverständlich kostenlos, dauert normalerweise nicht länger als 10 Minuten und läuft über eine sichere und geschützte Seite.

*[Angebot: »Preis«]*

Sobald deine Bewerbung bei uns eingegangen ist, werden wir uns danach zeitnah bei dir melden und alles Weitere mit dir besprechen.

Bewirb dich jetzt – und ich freue mich darauf, von dir zu hören, und vielleicht schon bald deine Verkaufstexte für dich schreiben zu können:

**www.copybrain.de/bewerbung**

*[Handlungsaufforderung: Bewerbung]*

PS: Bitte denke noch einen winzigen Moment darüber nach ...

Der riesige Vorteil von Verkaufstexten besteht darin, dass die verkaufspsychologischen Prinzipien dahinter immer mächtig sind – und dass du sie in jedem Markt und in jeder Nische für jedes Produkt und für jede Dienstleistung einsetzen kannst. Und wenn du es von dieser Perspektive aus betrachtest, wird dir sicherlich schnell klar, dass Copy einen ungeheuren Einfluss auf deine Umsätze hat.

Wenn du potenzielle Käufer in deinen Verkaufsprozess ziehen möchtest … brauchst du gute Copy.

Wenn du Menschen von dir und deinem Angebot überzeugen möchtest … brauchst du gute Copy.

Wenn du ein eigenes Unternehmen hast und deine Umsätze erhöhen möchtest … brauchst du gute Copy.

Die Entscheidung, dich auf einen der 5 verfügbaren Plätze zu bewerben, um deine eigenen profitablen Verkaufstexte von mir schreiben zu lassen, liegt nun bei dir …

*[Verknappung: begrenzte Plätze]*

**www.copybrain.de/bewerbung**

# Anhang:
# Arbeitsaufgaben zu den
# 7 Kaufursachen

Ich freue mich sehr, dass du dieses Buch bis hierhin gelesen hast. Aber noch mehr freue ich mich natürlich darüber, wenn du damit Ergebnisse erzielst, indem du Menschen durch die sieben Kaufursachen die Gründe lieferst, die sie dazu bringen zu kaufen ... und du dadurch deine Verkäufe und Einnahmen steigerst.

Ergebnisse entstehen aber immer nur durch Handlungen – und damit du die Inhalte von *Verkaufsgehirn* so schnell und so einfach wie möglich in Form von Handlungen selbst aktiv umsetzen kannst, findest du im Folgenden eine Zusammenfassung der Aufgaben aus den sieben Hauptkapiteln. Betrachte diese Zusammenfassung am besten als 7-Schritte-Anleitung, anhand derer du die sieben psychologischen Kaufursachen aus diesem Buch von der Theorie in die Praxis – in deine Praxis – umwandelst.

### Ursache #1: Bedürfnis

1. Nimm dir ein Blatt Papier und teile dieses Blatt in vier etwa gleich große Felder auf.
   Gehe die vier Fragenblöcke durch, beantworte die sechs Fragen zu jedem der vier W-Blöcke und schreibe in das jeweilige Feld auf deinem Blatt alles das, was dir zu der jeweiligen Frage einfällt:

- Welche Bedürfnisse hat mein Kunde?
- Welche Probleme hat mein Kunde?
- Welche Herausforderungen hat mein Kunde?
- Welche Wünsche hat mein Kunde?
- Welche Emotionen hat mein Kunde?
- Was ist meinem Kunden am allerwichtigsten?
- Welche Ziele hat mein Kunde, was möchte er erreichen?
- Welche Werte hat mein Kunde, wonach handelt er?
- Wie sieht der Alltag meines Kunden aus?
- Welche Hobbys und Interessen hat mein Kunde?
- Welche Vorbilder hat mein Kunde?
- Welche Bücher liest mein Kunde?
- Welches Geschlecht hat mein Kunde?
- Wie alt ist mein Kunde?
- Welchen Familienstand hat mein Kunde?
- Wo lebt mein Kunde?
- Welchen Beruf hat mein Kunde?
- Welches Einkommen hat mein Kunde?
- Welche Einwände hat mein Kunde möglicherweise?
- Welche Glaubenssätze schränken meinen Kunden ein?
- Welche Zweifel hat mein Kunde?
- Welche Probleme hat mein Kunde?
- Wovor hat mein Kunde Angst?
- Wovon lässt sich mein Kunde beeinflussen?

2. Nimm dir dann ein neues Blatt Papier (oder die Rückseite deines ersten Blattes), teile dieses wieder in vier Felder auf und schreibe alle Bedürfnisse auf, die sich aus jedem der vier Felder deines ersten Blatt ableiten lassen. Schreibe

dabei alle Bedürfnisse auf, die dir bei Sichtung deiner Antworten spontan einfallen.

3. Schaue dir alle notierten Bedürfnisse an, gehe sie durch und kategorisiere sie. Ordne sie also anhand von thematischen oder inhaltlichen Schwerpunkten verschiedenen Gruppen zu.

4. Sobald du die Kategorisierung der Bedürfnisse vorgenommen hast, solltest du überlegen, welches das Hauptbedürfnis deiner Zielgruppe ist und mit welchem Angebot du es ansprechen kannst.

**Ursache #2: Wunsch**

1. Nimm dir ein Blatt Papier und lege eine Tabelle mit zwei Spalten an. Über die erste Spalte schreibst du »Ist«, über die zweite Spalte schreibst du »Wunsch«.

2. Beantworte zunächst die folgenden drei Fragen und notiere die Antworten in der ersten Spalte: 1a. Was hat meine Zielgruppe gerade? 1b. Was fühlt meine Zielgruppe gerade? 1c. Was erlebt meine Zielgruppe gerade?

3. Sobald du dir über die jetzige Situation deiner Zielgruppe klar geworden bist, steht die erwünschte Situation im Fokus. Dazu werden die drei gerade genannten Fragen entsprechend umformuliert: 2a. Was möchte meine Zielgruppe zukünftig haben? 2b. Was möchte meine Zielgruppe zukünftig fühlen? 2c. Was möchte meine Zielgruppe zukünftig erleben? Trage die Antworten dazu in die zweite Spalte ein.

4. Schaue dir alle notierten Wünsche noch einmal an und bringe sie auf der Rückseite des Blattes in eine Rangreihe.

244

5. Nimm dir ein weiteres Blatt Papier und teile dieses in drei Spalten ein, die für die generellen, internen und externen Glaubenssätze stehen. Schreibe für jeden Bereich alle Glaubenssätze auf, die deine Zielgruppe aller Wahrscheinlichkeit nach hat. Unter jedem notierten Glaubenssatz solltest du etwas Platz lassen für die nächsten beiden Schritte.

6. Mache dir Gedanken, welche Erfahrung den jeweiligen Glaubenssatz bei deiner Zielgruppe verursacht und welche Interpretation ihn verstärkt haben könnte, und trage beides unter dem entsprechenden Glaubenssatz ein.

7. Abschließend solltest du dir überlegen und aufschreiben, was du allen notierten Glaubenssätzen entgegenhalten könntest – sprich, wie und womit du zeigen könntest, dass die limitierenden Glaubenssätze deiner Zielgruppe nicht der Wahrheit entsprechen.

**Ursache #3: Emotion**

1. Erschaffe die Hauptperson deiner Geschichte:
   - Was ist ihr Hintergrund? Wo kommt sie her? Wie hat sie angefangen? In welcher Situation war sie?
   - Was sind ihre Erlebnisse? Was hat sie geprägt? Wodurch hat sie sich verändert? Welche Erfahrungen hat sie gemacht?
   - Was sind ihre Charaktereigenschaften? Wodurch zeichnet sie sich aus? Was sind ihre Stärken? Was sind ihre Schwächen?
   - Welche Identität nimmt sie an: Abenteurer, Erfinder, Vorbild oder Held wider Willen?
   - Welches Geschichtsformat durchläuft sie: Vorher-

Nachher- Transformation, Wir gegen sie, Fall und Aufstieg oder geheimnisvolle Entdeckung?

2. Stelle den größten Wunsch dar:
   - Welche Wünsche hatte die Hauptperson früher? Wie kannst du Motivation und Hoffnung schaffen, indem du die frühere Situation darstellst?
   - Wie hat die Hauptperson ihre Wünsche erfüllt? Wie kannst du Inspiration und Überzeugung schaffen, indem du den gegangenen Weg darstellst?
   - Wie geht es der Hauptperson nach der Erfüllung ihrer Wünsche? Wie kannst du Identifikation und Zugehörigkeit schaffen, indem du die neue Situation darstellst?
   - Wie kannst du diesen Wunsch durch die Hauptperson kommunizieren?

3. Verdeutliche die Veränderung:
   - In welcher Ausgangslage ist die Hauptperson? Wie geht es ihr dabei? Was ist ihr größtes Problem? Wobei braucht sie Hilfe?
   - Was ist ihr Plan? Was möchte sie machen, um die Situation zu ändern? Welche Ideen hat sie?
   - Was sind ihre Handlungen? Was macht sie konkret, um die Situation zu ändern? Welche Schritte geht sie?
   - Welche Probleme erlebt sie? Welche Konflikte und Schwierigkeiten treten auf dem Weg auf? Wie werden diese überwunden?

- Wie und wann erreicht sie ihr Ziel? Wie ist der Endzustand? Wie geht es ihr jetzt? Was hat, fühlt und erlebt sie nach der Transformation?

4. Schreibe deine Verkaufsgeschichte:
   - Stelle dir zunächst deine Hauptperson bildlich vor. Wenn es einfacher für dich ist, kannst du die Person auch aufmalen.
   - Male dir dann die Form deiner Geschichte in einer kleinen Skizze mit den wichtigsten Inhalten auf und mache dir Notizen dazu.
   - Verdeutliche dir, was die Wunschsituation deiner Hauptperson – und damit die Kernbotschaft und das Ende – deiner Geschichte ist.
   - Setze der positiven Wunschsituation dann die negative Ausgangssituation entgegen.
   - Überlege dir, was die Hauptperson zwischen diesen beiden Situationen erlebt und wie ihr Weg aussieht.
   - Dies sind so etwas wie die Eckpunkte deiner Geschichte. Die anderen Aspekte kannst du danach mit und mit ergänzen.

**Ursache #4: Logik**

1. Erschaffe Beweise durch Wissen:
   - Erstelle eine Auflistung mit Tipps.
   - Erkläre die Funktionsweise von einer Sache.
   - Stelle ein Anwendungsbeispiel aus der Praxis vor.
   - Stelle deine Rechercheergebnisse vor.
   - Bewerte ein aktuelles Produkt oder Event.

- Erstelle eine Umfrage zu einem wichtigen Thema.
- Greife einen aktuellen Trend auf.
- Stelle eine Persönlichkeit deines Marktes vor.
- Lasse andere Experten eine bestimmte Frage beantworten.
- Stelle Zitate berühmter Menschen zusammen.
- Beschreibe ein Produkt, das du bewertet hast.
- Beantworte die Fragen deiner Interessenten.
- Stelle deine Position zu einer Diskussionsfrage dar.
- Wage eine Prognose zu einem bestimmten Sachverhalt.
- Reagiere auf die Inhalte von jemand anderem.
- Informiere über Neuigkeiten und aktuelle Entwicklungen.

2. Erschaffe Beweise durch andere:
   - Überprüfe, wo und wie du bereits jetzt Testimonials in deinem Marketing nutzt.
   - Überlege, welche Kunden du zusätzlich um ein Testimonial bitten könntest, und tue es.
   - Setze deine neuen (und alten) Testimonials an so vielen Stellen wie möglich in deinem Marketing ein.
   - Achte bei der Sammlung und Darstellung deiner Testimonials darauf, dass du zumindest folgende Angaben bekommst und veröffentlichen darfst: Name, Alter sowie konkrete Erfolge und Ergebnisse. Optional kannst du auch noch weitere Informationen wie Wohnort, Beruf oder Position erfragen, sofern sie dir relevant erscheinen.

3. Erschaffe Beweise durch Zahlen:
   - Überlege dir, an welchen Stellen deines Marketings du welche Zahlen einsetzen kannst.
   - Verbinde diese Zahlen mit konkreten Ergebnissen, die durch dein Angebot erzielt werden.
4. Erschaffe Beweise durch Argumente:
   - Überlege dir Gründe und Argumente, warum Menschen dein Angebot kaufen sollten, und berücksichtige dabei auch immer ihre Bedürfnisse und Wünsche.
   - Schreibe alle Begründungen auf, die dir einfallen, damit du später über eine umfangreiche Argumentationsliste verfügst.

### Ursache #5: Angebot

1. Beantworte die vier Fragen, die das appetitive und aversive Motivationssystem repräsentieren:
   - Was passiert, wenn ich das Angebot kaufe?
   - Was passiert nicht, wenn ich das Angebot kaufe?
   - Was passiert, wenn ich das Angebot nicht kaufe?
   - Was passiert nicht, wenn ich das Angebot nicht kaufe?
2. Überlege dir, ob du dein Angebot als neue, unbekannte, unverstandene, schnelle und/oder einfache Lösung präsentierst.
3. Beantworte die folgenden sieben Fragen und gib jeweils deine Antwort auf einer Skala von 1 (sehr schwach) bis 10 (sehr stark) an:

- Wie offensichtlich ist das Bedürfnis/der Wunsch meiner Zielgruppe?
- Wie wichtig ist das Bedürfnis/der Wunsch meiner Zielgruppe?
- Wie einzigartig ist mein Angebot?
- Wie emotional ist mein Angebot?
- Wie stark ist der wahrgenommene Wert meines Angebotes?
- Wie angemessen ist der Preis meines Angebotes?
- Wie dringend ist mein Angebot?

**Ursache #6: Verknappung**

1. Überlege dir, welche Arten der Verknappung für dich beziehungsweise dein Angebot infrage kommen.
2. Entscheide dich, ob du lieber eine harte oder weiche Verknappung einsetzen möchtest.
3. Arbeite die Details wie Dauer, Gültigkeit und Preisstruktur zu jeder einzelnen Verknappung aus.
4. Mache dir klar, wann und an welchen Stellen in deinem Marketingprozess du Elemente der Verknappung einsetzt.
5. Schreibe eine entsprechende Handlungsaufforderung.

**Ursache #7: Konsistenz**

1. Überlege dir, mit welchem kostenlosen Angebot in Phase 1 du deinen Verkaufsprozess eröffnen und die Mitglieder deiner Zielgruppe zu Interessenten machen kannst.

2. Überlege dir, mit welchem niedrigpreisigen Angebot in Phase 2 du unter deinen Interessenten deine Erstkäufer erkennen kannst.

3. Überlege dir, mit welchem mittelpreisigen Angebot in Phase 3 du unter deinen Erstkäufern deine Zweitkäufer erfassen kannst.

4. Überlege dir, mit welchen hochpreisigen und neuen Angeboten in Phase 4 du die Anzahl deiner Stammkunden erweitern kannst.

5. Skizziere deinen gesamten Verkaufsprozess grob oder auch detailliert, um dir die Struktur, die Abfolge und die Zusammenhänge der einzelnen Phasen zu verdeutlichen.

# Glossar

**Ähnlichkeits-Anziehungs-Theorie.** Sozialpsychologisches Konzept, nach dem die Wahrnehmung von Ähnlichkeiten einer der effektivsten Faktoren für die Entstehung von Anziehung zwischen zwei Menschen ist.

**AIDCA-Formel.** Werbewirkungsprinzip, das die Phasen Attention (Aufmerksamkeit), Interest (Interesse), Desire (Wunsch), Conviction (Überzeugung) und Action (Handlung) beinhaltet, die der Interessent optimalerweise durchlaufen soll, damit er danach einen Kauf tätigt.

**Amygdala.** Gruppe mandelförmig aussehender Kerne im menschlichen Gehirn, die zum → *limbischen System* gehören und relevant für die Emotionsverarbeitung sind.

**Angebot.** Kombination aus dem, was der Käufer in Form eines Produktes oder einer Dienstleistung bekommt, und dem, was er im Gegenzug dafür in Form von Geld investiert.

**Anker-Effekt.** Phänomen aus der Kognitionspsychologie, nach dem Menschen sich in einem numerischen Urteil von vorhandenen Umgebungsinformationen (*Anker*) beeinflussen lassen und unbewusst an diesen orientieren.

**Anreiz.** Positive Emotion oder Vorstellung, die mit einem erwünschten Zielzustand verknüpft ist und daher motivierend wirkt.

**Anreiztheorien.** Gruppe von Theorien, in deren Zentrum → *Anreize* stehen, die als die Summe aller positiven Stimuli verstanden werden und ein bestimmtes Verhalten auslösen oder verstärken.

**Anreizwert.** Individuelles Ausmaß an positiver Emotion, die mit einem erwünschten Zielzustand verbunden ist.

**Anspruch-Anpassungs-Theorie.** Sozialpsychologisches Konzept, das menschliches logisches Entscheidungsverhalten mit der Tragweite der jeweiligen Entscheidung (das Anspruchslevel) erklärt.

**Appraisaltheorien.** Kognitive → *Emotionstheorien*, nach denen die Einschätzung der Situation zentral für die Entstehung von Emotionen ist. Demnach löst nicht der Reiz an sich die Emotion aus, sondern erst dessen (unbewusste) Bewertung.

**Argument.** Aussage, die aus einer oder mehreren Prämissen und einer Konklusion besteht und als Begründung für eine Aussage oder einen Sachverhalt verwendet wird.

**Aufmerksamkeitsmechanismen.** Psychische Prozesse, die Reize filtern, selektieren und somit für die menschliche Handlungsfähigkeit sorgen.

**Autorität.** Soziale Positionierung einer Person, der damit verbunden ein höherer Status, besondere Kenntnisse sowie richtige Entscheidungen zugeschrieben werden und die deswegen im Marketing als soziales Vorbild fungieren kann.

**Basisemotionen.** → *Primäremotionen*

**Bedürfnis.** Angeborener Mechanismus der Verhaltenssteuerung, verbunden mit Zustand oder Erleben eines Mangels. Es gibt verschiedene Einteilungen, beispielsweise in offene und verdeckte oder primäre und sekundäre Bedürfnisse.

**Bedürfnispyramide.** Modell von Maslow, in dem die Bedürfnissysteme des Menschen anhand von fünf aufeinander folgenden Stufen abgebildet werden: körperliche, Sicherheits-, soziale, Individual- und Selbstverwirklichungsbedürfnisse.

**Bedürfnistheorien.** Oberbegriff für psychologische Theorien, die darauf abzielen, die Anzahl, Art und Befriedigung von Bedürfnissen zu erklären.

**Begrenzte Rationalität.** Ansatz, nach dem Individuen bei der Entscheidungsfindung aufgrund kognitiver Einschränkungen nicht in der Lage sind, vollständig rational zu handeln.

**Benefit.** Vorteile und Ergebnisse, die ein Produkt/eine Dienstleistung für den Käufer liefert.

**Bias.** Psychologischer Begriff für Verzerrungen im menschlichen Wahrnehmen und Erleben.

**Bonus.** Zusätzliche Produkte, Dienstleistungen oder Inhalte, die kostenlos zum Hauptangebot dazugegeben werden, um einen weiteren → *Trigger* für den Kauf zu geben.

**Bullet Points.** Englischer Begriff für Aufzählungen in Form einer Auflistung mit Aufzählungszeichen. Bestehen aus jeweils maximal ein bis zwei Sätzen und können im Marketing vorrangig bei der Angebotsbeschreibung eingesetzt werden.

**Cocktail-Party-Phänomen.** Mechanismus der Aufmerksamkeitsverschiebung, der dafür sorgt, dass man trotz zahlreicher anderer Reize den Fokus auf bestimmte ausgewählte Reize verlagert.

**Commitment.** Verpflichtung, die Menschen gegenüber sich selbst oder anderen äußern und die damit bindend wird.

**Copy.** Englischer Begriff für Werbe- und Verkaufstexte.

**Copywriting.** Verfassen von Werbe- und Verkaufstexten, die auf maximale Reaktion und Handlung ausgelegt sind und daher auf speziellen sprachlichen und psychologischen Prinzipien basieren.

**Dissonanztheorien.** Oberbegriff für Theorien, die davon ausgehen, dass Menschen durch nicht miteinander vereinbare Wahrnehmungen, Meinungen, Absichten, Wünsche oder Einstellungen negative Erregungs- und Gefühlszustände erleben.

**Drang.** Psychischer Spannungszustand, den Menschen bestrebt sind, aufzulösen zu wollen, und daher teilweise gegensätzlich zu ihrem Verstand oder Gewissen handeln.

**E-R-G-Modell.** Vereinfachung der → *Bedürfnispyramide* mit den drei Bedürfnisklassen Existence (Existenz), Relatedness (Beziehungen) und Growth (Wachstum).

**Emotion.** Aktueller psychischer Zustand von einer bestimmten Intensität, Dauer und Qualität, der in aller Regel auf ein bestimmtes Objekt gerichtet ist und mit spezifischen Erlebens-, Verhaltens-, und körperlichen Veränderungen einhergeht. Die Ansichten der verschiedenen → *Emotionstheorien* gehen weit auseinander.

**Emotionstheorien.** Ansätze, die die Bedeutung, Entstehung und Funktion von Emotionen erklären. Bekannte Beispiele unter den zahlreichen und heterogenen Theorien sind die → *James-Lange-Theorie*, die → *Zwei-Faktoren-Theorie*, die → *Appraisaltheorien*, die → *Netzwerktheorien* und die → *psychoevolutionäre Emotionstheorie.*

**Erregungstransfer.** Phänomen, nach dem die empfundene Emotion einer vorangegangenen Situation nicht abklingt, sondern ebenfalls die nachfolgende Situation beeinflusst.

**Ersteindruck.** Bildliche Vorstellung, die jemand bei der erstmaligen Begegnung mit einer anderen Person formt und die einen starken Einfluss auf deren weitere Bewertung haben kann.

**Erwartung-mal-Wert-Theorien.** Oberbegriff für → *Motivationstheorien*, die die Bildung einer Handlungsabsicht aus zwei Einschätzungen ableiten: der subjektiven Erwartung der Verhaltensfolgen und dem subjektiven Wert dieser Verhaltensfolgen.

**Exklusivität.** Mechanismus, der Produkte attraktiver erscheinen lässt, weil sie nur für einen begrenzten oder ausgewählten Empfängerkreis verfügbar sind.

**Facial Action Coding System.** Weltweit verbreitete Klassifikation zur Kategorisierung emotionaler Gesichtsausdrücke.

**Feature.** Eigenschaften und Ausstattungsmerkmale eines Produktes/einer Dienstleistung.

**Feldtheorie.** Psychologisches Modell, in dem das Verhalten einer Person als eine Funktion von Person und Umwelt angesehen wird.

**Fight-or-Flight-System.** Emotionale Reaktionen, die es Menschen ermöglichen, Reaktion und Verhalten auf eine Situation einzustellen und entsprechend zu handeln (im Deutschen: Kampf-oder-Flucht-System).

**Framing.** Phänomen, das besonders bei rationalen Entscheidungen auftritt und nach dem unterschiedliche Formulierungen einer Aussage das menschliche Verhalten bei gleichem Inhalt unterschiedlich beeinflussen.

**Gefühl.** Subjektiver, individueller Erlebniseindruck. Ein Aspekt der → *Emotion*.

**Gelegenheit.** Situation, die die Möglichkeit bietet, etwas Bestimmtes zu tun, und damit eine Chance darstellt.

**Gewohnheit.** Erlernte Tendenz eines Menschen, in einer bestimmten Situation eine bestimmte automatische Reaktion oder Handlung zu zeigen.

**Glaubenssatz.** Annahme, die Menschen über sich selbst, über andere Personen oder bestimmte Sachverhalte haben und an die sie unabhängig von deren Wahrheitsgehalt glauben.

**Halo-Effekt.** Psychologisches Phänomen, bei dem das Wissen über eine bestimmte Eigenschaft einer Person deren Gesamteindruck dominiert und dadurch andere ihrer Eigenschaften vernachlässigt werden oder in den Hintergrund treten.

**Handlung.** Menschliche Tätigkeit, die intendiert und auf ein bestimmtes Ziel gerichtet ist, beabsichtigt und bewusst stattfindet und in die Verantwortung des Handelnden fällt. Im Gegensatz zum → *Verhalten* findet sie willentlich statt.

**Handlungsaufforderung.** Aufforderung zur Handlung (meistens Kauf) innerhalb einer Marketingkampagne (im Englischen: Call to Action).

**Hedonistische Theorien der Motivation.** Gruppe von → *Motivationstheorien*, die davon ausgehen, dass letztendlich jedes menschliche Verhalten darauf abzielt, positive Emotionen zu erzeugen und negative Emotionen zu vermeiden.

**Heldenreise.** Spezielles Inhaltsformat einer Geschichte, bei dem der Held im Rahmen der Handlung verschiedene Situationen, Abfolgen und Schwierigkeiten durchläuft, um am Ende sein Ziel zu erreichen.

**Heuristik.** Einfache und schnelle Denkstrategie für effizientere Urteile und Problemlösungen, die allerdings meistens anfälliger für Verzerrungen ist.

**Hippocampus.** Teil des menschlichen Gehirns am inneren Rand des Temporallappens, der für Gedächtnisprozesse zuständig und zentrale Schaltstation für das → *limbische System* ist.

**Inkonsistenz.** Gegenteil von → *Konsistenz.*

**Instinkt.** Angeborener Mechanismus der Verhaltenssteuerung.

**Instinkttheorie.** Theorie, nach der menschliches Verhalten auf eine Anzahl bestimmter angeborener Handlungsschemata zurückgeführt werden kann.

**James-Lange-Theorie.** Emotionstheorie, nach der auf einen bestimmten Reiz eine sofortige körperliche Reaktion erfolgt und diese dann das emotionale Erleben auslöst.

**Konsistenz.** Widerspruchsfreiheit im menschlichen Verhalten, das auch zu verschiedenen Zeitpunkten und in verschiedenen Situationen relativ stabil bleibt.

**Konsistenztheorie.** Oberbegriff für verschiedene Theorien, nach denen der menschliche Organismus nach Vereinbarkeit der gleichzeitig ablaufenden neuronalen und psychischen Prozesse strebt.

**Kontrasteffekt.** Kognitive Verzerrung, bei der eine Information intensiver wahrgenommen wird, wenn sie zusammen mit einer im Kontrast dazu stehenden Information dargeboten wird, beispielsweise bei Preisangaben.

**Leidenschaft.** Stark ausgeprägte Emotion, die über heftige Begeisterung für eine Person, Sache oder Aktivität bis hin zur Besessenheit reichen kann.

**Limbisches System.** Funktionseinheit des menschlichen Gehirns, die relativ früh im Laufe der Evolution entstand und besonders der Verarbeitung von Emotionen dient.

**Logik.** Vernünftiges Schlussfolgern auf Basis von → *Argumenten.*

**Machtmotiv.** Grundmotiv, das darauf abzielt, Einfluss auf andere Menschen zu haben, und daher guter Prädiktor für Tätigkeiten und Situationen ist, in denen Prestige und Ansehen erworben werden können.

**Milgram-Experiment.** Eines der bekanntesten (und im Nachhinein ethisch umstrittensten) Experimente der Psychologie, bei dem der Psychologe Stanley Milgram in den 1960er-Jahren die Bereitschaft testete, Anweisungen von → *Autoritäten* auch dann umzusetzen, wenn diese im Widerspruch zum eigenen Gewissen stehen.

**Motiv.** Gilt als Voraussetzung für → *Motivation.* Komponente der eigenen Selbststeuerung, um eine individuelle Bedürfnisbefriedigung anzustreben und zu ermöglichen.

**Motivation.** Gesamtheit aller Beweggründe (→ *Motiv*), die zur Handlungsbereitschaft führen, und individuelle Aktivierung aller psychischen Funktionen zur Erreichung eines bestimmten Ziels.

**Motivationstheorien.** Ansätze, die die Entstehungsbedingungen und Entwicklung von → *Motivation* und → *Motiven* erklären. Beispiele dafür sind die → *Erwartung-mal-Wert-Theorien*, die → *Hedonistischen Theorien der Motivation* oder das → *Risiko-Wahl-Modell*.

**Netzwerktheorien.** Oberbegriff für verschiedene Theorien, die Emotionen als zentrale Knotenpunkte im Wissens- und Erlebensnetzwerk eines Menschen verstehen.

**Neuromarketing.** Teilbereich des Marketings, der untersucht, welche Vorgänge im Gehirn des Konsumenten vor und beim Kauf ablaufen, und diese Kenntnisse nutzt, um Verkaufsprozesse zu optimieren.

**Neurowissenschaft.** Naturwissenschaftliche Disziplin, in der Aufbau, Funktionen und Abläufe von Nervensystemen, beispielsweise des menschlichen Gehirns, untersucht werden.

**Paradigma des dichotischen Hörens.** Versuchsanordnung, bei der beiden Ohren unterschiedliche Texte gleichzeitig dargeboten werden mit der Aufgabe, nur die Wörter auf einer Seite wiederzugeben.

**Präfrontaler Kortex.** Teil des Frontallappens der Großhirnrinde und verantwortlich für höhere kognitive Prozesse.

**Price Stacking.** Herunterbrechen des Preises von hoch nach niedrig, damit der finale Preis geringer wirkt.

**Primacy-Effekt.** Phänomen, nach dem zuerst dargestellte Informationen besser erinnert oder stärker gewichtet werden. Gehört zu den → *Reihenfolgeeffekten.*

**Primäremotionen.** In der modernen Psychologie diejenigen, die kulturübergreifend gezeigt und verstanden werden: Freude, Traurigkeit, Furcht, Ekel und Überraschung. Bilden die Basis für die → *Sekundäremotionen* und werden daher auch als → *Basisemotionen* bezeichnet.

**Priming.** Effekt, nach dem die Verarbeitung eines Reizes durch einen vorangegangenen Reiz beeinflusst wird.

**Prinzip der Relativität.** Beeinflussung von Bewertungen, Entscheidungen und Handlungen durch implizite Vergleiche mit anderen Informationen.

**Psychoevolutionäre Emotionstheorie.** Nimmt die Existenz von acht → *Primäremotionen* an: neben Freude, Traurigkeit, Furcht, Ekel und Überraschung zusätzlich Ärger, Vertrauen und Erwartung.

**Rationalität.** Zweckgeleitetes Denken und Handeln, das sich an der → *Vernunft* orientiert.

**Reaktanz.** Motivationale Erregung mit dem Ziel, beschränkte Freiheit wiederherzustellen.

**Reaktanztheorie.** Psychologische Theorie, die das Verhalten von Menschen mit deren bedrohter oder eingeschränkter Handlungs-

und Entscheidungsfreiheit erklärt – im Marketing insbesondere im Zusammenhang mit → *Verknappung* relevant.

**Recency-Effekt.** Phänomen, nach dem zuletzt dargestellte Informationen besser erinnert oder stärker gewichtet werden. Gehört zu den → *Reihenfolgeeffekten.*

**Referenzpunkt.** Orientierungspunkt, anhand dessen Menschen eintretende Ereignisse individuell als Gewinn oder Verlust für sich bewerten.

**Reihenfolgeeffekte.** Psychologische Phänomene, nach denen die Reihenfolge von dargebotenen Informationen einen Einfluss auf deren Einschätzung und Bewertung hat. Typische Reihenfolgeeffekte sind → *Primacy-Effekt* und → *Recency-Effekt.*

**Rekognitionsheuristik.** Urteilsregel, nach der Objekte hinsichtlich ihres Bekanntheitsgrades und damit ihrer Wiedererkennung eingeschätzt werden.

**Repräsentativitätsheuristik.** Urteilsregel, nach der die Wahrscheinlichkeit von Ereignissen danach bewertet wird, ob und wie sie bestimmten Prototypen oder Kategorien entsprechen.

**Reziprozität.** Gegenseitigkeit im sozialen Austausch, indem man positive oder negative Handlungen einer anderen Person in gleicher oder ähnlicher Weise erwidert.

**Rhetorik.** 1. Werk von Aristoteles. 2. Die Kunst der Rede mit dem Ziel, den Zuhörer von einer Aussage zu überzeugen oder zu einer bestimmten Handlung zu bewegen.

**Risiko-Wahl-Modell.** Motivationspsychologisches Modell, das innerhalb der → Erwartung-mal-Wert-Theorien angesiedelt ist und nach dem menschliches Handeln durch die drei Faktoren → *Motiv*, Wahrscheinlichkeit und → *Anreiz* ausgelöst wird.

**Säugergehirn.** → *limbisches System*.

**Segmentierung.** Zerlegung eines Ganzen in einzelne Segmente. Spielt vor allem bei den einzelnen Phasen des Verkaufsprozesses eine Rolle.

**Sekundäremotionen.** (Erlernte) Emotionen, die sich aus den → *Primäremotionen* zusammensetzen. Dazu zählen unter anderem Neugier, Schuld, Scham, Zuversicht, Aufregung, Eifersucht, Stolz, Spannung oder Dankbarkeit.

**Selbsterfüllende Prophezeiung.** Mechanismus, nach dem jemand sich genauso verhält, dass eine von ihm getätigte Vorhersage sich erfüllt.

**Selbstreferenzeffekt.** Psychologisches Phänomen, nach dem Menschen sich besser an die Dinge erinnern, die in einem persönlichen Bezug zu ihnen selbst stehen.

**Situations-Reaktions-Verknüpfung.** Grundlage für die Entstehung einer Gewohnheit, indem eine bestimmte Reaktion regelmäßig unter spezifischen Situationsbedingungen ausgeführt wird.

**Soziale Identitätstheorie.** Sozialpsychologische Theorie, die die an Gruppenprozessen beteiligten psychologischen Prozesse erfasst und erklärt. Soziale Identität wird dabei als Teil des Selbstkonzeptes eines Menschen verstanden.

**Sozialer Beweis.** Psychologisches Phänomen, nach dem das Verhalten anderer Menschen als Orientierung für die eigenen Entscheidungen und Bewertungen genutzt wird (im Englischen: social proof).

**Sozialpsychologie.** Teilgebiet der Psychologie, das die Auswirkungen sozialer Situationen und Beziehungen auf das menschliche Erleben und Verhalten untersucht.

**Stimmungskongruenz.** Tendenz, sich besser an Dinge zu erinnern, die zur aktuellen Stimmung passen.

**Storytelling.** Marketing-Methode, bei der das Erzählen von Geschichten dazu eingesetzt wird, um Emotionen und Identifikation beim Zielpublikum zu erzeugen. Besonders dann effektiv, wenn die erzählte Geschichte (in großen Teilen) der Geschichte der Adressaten entspricht.

**Testimonial.** Öffentlich dargestellte positive Äußerung über ein Produkt, eine Dienstleistung oder ein Unternehmen durch Dritte (auch Referenzkunde oder Case Study).

**Trigger.** Bedingungen oder Ereignisse, die als Auslöser für bestimmte Reaktionen fungieren.

**Tunnelblick.** Einschränkung der Wahrnehmung durch Beanspruchung der Aufmerksamkeit.

**Ursache.** Auslöser (in diesem Buch: für einen Kauf).

**Valenz.** Subjektive Bedeutung, die eine Person einem bestimmten Sachverhalt zuschreibt. Spielt unter anderem in der → *Feldtheorie* eine zentrale Rolle.

**Verfügbarkeitsheuristik.** Urteilsregel, nach der leichter erinnerbare Informationen als wichtiger bewertet werden.

**Verhalten.** Motorische Muskelaktivitäten und unwillkürliche Reaktionen, die ohne Absicht und Bewusstsein ablaufen. Abzugrenzen von der → *Handlung*.

**Verkaufsprozess.** Gesamtheit aller Marketing- und Vertriebsaktivitäten vor, während und nach einem Kauf.

**Verkaufspsychologie.** Teildisziplin der Marktpsychologie, die sich mit dem menschlichen Wahrnehmen, Erleben und Verhalten in Verkaufsprozessen beschäftigt. Im Mittelpunkt stehen Prozesse wie Erzeugung von Motivation und Schaffung von Überzeugung, um Menschen zu entsprechenden Kaufentscheidungen und -handlungen zu bringen. Zentrale Fragestellungen der Verkaufspsychologie beziehen sich unter anderem auf Regelmäßigkeiten,

Zusammenhänge, Bedingungen, Reaktionen, Präferenzen und Strategien in Verkaufsprozessen.

**Verknappung.** Im Marketing die Limitierung oder dargestellte Begrenzung eines Produktes oder einer Dienstleistung (im Englischen: scarcity).

**Verlangen.** Erregungszustand, der die menschliche Psyche auf bestimmte erwünschte Zielzustände richtet.

**Verlust-Aversion.** Tendenz, Verluste höher zu gewichten als Gewinne.

**Vernunft.** Menschliche Fähigkeit, aufgrund erfasster Sachverhalte allgemein gültige Zusammenhänge, Schlussfolgerungen, Regeln und Prinzipien aufzustellen und entsprechend zu handeln.

**Verursachungsproblem.** Frage nach der Bedeutung unbewusster Vorgänge für die Auslösung von Handlungen.

**Wahrnehmungspsychologie.** Teilgebiet der Psychologie, das sich mit den körperlichen Vorgängen in den Sinnesorganen und den zentralen Wahrnehmungsprozessen beschäftigt.

**Widerspruchsfreiheit.** → *Konsistenz.*

**Wunsch.** Nach der Psychoanalyse das Herbeisehnen eines bestimmten Erlebenszustandes.

**Zwei-Faktoren-Theorie.** Emotionstheorie, nach der Emotionen aus einer unspezifischen körperlichen Erregung als erstem Faktor entstehen, der dann eine spezifische Ursache als zweiter Faktor zugeschrieben wird.

# Register

# Literatur

Alderfer, C. P. (1972). *Existence, relatedness, and growth: Human needs in organizational settings.* New York: Free Press.

Arnold, M. B. (1960). *Emotion and personality. Psychological aspects, Vol. 1.* New York: Columbia University Press.

Asch, S. E. (1946). Forming impressions of personality. *The Journal of Abnormal and Social Psychology, 41,* 258–290.

Atkinson, J. W. (1957). Motivational determinants of risk-taking behavior. *Psychological Review, 64,* 359–372.

Brehm, S. S. & Brehm, J. W. (1981). *Psychological reactance: A theory of freedom and control.* New York: Academic Press.

Byrne, D. (1971). *The attraction paradigm.* New York: Academic Press.

Campbell, J. (1949). *The hero with a thousand faces.* New York: EA Pantheon Books.

Cannon, W. B. (1915). *Bodily changes in pain, hunger, fear and rage, an account of recent researches into the function of emotional excitement.* New York: D. Appleton and Company.

Cannon, W. B. (1927). The James-Lange theory of emotions: A critical examination and an alternative theory. *American Journal of Psychology, 39,* 106–124.

Cialdini, R. B. (1984). *Influence. The psychology of persuasion.* New York: Harper Collins.

Cialdini, R. B. (2016). *Pre-Suasion. A revolutionary way to influence and persuade.* New York: Simon & Schuster.

Condon, J. W. & Crano, W. D. (1988). Inferred evaluation and the relation between attitude similarity and interpersonal attraction. *Journal of Personality and Social Psychology, 54,* 789–797.

Darwin, C. R. (1871). *The descent of man, and selection in relation to sex.* London: John Murray.

Dijksterhuis, A., Bos, M. W., Nordgren, L. F. & van Baaren, R. B. (2006). On making the right choice: the deliberation-without-attention effect. *Science, 311,* 1005–1007.

Dirlmeier, F. (Übers.). (2003). *Aristoteles: Nikomachische Ethik.* Stuttgart: Reclam.

Easterbrook, J. A. (1959). The effect of emotion on cue utilization and the organization of behavior. *Psychological Review, 66,* 183-201.

Ekman, P. (1982). Methods for measuring facial action. In K. R. Scherer & P. Ekman (Hrsg.), *Handbook of methods in nonverbal behavior research.* New York: Cambridge University Press.

Esser, H. (1999). *Soziologie. Spezielle Grundlagen. Band 1: Situationslogik und Handeln.* Frankfurt a. M.: Campus.

Felser, G. (2007). *Werbe- und Konsumentenpsychologie*. 3. Auflage. Berlin: Spektrum.

Festinger, L. (1957). *A theory of cognitive dissonance*. Evanston: Row, Peterson.

Fiske, S. T. (1980). Attention and weight in person perception: The impact of negative and extreme behavior. *Journal of Personality and Social Psychology, 38*, 889-906.

Fries, A. & Grawe, K. (2006). Inkonsistenz und psychische Gesundheit: Eine Metaanalyse. *Zeitschrift für Psychiatrie, Psychologie und Psychotherapie, 54*, 133-148.

Gigerenzer, G. & Todd, P. M. (Hrsg.). (1999). *Simple heuristics that make us smart*. Oxford: Oxford University Press.

Grawe, K. (2004). *Psychological therapy*. Cambridge: Hogrefe & Huber.

Gregory, W. L., Cialdini, R. B. & Carpenter, K. M. (1982). Self-relevant scenarios as mediators of likelihood estimates and compliance: Does imaging make it so? *Journal of Personality and Social Psychology, 42*, 89–99.

James, W. (1884). What is an emotion? *Mind, 9*, 188–205.

Jones, E. E., Goethals, G. R., Kennington, G. E. & Severance, L. J. (1972). Primacy and assimilation in the attribution process: The stable entity proposition. *Journal of Personality, 40*, 250-274.

Joyner, M. (1968). *The irresistible offer.* Hoboken: John Wiley & Sons.

Kahneman D. & Tversky, A. (1979). Prospect Theory: An analysis of decision under risk. *Econometrica, 47,* 263-292.

Kennedy, G. A. (Übers./Hrsg.). (1991). *Aristotle ›On Rhetoric‹: A theory of civic discourse.* New York: Oxford University Press.

Knishinsky, A. (1982). *The effects of scarcity of material and exclusivity of information on industrial buyer perceived risk in provoking a purchase decision.* Tempe: Arizona State University.

Lally, P., van Jaarsveld, C. H. M., Potts, H. W. W. & Wardle, J. (2009). How are habits formed: Modelling habit formation in the real world. *European Journal of Social Psychology, 40,* 998-1009.

Lange, C. G. (1885). *Om Sindsbevoegelser: Et psykofysiologiske Studie.* [Über Emotionen: Eine psychophysiologische Studie]. Kopenhagen: Kronar.

Langer, E., Blank, A. & Chanowitz, B. (1978). The mindlessness of ostensibly thoughtful action: The role of »placebic« information in interpersonal interaction. *Journal of Personality and Social Psychology, 36,* 635–642.

Lazarus, R. S. (1966). *Psychological stress and the coping process.* New York: McGraw-Hill.

Lazarus, R. S. (1991). *Emotion and adaption.* Oxford: Oxford University Press.

Lewin, K. (1936). *Principles of topological psychology*. New York: McGraw-Hill.

Linser, K. & Goschke, T. (2007). Unconscious modulation of the conscious experience of voluntary control. *Cognition, 104,* 459–475.

Maltz, M. (1960). *Psycho-Cybernetics.* New York: Simon & Schuster.

Maslow, A. H. (1954). *Motivation and personality.* New York: Harper & Row.

McDougall, W. (1912). P*sychology, the study of behaviour.* London: Williams and Norgate.

Merton, R. K. (1948). The self-fulfilling prophecy. *Antioch Review, 8,* 193–210.

Milgram, S. (1963). Behavioral study of obedience. *The Journal of Abnormal and Social Psychology, 67,* 371–378.

Moray, N. (1959). Attention in dichotic listening: Affective cues and the influence of instructions. *The Quarterly Journal of Experimental Psychology, 11,* 56–60.

Morris, D. J. (1997). *Intimate behaviour: A zoologist's classic study of human intimacy.* New York: Kodansha International.

Mowrer O. H. (1960). *Learning theory and behavior.* New York: Wiley.

Murray, H. (1938). *Explorations in personality.* New York: Oxford University Press.

Plutchik, R. (1980). Emotions: A general psychoevolutionary theory. In K. R. Scherer & P. Ekman (Hrsg.), *Approaches to emotion.* Hildsale: Erlbaum.

Rammseyer, T. & Weber H. (Hrsg.). (2010). *Differentielle Psychologie – Persönlichkeitstheorien.* Göttingen: Hogrefe.

Regan, D. T. (1971). Effects of a favor and liking on compliance. *Journal of Experimental Social Psychology, 7,* 627–639.

Reisenzein, R., Schützwohl, A. & Meyer, W. (2001). *Einführung in die Emotionspsychologie, Band 1: Die Emotionstheorien von Watson, James und Schachter.* 1. Auflage. Bern: Huber.

Ross, L., Lepper, M. R. & Hubbard, M. (1975). Perseverance in self-perception and social perception: biased attributional processes in the debriefing paradigm. *Journal of Personality and Social Psychology, 32,* 880–892.

Schwartz, E. (2004). *Breakthrough advertising.* Stamford: Boardroom Books.

Skinner, B. F. (1938). *The behavior of organisms: an experimental analysis.* Oxford: Appleton-Century.

Strong, E. K. (1925). *The psychology of selling and advertising.* New York: McGraw-Hill.

Tajfel, H., Flament, C., Billig, M. G. & Bundy, R. F. (1971). Social categorization and intergroup behaviour. *European Journal of Social Psychology, 1,* 149-177.

Thimme, W. (Übers.). (2007). *Augustinus. Vom Gottesstaat (De civitate Dei).* München: dtv Verlagsgesellschaft.

Thorndike, E. L. (1920). A constant error in psychological rating. *Journal of Applied Psychology, 4,* 25–29.

Tversky, A. & Kahneman, D. (1981). The framing of decisions and the psychology of choice. *Science, 211,* 453-458.

Vogler, C. (1998). *The writer's journey: Mythic structure for writers.* 2nd edition. San Francisco: Michael Wiese Productions.

Walster, E. & Berscheid, E. H. (1969). *Interpersonal attraction.* Reading: Addison Wesley.

Watson, J. B. (1919). *Psychology: From the standpoint of a behaviorist.* Philadelphia: Lippincott.

Wilson, T. D. & Schooler, J. W. (1991). Thinking too much: Introspection can reduce the quality of preferences and decisions. *Journal of Personality and Social Psychology, 60,* 181–192.

Winter, D. G. (1973). *The power motive.* New York: Free.

Wirtz, M. A. (Hrsg.). (2014). *Dorsch. Lexikon der Psychologie.* 16. Auflage. Bern: Verlag Hans Huber.

Zeelenberg, M. (1999). Anticipated regret, expected feedback and behavioral decision making. *Journal of Behavioral Decision Making, 12,* 93–106.

# Danksagung

Mein erstes eigenes Buch war ein Traum, den ich bereits seit vielen Jahren hatte. Umso dankbarer bin ich den Menschen, die mir direkt und indirekt dabei geholfen haben, ihn zur Realität zu machen:

**Mama, Papa, Rebecca und Larissa** – für eure Liebe und Unterstützung, die ihr mir seit mehr als drei Jahrzehnten schenkt.

**Meinen Freunden in Eschweiler, Berlin und anderswo** – für die Heimat und Motivation, die ihr mir gebt.

**Meinen »Heldinnen«** – für den Spaß, den das Studium mit euch noch viel mehr macht.

**Kris** – für deinen Glauben an mein Potenzial, das ich seit vielen Jahren bei dir ausleben darf.

**Madita** – für deine Menschenkenntnis, die letztendlich der Ausgangspunkt für das alles hier war.

Nur durch euch konnte dieses Buch zu dem werden, was es jetzt ist – das Ergebnis meiner Begeisterung für das Schreiben und die Psychologie.

**Danke!**

# Über die Autorin

**Désirée Meuthen** ist seit mehreren Jahren als Head of Marketing und Copywriterin im Online Marketing tätig. Aufgrund ihres persönlichen und beruflichen Hintergrundes verkörpern wahrscheinlich nur wenige Menschen im deutschsprachigen Raum die Kombination aus Copywriting und Verkaufspsychologie so wie sie. Die gebürtige Rheinländerin, die seit 2013 glücklich in ihrer Wahlheimat Berlin lebt, hat einen Magister-Abschluss in Kommunikationswissenschaft mit »sehr gut«, einen Bachelor-Abschluss in Psychologie mit »exzellent« und absolviert derzeit berufsbegleitend ihr Master-Studium der Psychologie. In den vergangenen Jahren hat sie tausende Verkaufstexte mit insgesamt 7-stelligen Gewinnen für zahlreiche Unternehmer und Unternehmen geschrieben. Désirée liebt Copywriting. Sie liebt die Mechanismen dahinter. Sie liebt Psychologie. Sie ist Co-Founderin und die Copywriterin von *CopyBuilder* – der ersten Software zur automatisierten Generierung von Verkaufstexten im deutschsprachigen Raum – und die Gründerin von *CopyBrain* – einem Brand, das sich auf die Erstellung hoch konvertierender Verkaufstexte basierend auf sprachlichen und psychologischen Erfolgsprinzipien spezialisiert hat. Durch ihr erstes eigenes Buch, mit dem sie sich selbst einen lang gehegten Traum erfüllt, möchte sie nun ihr Wissen an andere Menschen weitergeben und ihnen dabei helfen, mit der richtig eingesetzten Verkaufspsychologie ihr Marketing und damit ihre Umsätze zu optimieren.

**Kostenlose Bonusmaterialien zum Buch:**
www.verkaufsgehirn.com/bonus

**Geschlossene Facebook-Gruppe:**
www.facebook.com/groups/verkaufsgehirn

**Notizen:**

**Notizen Kaufursache #1 – Bedürfnis:**

**Notizen Kaufursache #2 – Wunsch:**

**Notizen Kaufursache #3 – Emotion:**

# Notizen Kaufursache #4 – Logik:

**Notizen Kaufursache #5 – Angebot:**

**Notizen Kaufursache #6 – Verknappung:**

# Notizen Kaufursache #7 – Konsistenz:

**Notizen:**